El Maestro y la forma de la verdad

Breve manual para maestros de la Escuela Dominical

Instructor de los indoctos, maestro de niños, que tienes en la ley la forma de la ciencia y de la verdad (Ro 2.20).

Humberto Pérez

EDITORIAL CARIBE

9200 S. Dadeland Blvd., Suite 209
Miami, Fl. 33156, U.S.A.

ISBN 0-89922-493-8

Impreso en EE.UU.
Printed in U.S.A.

Dedicatoria

Dedico este libro, con amor, a mi esposa Walkiria,
quien desde muy joven ha sido una fervorosa amante
de la enseñanza de la Palabra de Dios.

Contenido

PRESENTACIÓN

Este libro que tienes en tus manos contiene, en su mayoría, conferencias que he impartido a mis maestros de la Escuela Dominical en distintas ocasiones. Concebí para ellos un curso donde pudiera agrupar desde lo que pienso que debe ser un maestro y como estudiar su lección, hasta un grupo de doctrinas que debe saber perfectamente para poder explicar las Sagradas Escrituras a sus alumnos.

Libros de doctrinas hay muchos, pero separados de los manuales para maestros. Este, intenta al menos, llevar de ellas algo en sus páginas. Estoy convencido de que tanto la enseñanza como la predicación deben tener raíces teológicas y que a nadie le es posible predicar adecuadamente ni enseñar con eficacia si no sabe interpretar teológicamente la Biblia. He visto obras de orientación pedagógica que, llenos de buena voluntad, contienen lo suficiente para que un maestro sepa técnicamente cómo dar su lección, pero he querido desarrollar éste con algo más que aquellos, que no estuviese enmarcada su forma al modelo profesional, sino que contuviera, mediante exposiciones bíblicas que impartí primero en la iglesia, un poco más de vida y calor; quiero decir, que llevase algo del ardor de mi alma como cuando las dí a mis colaboradores de la Escuela Dominical.

Es muy difícil exponer conocimientos teológicos que no resulten secos y aburridos a hermanos que no son pastores, por lo menos no quise hacer eso, pensando siempre que cada página no fuera demasiado pesada para digerir por estómagos santos, cuyo Dios no es el vientre ni su gloria la vergüenza. Sin embargo algún amor hay que tener por el conocimiento de la verdad para poder disfrutar con delicia mis últimas exposiciones. Las uní como pude a la fe y la salvación para que siempre estuvieran listas para el uso evangelístico, que es el hilo enfático que ata cada capítulo desde un extremo a otro. Lo que he escrito, escrito está, no para satisfacer las salomónicas mentes de los eruditos, sino para ayudar a la iglesia a conocer las doctrinas del Libro

Santo y de qué modo puede enseñarlas al mundo que la rodea. No las expuse todas porque sería un trabajo muy voluminoso y sé el horror que existe en ciertos ámbitos a los libros de muchas páginas, no obstante aunque no las llamé para tratarlas aparte, si usted es sabio y tiene los ojos en su cabeza, mezcladas entre líneas, hallará las ausentes.

Con el aparente inconveniente de que estas pláticas no fueron concebidas para desarrollar la didáctica infantil, los maestros de niños si beben con gusto su contenido, podrán muy bien con alguna sabiduría, poner el alimento libado en forma de miel silvestre al alcance de las mentes menores. Desde muy pequeños nuestros niños deben aprender los primeros «rudimentos de la doctrina de Cristo», familiarizarse con ella, conocer sus vocablos y comenzar a sentir los primeros rayos de ese Sol de Justicia en sus matutinas edades.

Para aquellos que Dios ha buscado y puesto como *instructores de indoctos, maestros de niños* y que hallan en la ley y en el evangelio *la forma de la ciencia y de la verdad*, la llave única al cielo, os entrego un manual colaborador en vuestro trabajo de salvar almas, edificar con autoridad a los santos y glorificar a Dios haciendo su voluntad (Ro 2.20).

Humberto Pérez
Maryland 1993

1

El maestro de la Biblia

Tu importancia

¿Sabes, amado maestro, que no eres cualquier cosa, ni como cristiano ni como instrumento de enseñanza celestial? ¿Sabes por qué se dice que el aceite corre por la barba de Aarón ***hasta el borde de sus vestiduras***? Pues para que aprendamos que la unción del Espíritu Santo corre desde la Cabeza, Cristo, hacia abajo, bañando a todos los santos, los que se hallan colocados junto a Él, hasta el último en el mismo borde de su cuerpo. Supongamos que tú y yo nos hallemos allí, ¿estaremos excluidos de alguna bendición? ¡No, mi hermano, no! Posiblemente no seamos excelentes cristianos o instrumentos (es seguro que el Señor ha bendecido a otros mucho más que a nosotros), pero no por eso importamos menos para Él ni nos mira con menosprecio. El Señor ama mucho a sus instrumentos más pequeños, a sus hijos menos dotados. Sólo con malicia satánica alguien podría decirnos: «No tengo necesidad de ti».

Hace unos días me fijé en un pequeñísimo pájaro parado sobre un alambre del servicio eléctrico. ¡Qué pequeño era! Parecía más un insecto que un ave, pero no era ni un gusano ni una lombriz. Era de cierto una avecilla. Todo en ella era pequeño, sus alas, su pico, sus plumas... y su mismo canto. Pero estaba completa, no le faltaba nada. Pensé en los santos del Altísimo, que somos iguales, muchos no tenemos una gran fe en Israel, ni un amor gigante, ni las alas de nuestra esperanza nos remontan lejos, ni un pico agudo para proclamar el evangelio; nuestra mente es pequeña, nuestro paso lento y los pies frágiles. Sin embargo, somos tan hijos de Dios como el que más.

Quizás haya quienes son extraordinarios instrumentos suyos, verdaderos caudillos en ganar almas; otros no hemos podido rendir un trabajo tan honorable, pero seguiremos ocupados hasta donde podamos. Procuramos ser fieles al Señor en nuestro distrito, dentro de nuestra circunscripción, y desarrollar nuestro único talento. Nuestros nombres, aunque en la historia profana estén escritos en el polvo, no en la historia sagrada. Somos conocidos por Dios. El Señor sabe que existimos y lo que hacemos.

La iglesia que tiene buenos maestros recibirá muchísimas bendiciones. Cada maestro semanalmente tiene el privilegio de que Dios le *coloque muchos corazones en sus manos.* Después del Pastor nadie tiene tanta influencia espiritual sobre el rebaño del Señor como los maestros; cada primer día de la semana, por una hora al menos no es el pastor la persona más influyente en la vida de la iglesia, sino quienes enseñan la Palabra. ¿No es eso suficiente como para responder con solemnidad y fervor a esa vocación? Si barro fuera la vida, los maestros estamparían sus huellas en el alma.

Los mejores colaboradores del pastor, además de los evangelistas, son los maestros. Ellos, los evangelistas, los diáconos, merecen por su trabajo y oficio todo agradecimiento y oración. Pablo une a los maestros a la par con los pastores, en la pequeña lista de los efesios, ***constituyó a unos apóstoles, otros profetas... pastores y maestros*** (Ef 4.11). Se da a entender la estrecha colaboración que existe entre unos y otros, y la cercanía de sus trabajos. No hace falta argumentar en contra de quienes creen que cualquier hermano puede sentarse en una silla y enseñar a otros, como si Dios no hubiera dado el don según su discreción.[1]

1. Véase Mateo 26.5-61 sobre la necesidad de una excelente exégesis y el peligro de que cualquiera tome en sus manos las palabras del Señor dándole un significado opuesto y convirtiéndose en un seudotestigo del N.T.

Hace años que enseño la Palabra y soy testigo, en nombre de muchos, de cuánto Dios nos permite disfrutar de nuestro trabajo, también llorar y recibir consuelo de Cristo. Para no rendirse hay que tener vocación.

El llamamiento del maestro

Si revisas en 1 Corintios 12 los dones espirituales dados por la Tercera Persona de la Trinidad, verás que ser maestro es uno. La vocación es mucho más que conocimientos y muy buena disposición. Uno puede tener gracia para ser salvo, pero no para enseñar. Pero si así trata de hacerlo, no edifica suficiente con sus palabras ni es bendecido como debiera.

Lo mismo que su pastor, es «apto para enseñar» (1 Ti 3.2). En el Nuevo Testamento no todos los maestros son pastores, pero sí todos los pastores son maestros. Los requisitos para enseñar se aplican indistintamente, al ministro y al laico. La palabra *maestro* en griego, idioma original, es *didaktikón,* de la cual se deriva *didáctica*, el arte de enseñar.

Aprende a enseñar. Cuando quieran elegirte como maestro tal vez no tengas suficiente conocimiento de didáctica, pero sí disposición para recibirlo; en ese caso, es mejor esperar hasta el año siguiente e incorporarte con otros en algún curso de preparación que te suministre los conocimientos mínimos de didáctica para que seas de provecho. En nuestra iglesia actual usamos un curso de capacitación continua durante todo el año. No está de más la semana de especialización. De ese modo, pensamos que habrá una buena fuente de suministros para la Escuela Dominical. Nosotros acostumbramos incluirlo en su mayoría en la propia clase semanal donde se le pide a diferentes maestros que la impartan a sus compañeros, y el pastor u otro calificado hace interrupciones metodológicas o exegéticas.[2] El maestro que cada semana estudia su clase, la imparte o la expone a sus

2. Nosotros acostumbramos a incluirlo en su mayoría en la propia clase semanal, donde se le pide a diferentes maestros que la impartan a sus compañeros, y el pastor u otro calificado hace interrupciones metodológicas o exegéticas.

otros compañeros y oye las agudas observaciones que se hacen, será bendecido y será de bendición.

Un poco más adelante en 2 Timoteo 2.2 el mismo apóstol dice: «Esto encarga a hombres fieles». Emplea la misma palabra que ya conocemos (**didáchai**) que significa enseñar y también la expresión **hikanoí** en su acepción de **idóneos**. Esta última palabra es la que se traduce **digno** en 1 Corintios 15.9, pero sería más exacta si se tradujera **competente** o **capaz**. El don para enseñar es recibido, pero podemos hacer mucho desarrollándolo con el curso del cual ya he hablado, donde la hermenéutica sea rigurosamente una de las primeras materias a cursar. Son enormes los racimos de verdades, como Escol, que cosechan los maestros que saben interpretar la Escritura. En el capítulo sobre el uso de los libros tendremos tiempo de ver esta ciencia puesta en práctica.

¿Y qué lo distinguiría como una persona apta?

1. Tener suficientes conocimientos bíblicos.
2. Es preferible que no sea un recién convertido.
3. Poder hablar sin problemas.
4. Ir aprendiendo a enseñar a otros.

Espero que no seas uno, pero hay una gran disposición para ofrecerse como maestros entre personas no aptas para el cargo porque padecen de desórdenes emocionales o tienen algún mal hábito. La amistad que establecen con sus alumnos, sobre todo si son jóvenes o niños, resulta más nociva que beneficiosa. Muestra de esto es la curiosidad inquisitiva que los destaca como detectives indiscretos de la vida de alumnos y sus familiares. Es cierto que cualquier maestro debe conocer a quienes enseña, pero con prudencia; es decir, hasta cierto límite. La intimidad del hogar de los alumnos, si son niños, no nos pertenece. No debemos abusar interrogándolos a espaldas de sus padres, porque de enterarse se enojarían mucho y posiblemente los retiren de la clase o de la iglesia.

Si esos u otros (espero que no seas uno) llegan a ser maestros, instruirían a través del lente de sus propias experiencias e ínfulas sicológicas originadas por sus desajustes emocionales; y podrían hacer que los ojos de sus alumnos se enfoquen en una realidad torcida.

Un maestro, cuya niñez haya carecido de amor o no lo tenga de adulto, puede matricularse en una clase buscando con avidez afectos compensativos. Quiere, ansioso, como la tierra sedienta que espera el rocío, la ternura de niños y jóvenes discípulos. Dios nos ha hecho para el amor, y las palabras de reconocimiento son bienvenidas al espíritu no dependiente de ellas. Eso es distinto a estar enfermo de adulación, o morirse si no hay reciprocidad. Hay que estar llenos de otra cosa, que no sean las ternuras ausentes.

Un maestro lleno de gracia

Hace algunos años acompañaba a unos hermanos albañiles a recoger arena en una playa para el edificio que construíamos. Hicimos varios viajes y literalmente cargamos el camión casi en el mismo lugar. Cada vez que nos retirábamos dejábamos un hueco hecho y, al volver, a la semana siguiente, el hoyo ya había sido rellenado por el propio mar que se encargaba de renovar lo que se había perdido. La gracia divina es así. Por mucho que uno saque de ella, el Señor siempre tiene para prestarnos toda la que nos haga falta. Por eso se nos dice: «Porque de su plenitud tomamos todos y gracia sobre gracia» (Jn 1.16). Nos hace mucha falta para nuestro trabajo, ante todo para nuestras propias personas.

Cada vez que impartimos una clase *consumimos* gracia; a diario la usamos. Es el material de construcción en nuestra casa espiritual, el aceite único de las lámparas de nuestro lugar más santo.

No somos perfectos, pero queremos ser grandes cristianos, no solamente a los ojos de los alumnos, sino de Dios. Si me preguntaran, ¿qué quieres para ser un maestro eficiente? No pediría como Salomón sabiduría, sino gracia, misericordia, porque si aquello agradó a Jehová, estas dos cosas le agradarían más. Somos conscientes —como Pablo— de nuestras debilidades y del abofeteo privado a que el mensajero satánico nos somete; por eso anhelamos escuchar del Señor: «Bástate mi gracia porque mi poder se perfecciona en la debilidad» (2 Co 12.9). Las debilidades a que hace referencia, no son las que lo anulan para ser un ministro y maestro de los gentiles. Su carácter es un adorno dorado para la doctrina que a todos enseña.

Su carácter

Puntualidad y entrega

Si el zarcillo en la nariz y los brazaletes en los brazos son adornos que embellecen al esclavo de Cristo, su comportamiento adorna con más fulgor las enseñanzas que imparte.

Una joya preciosa de su carácter es *la puntualidad y la entrega.* Tiene que acostumbrarse a ser puntual. A no llegar tarde a clase, no faltar con frecuencia, ni enredarse los domingos en los negocios de esta vida. Hay quienes parecen haber hecho voto de arribar siempre a la hora undécima, cuando al reloj le queda sólo un grano de arena para estar vacío. ¿Usan el reloj de Acab? Su excusa es que es tiempo de siega y el río Jordán está desbordado, o que no querían ver a ningún samaritano y abandonaron el camino real para ir a Galilea por otra senda.

Aunque el director de la Escuela Dominical llegue más temprano, el maestro debe llegar antes que cualquier alumno. Si se levanta temprano y se ejercita para la piedad, orando, leyendo, creo que no será difícil un desembarco oportuno. ¿Has visto las mariposas libar temprano? ¿Quién no besaría una trompa así, llena de miel del paraíso?

Persistencia

Si no ser tardo mas que «para la ira» es bueno, llegar de cuando en cuando es fatal. Todos los maestros tienen substitutos. Que se oxiden.

Una virtud hermosa del carácter es *su persistencia.* Con un precio equivalente a *sufrir.* Pablo nos dice en 2 Timoteo 2.9,10: «En el cual sufro penalidades... a modo de malhechor... Por tanto, todo lo *soporto* por amor de los escogidos, para que ellos también obtengan la salvación que es en Cristo Jesús con gloria eterna». La palabra *kakopazó* se traduce «penalidades», pero su significado es más bien «sufrir malos tratos». Estoy de acuerdo que esto tiene que ver con la evangelización. El maestro debe hacer obra de evangelista. En eso, un esfuerzo casi descomunal. ¿No es el maestro un ganador de almas? Es un colaborador del pastor. Compañero irremplazable del director de evangelismo y misiones.

La palabra «soporto» significa, de modo más amplio, «mantenerse firme, resistir, perseverar, aguantar, sufrir, padecer, *quedarse debajo*». Cada una de estas acepcioness quiere decir a su vez: Sé persistente, mantente actuando bien, prosigue, llega a tiempo, busca los perdidos, edifica con lo mejor que tengas. No es fácil mantenerse igual o mejor que como uno empieza. Resistir el desaliento y el desencanto de una clase de ingratos, soportar a los débiles que no aprenden ni repitiendo. Aguantar lo que sea de esa responsabilidad, es decir «quedarse debajo». Dominar el impulso de arrojarla lejos.

El buen maestro mantiene como Sansón la longitud de la cabellera intacta y su espalda lista para llevarse las puertas de Gaza. O el vituperio. En Gálatas 4.19 hallamos la misma idea. Pablo habla de «volver a sufrir dolores de parto», porque el trabajo que antes había hecho casi se le deshace por completo. Se le deshizo casi todo el trabajo. Su epístola es prueba de su persistencia, no el abandono inmediato de lo que con tantas penalidades pagó. Dios los engendra y el apóstol los da a luz. La regeneración de otros exige sufrimiento. Repetidos.

El primer impulso, movido por la frustración y el desaliento, es: No hacer nada más, encogerse de hombros y capitular. El que quiere ser inmundo que lo sea, el que quiere ser injusto que sea injusto. El Señor viene. ¿No crece la clase? Que se estanque. No me oyen, no hablaré más. No quieren pan de ángeles, que coman uvas agrias. Se ha ido uno al mundo, que se quede allá. La iglesia echó otro a Satanás, que se recree en sus brazos, no iré por él. Se ha hecho nicolaíta, ha pecado de muerte.

Pablo habla de sufrir de nuevo, pasar por la misma experiencia de volverlos a tener. Por eso puede llamarles genuinamente: «hijitos míos». Muchos alumnos se marchan de la clase y nadie nunca más los visita. Es como si se les pasara un certificado de defunción. ¿Y por qué no autopsiarlos delante de algunas visitas?

Hay que ser persistente, «experimentado en quebrantos», ofrecer la vida al Señor «como sacrificio vivo». « [...] aunque sea derramado en libación sobre el sacrificio y servicio de vuestra fe», se podrá decir: «me gozo y regocijo con todos vosotros» (Flp 2.17), hasta que Jesús alce su brazo y diga: «Pasa y ayúdanos».

A disposición de Jesús

Eres un maestro *hasta que el Señor quiera,* no propietario de la clase. Eso es bueno que se tenga en mente. La iglesia no regala la clase, ni da un diploma de instructor perpetuo. (Aunque es una bendición tener un maestro que haya estado enseñando y preparándose por años). Se puede ser maestro un año y otro no; dos seguidos y descontinuar cinco. Quizás otros quieran enseñar, tal vez haga falta. Tal vez un retiro en Arabia, para meditar y reedificarse, sea oportuno antes de ir a Tarso. No hay que molestarse ni sentirse herido, si es prudente el reemplazo.

Siempre se está a disposición de Jesús, para una u otra cosa. Quizás haya que ir a pescar, remendar las redes, recoger higos silvestres, hacer guirnaldas de triunfo, arrojar mantos a los pies de Su pollino, cantar hosannas, etc. Cualquier cosa para Jesús. O buscar una moneda perdida, encender un candelabro o ir a la puerta a conversar con los enemigos por si el Espíritu bendice alguna de esas pláticas.

¿Por qué no, si nos gozamos tremendamente? ¡Qué feliz se siente el alma cuando realiza algún sacrificio y ve que Dios lo ha aceptado! El Señor puede requerirnos en otro sitio, y no significa que abandonamos la enseñanza. Simplemente nos cambia de lugar. Cuando empezamos, le prometimos ir donde quisiera y hacer lo que le gustara, con tal de ser útil en todo momento y contar con su bendición. «Doquiera que vaya, iré, a los montes, los valles... decir lo que quieras diré». Lo importante es que habiendo sido heraldo, hay que seguir siéndolo. No ser reprobado.

Aprobado por Dios

Comprobando métodos, planes, enseñanzas que son agradables a Dios, su aprobación para repetirlas es lo que más nos concierne. Ninguna cosa (ingratitud, deslealtad), ni siquiera los escasos resultados, entristecen sin consuelo como sospechar que por razón nuestra el Señor no bendice el trabajo. Nada hace decaer nuestro semblante con más pesar, sufriendo como un Caín, que el notar que ha mirado sin ninguna satisfacción nuestro sacrificio. Lo que los hombres digan es secundario, pero la opinión divina es suprema. Todos queremos tener indicios de que a Dios le complace lo que estamos haciendo para Él. ¿No está escrito en las epístolas «comprobando lo que es agradable al Señor»? (Ef 5.10).

Dice el apóstol en 2 Timoteo 2.15 «Procura con diligencia presentarte a Dios aprobado, como *obrero* que no tiene de qué *avergonzarse, que usa bien* la palabra de verdad». Timoteo era anciano, misionero, pero también maestro y como tal debía *trabajar*.

Eres un obrero

Eres un obrero; «procura como obrero». La palabra obrero se deriva de la griega érgon que significa trabajo, obra. En 2.6 de la misma epístola, la palabra «labrador» es «ge-ergo», uno que trabaja la tierra. Un obrero es el que hace obras, que trabaja. Cuando asumimos la responsabilidad de enseñar, damos por sentado que aceptamos un trabajo.

Los maestros que trabajan mucho en su clase agradan a Dios y Él se las prospera. Los que no lo hacen, probablemente casi no recibirán bendición alguna. Es significativo que Pablo llame a la iglesia en 1 Corintios 15.58 «obra del Señor». La iglesia es un lugar de mucho trabajo y obras donde el crecimiento está asociado, después del Espíritu y la oración, a la labor que se haga. «Creciendo en la obra del Señor *siempre*, sabiendo que vuestra labor en el Señor no es en vano». Esa es una gran promesa: si hay trabajo, hay bendición.

En otro sitio, el mismo Pablo dice que el labrador (obrero) para participar de los frutos *debe trabajar primero* (2 Ti 2.6).

Puede tener y participar de los frutos, pero debe dedicarse al trabajo primeramente. Si ara la tierra, la desyerba, la abona y siembra semilla en buen estado, puede luego esperar que lleguen las lluvias, temprana y tardía, enviadas por Dios para crecimiento y reproducción. Si trabajamos mucho y no hay (pasados uno, dos o tres años) algún fruto de la vid que cuidamos después que la hayamos estercolado y cavado alrededor, podemos ir pensando no en arrancarla, sino en dejársela a otro que intente cuidarla mejor, y pasemos a otro lugar. Si no vivimos mal, raramente eso hará falta cuando se trabaja, porque está escrito que en «toda labor hay fruto» (Prov 14.23) y el Señor estima tanto nuestras oraciones por la clase, como nuestro sudor en ella.

Sé un obrero bíblico

Un maestro laborioso obtendrá mucho fruto y, por lo tanto, no tendrá nada de qué avergonzarse. Posiblemente el texto citado aquí no tenga nada que ver con aspectos éticos o morales. Por el contexto, me parece que se refiere a que ni Timoteo, ni ninguno de sus colaboradores, debe verse envuelto en disputas locas y sin sentido sobre genealogías legales o cuestiones de filosofía, dejando a un lado lo más provechoso que es la meditación y estudio serio de la palabra de Dios.

Si uno enseña constantemente la Escritura y nada más que ella, si no se enseña a sí mismo sino las virtudes de Jesucristo, si busca no su propia gloria sino la del Señor, seguro que no tendrá nada *de qué avergonzarse*. Una dedicación así a la palabra del Señor corona siempre nuestras sienes con un laurel de victoria. Trae paz de conciencia, si después de muchos años de enseñanza no tenemos que retractarnos de nada de lo que hemos enseñado ni sentir vergüenza con Dios.

El maestro que tiene la bendición del cielo *usa bien* la Biblia. La palabra «usar» se deriva de la compuesta griega «ortho-thomos», cuya primera parte, *ortho,* significa recto, correcto, y la utilizamos, por ejemplo, en la palabra «orto-grafía», escribir correctamente, de modo derecho; y la segunda, *thomos,* significa dividir, partir, trinchar, y la empleamos, por ejemplo, en «átomos», sin división, sin partir.

El obrero que Dios aprueba además de todo lo dicho, también es uno que divide, parte la palabra de Dios de modo correcto. Pienso que aquí se refiere a la hermenéutica o ciencia de interpretación de los textos de la Escritura, en la cual el maestro debe ser totalmente experto.

La palabra «orthotomeo» (ortotomeo), significa usar o interpretar como es debido. Una de las primeras cosas que el maestro debe aprender bien es a interpretar los textos de la Escritura, hallando su significado exacto. Es decir, con fundamento semántico.

Por el contrario, si no sabe cómo interpretar su pasaje, dará vueltas y más vueltas repitiendo lo mismo que dice el texto, como hacen en las ferias los vendedores de algodón de azúcar que aumentan increíblemente el volumen de dos o tres granos. O irá de paseo por otras sendas mejor transitadas que conducen el ganado al abrevadero, y todo el mundo conoce hasta con los ojos cerrados. O dará palos por aquí y por allá con los ojos vendados, como los niños en sus fiestas a las piñatas, pero sin que de su texto caigan al fin los dulces caramelos.

La unción

Si lees libros escritos para pastores, hallarás casi siempre que el autor habla de predicar con *la unción del Espíritu.* El vivir en la unción del Espíritu, también se aplica a la vida y a la enseñanza. No es muy difícil distinguir una clase ungida de otra que no lo está. Si el Señor se siente presente en nuestra enseñanza, nosotros somos los primeros en advertirlo, y esto, con frecuencia, mucho antes al esparcimiento del grano.

El *adquirir los conocimientos* con ayuda del Espíritu es muy diferente a hacerlo por propia inteligencia o habilidad. Los frutos que da Dios son jugosos, frescos y sabrosísimos al comerlos; los que se recogen de otro modo son de inferior calidad. Aprender con la unción es como si fuéramos a un gran mercado donde colocan los frutos frescos, y tomáramos de los mejores y más deliciosos. Algunos parecen recién cosechados. Ese es nuestro lugar para llenar la cesta para el domingo.

He visto en el mercado una sección donde se encuentran los mismos frutos, pero procesados y secos. Hay nueces, avellanas y en lugar de uvas, pasas. Pienso que quienes compran verdades sin la unción son como aquellos que van a ese lugar: las traen para instruir, pero no tienen jugo. Están bien procesadas, envasadas, etiquetadas, pero secas. Se les acabó la vida hace mucho y, si bien son fibrosas, no saben igual al paladar. Una clase enseñada por el Espíritu es como si compartiéramos lo que recién hemos ido a buscar a Escol, o mejor aún, a las viñas de En-Gadi.

En esos almacenes de comida, hay un empleado al que le encargan todos los días regar con agua fresca todas las verduras, bañándolas hasta que se muestren tan limpias y frescas que den ganas de comerlas. Quisiera que nuestro Señor hiciera eso y regara, por piedad, con su Espíritu, aquellas cosas que traemos a la clase para que disfruten quienes las escuchen y queden animados a pedirnos más; y, sobre todo, para que, como dijimos antes, no enseñemos algo que después nos avergüence.

El apóstol Juan, en su primera epístola, nos dice a todos en general: «Os he escrito sobre los que os engañan. Pero la unción que vosotros recibisteis de Él permanece en vosotros y no tenéis necesidad de que nadie os enseñe; así *como la unción misma os enseña todas las cosas,* y es verdadera, y no es mentira[...]» (1 Jn 2.26-27). Esto es dicho para toda la iglesia, ¡con más razón para los maestros! Encomiéndate al Espíritu como tu principal Maestro no sólo para enseñar sino también, primero, para aprender. El Espíritu *os guiará a toda verdad* (Jn 16.13). No hay ninguna indicación en el texto que diga que la unción los instruiría con nuevas revelaciones. Más bien tiende hacia el pasado. «Según ella os ha enseñado, permaneced en él», literalmente debiera traducirse con más énfasis «como ella os enseñó». Es pasado completo. La unción es tu garantía de que lo que tomes sea lo que es de Jesús, porque dijo que, «tomará de lo mío y os lo hará saber».

La intención del apóstol no es que ellos estén atentos a alguna *nueva* revelación del Espíritu. Al contrario, que estén atentos a las *viejas* para oponérseles a las de origen reciente. Las enseñanzas presentes de la iglesia se harían sobre las viejas verdades ya trasmitidas por Cristo y que la unción les recordaría, o les enseñaría si aún no las habían terminado de aprender. No indica el apóstol que quiere barrer de un plumazo toda la labor didáctica de la iglesia, que se suspendan todos los magisterios. No, no es eso. Su deseo es que no se deje enseñar a malos profesores que contradicen lo que ya han aprendido. Maestros que venían con pretensiones espirituales a substituir al Espíritu Santo.

Parece implicar que a aquellos profesores, invasores y mentirosos, les niega que tuviesen la unción divina para aprender, por lo que les asegura que no se les ha ido, y teniéndola seguirá enseñándolos. Son aquellos maestros recién venidos, que han abandonado la enseñanza antigua de Cristo, quienes se han salido de la ortodoxia de la iglesia y se oponen a sus enseñanzas. Por tanto, una señal de apostasía es enseñar lo que no ha sido revelado ya por el Espíritu. Aún en tiempos de Juan lo que los hermanos tenían que aprender ya les había sido revelado. Juan califica duramente de anticristo y mentiroso al que enseña *más* de lo que Cristo ha revelado.

El propio apóstol en su segunda epístola nos dice: «Cualquiera que se *extravía,* y no persevera en la doctrina de Cristo, no tiene a Dios; el que persevera en la doctrina de Cristo, ese sí tiene al Padre y al Hijo» (2 Jn 9). La palabra «extraviarse» en griego, idioma original, es *proágon,* que quiere decir «propasarse o sobrepasar». Para Juan, uno que se extravía no es uno que regresa doctrinalmente, sino uno que va más allá de donde debe ir, que se propasa, sobrepasa lo que ya ha sido enseñado, añade, aumenta la revelación, inventa de su propia imaginación ilusionada o, quizás, enferma.

Si eres fiel y trazas bien la palabra de verdad, no instruirás con nada que no sea con la vieja Biblia.

Es curioso notar que «engañador», en el versículo siete de 2 Juan, es la palabra *plánoi,* de donde conocemos el vocablo «planeta», porque los griegos, observando el cielo, veían que los planetas cambiaban de posición frecuentemente y se decían que engañaban a quienes los observaban. Un planeta es uno que *engaña* y lo hace cambiando de posición la verdad revelada, trocándola por otra cosa. Quiere decirnos incluso que sintiendo que hemos sido llamados para ser maestros, al adquirir la requerida capacitación nos hace falta, no «la herramienta del Espíritu» sino ser una herramienta suya, para no tropezar con equivocaciones peligrosas en la Palabra.

Deléitate mucho en trabajar con la Santa Escritura y esa labor no te fatigará como a los que no tienen entendimiento que Salomón los cita diciendo: «El trabajo de los necios los fatiga; porque no saben por dónde ir a la ciudad» (Ec 10.15), ya que sabrás cómo ir con la Biblia al significado de sus textos y llegar a la ciudad del Dios vivo, caminando por sus calles y senderos.

2

El texto y su estudio

El hermoso camino hacia un texto

Por dos veces David canta su preocupación de cómo llegar hasta Edom, diciendo con estas palabras: «¿Quién me llevará [guiará] a la ciudad fortificada? ¿Quién me llevará [guiará] hasta Edom? ¿No serás tú, oh Dios, que nos habías desechado[...]?» (Sal 60.9-10; 108.10-11). No era para menos si quería sacar de allí alguna victoria para el reino y gloria de Dios. Algunas veces estamos también perplejos como David ante las rocas inexpugnables de la ciudad de Petra y nos preguntamos de modo similar: «¿Quién nos guiará al corazón de ese texto? ¿No serás tú, oh Dios? ¿Quién podrá descifrarnos su entrada escondida? ¿No será el mismo que la escondió?» David no era un necio que ignorase cómo llegar hasta Edom, lo que le faltaba era alguien que lo acompañase a tomar la ciudad. Nosotros tampoco solos podemos tomar el significado espiritual de un texto, sus murallas son muy altas, sus torres lo defienden bien y a menos que ese Alguien nos conduzca dentro suyo, andaremos siempre por fuera sin poder penetrar.

Los conejos de Agur eran inteligentes porque sabían cómo entrar y salir dentro de sus pétreas mansiones. ¡Qué rocas hermanos, son los textos de la Escritura! ¡Qué emocionante es el desafío espiritual a penetrar por algún camino reservado por Jesús dentro de sus ciudades! ¡Quién nos llevará a nosotros y a nuestros alumnos dentro suyo! ¡Cuántas cosas interesantes aprendemos en nuestro camino hacia él! No siempre es fácil el acceso, pero se resuelve cualquier situación y nos encontramos con algún oasis en una tediosa jornada semanal en el desierto de Sin; puede que hasta lleguemos a acampar jadeantes bajo la sombra de setenta palmeras. Hay veces que damos la vuelta a una sola palabra y se destapa un pozo y anega nuestro pensamiento por más tiempo que el que usualmente el orden nos otorga. ¡Es tan rica en contenido la Biblia! ¡Cuánto palpita nuestro corazón cuando con los ojos fijos en su luz caminamos descalzos sobre tierra santa!

Quizás es entonces mejor dejar a un lado el vistoso báculo de príncipe y coger un pico y hacerlo resonar duro por aquí y por allá y si no da resultado, pues entonces hablarle a la roca, por si quizás quiere la providencia que al fin suelte el agua.

A menudo, cuando considero la bendición que ha sido mi libro *Mi saco pastoril*, me digo: «El éxito no es mío, sino de la palabra de Dios que él contiene. Soy un simple minero que bajo al pozo con mi lámpara y el pico en la mano, golpeo por allí y por allá, lleno mi saco y subo a la superficie con mi oro. Luego lo arreglo, lo dispongo lo mejor que puedo, pulo el material, organizo las joyas que mi esfuerzo permite y las pongo a disposición de quienes aman el tesoro celestial». ¿De quién es el éxito? De la palabra de Dios y no del andrajoso minero que lo sabe bien, detrás de cuya cara tiznada se ve una sonrisa de satisfacción.

Gastemos muchas horas semanales leyendo y estudiando la Biblia hasta que ella forme parte íntegra de nuestros pensamientos. El predicador Carlos H. Spurgeon dijo de Juan Bunyan: «¡Oh, que tú y yo pudiéramos entrar dentro del mismo corazón de la palabra de Dios y hacer que esa Palabra entre dentro de nosotros mismos! Como he visto al gusano comerse toda la hoja y consumirla, así quisiéramos hacer con la palabra del Señor, no escarbar sobre su superficie sino comerla toda hasta que forme parte de nuestro ser interno. Es nada meramente observar las palabras, o citar sus expresiones poéticas, o sus hechos históricos, pero es una bendición nutrirse con la misma alma de la Biblia hasta que puedas hablar con su propio lenguaje y tu estilo sea dependiente de su modelo y lo que es mejor todavía es que tu propio espíritu lleve su propio sabor». Si fuera a citar un ejemplo, tomaría a Juan Bunyan para lo que estoy diciendo. Lee cualquier cosa suya y te darás cuenta que es como hallarse leyendo la Biblia misma. El ha estudiado nuestra Versión Autorizada... y aunque sus escritos están encantadoramente llenos de poesía, no pudo legarnos su *Peregrino* sin hacernos sentir y decir: «¡Este hombre es una Biblia viviente! Pínchalo dondequiera y encontrarás que su propia sangre es biblina. La misma esencia de la Biblia fluye por sus venas. No puede hablar sin citar algún texto, porque su alma misma está llena de la Palabra de Dios».

Vayamos, mineros del evangelio, que os quiero mostrar cómo se llega a una ciudad fortificada y cómo se entra para sacar el botín de tesoros ocultos por centurias.

¿Cómo estudiar el texto?

Con la Biblia abierta

Lo primero que debemos hacer *es arrodillarnos* y pasar un rato en oración implorando al Señor que nos ayude a entender lo que vamos a estudiar y que nos permita participar de lo que aprendamos. No te lances precipitadamente como un trueno sobre tu Biblia, porque así de rápido echaron a Jezabel por la ventana. Póstrate ante su Autor y ruégale que, mientras enciendes el fuego, Él caliente también tu corazón.

Luego, obviamente, *abre la Biblia*. Hay maestros que pretenden estudiar la Biblia sin abrirla. Leen el texto impreso en la revista o el comentario que han estado usando. Ese no es un buen hábito. Termina por ser perjudicial, porque el maestro pierde familiaridad con el libro sagrado. Además incrementa la apatía de sus alumnos. Particularmente disfruto mucho al ver a mis alumnos tratando de localizar el pasaje a que hago referencia. Y hasta cuando predico me complazco igualmente si noto que algunos quieren hallar el texto que mencioné, sin haberlos invitado.

Por el uso continuo de la Biblia llegamos a conocer sus textos y su posición sobre la página, de modo que cuando cambiamos la versión nos sentimos turbados y confundidos en su búsqueda.

Otro beneficio que tiene el manejo de la Biblia para el maestro es que puede subrayarla si la tiene abierta; marcarla, hasta hacerle anotaciones, si es una Biblia de estudio (no creo que se profane por eso; peor es la indiferencia); o pueda que mientras la lee, el Espíritu Santo le haga brillar la luz de algún texto ante los ojos, el cual, habiendo sido leído y distinguido previamente, le arroje de nuevo su precioso significado, complementando el poco provecho que de ella se saca en una hora de difícil concentración. (Hay veces que nuestro espíritu está tan agitado y torpe que nuestro pensamiento divaga, extraviado como las asnas que buscaba Saúl, y se llega a perder de vista la misma página que se lee.)

Dicho en términos seguros, hay mucho más beneficio en una Biblia que se maneja de aquí para allá y de allá para acá, que en una cerrada.

En tiempo oportuno

La Biblia debe ser abierta en la mejor hora del día, cuando nos demos cuenta que biológica o ambientalmente estemos más aptos. Estudiar la Biblia cansado, con sueño, con el estómago repleto de los tesoros de Dios o con el televisor encendido (oyéndolo o mirándolo), cuando la familia está haciendo vida doméstica y se oyen sus voces, sus ruidos, es perder el tiempo y mezclar lo sagrado y lo profano. Esa no es la mejor hora devocional ni para prepararnos para el domingo, a no ser que tengamos un lugarcito retirado de todos. No se le puede pedir a los miembros del hogar que paren sus quehaceres para que nos permitan reflexionar, por importante que nuestro trabajo espiritual sea.

Puede suceder que los familiares se molesten, como Marta con su hermana María, por vernos echados a los pies del Señor *fuera de tiempo*. Incluso quizás traten descortésmente al Maestro o a la iglesia por culpa nuestra (Lc 10.38-42). Tal vez no les importe que lo hagamos en otro momento, pero no en esa hora crítica y en ese lugar donde caminan todos por necesidad.

Peor hubiera sido si María, siendo incapaz de asimilar lo que estaba oyendo, hubiera dicho: «Marta, baja la voz, no hagas tanto ruido con los platos». O quizás, actualizando: «¡Apaga el radio!» Se hubiera puesto justamente furiosa.

En todos los hogares hay una hora en que prima la turbación y el afán, como en el de Marta y María, y a los que conviven con nosotros los saca de quicio que escojamos la buena parte y que usemos la voz de Jesús para defender nuestra selección.

¿Y cómo la misma María se podrá concentrar en lo que su Maestro le dice con alguien que está regañándola? Dejo para que cada uno escoja el mejor momento para echarse a los pies de Jesús, estudiar su lección y el lugar donde lo hará.

Con un espíritu de nutrición

El estudio del texto debiera formar parte de un *obligado estudio diario*. Jesús observó que los escribas *escudriñaban* la Escritura (Jn 5.39), porque estaban convencidos que, en ella, se hallaba la vida eterna. Como querían hallar la vida eterna no les quedaba otro camino que meterse hondo en el estudio de aquellos documentos.

Estudia diariamente algún versículo de la Biblia. Lo que quiero destacar es que el estudio del texto de la Escuela Dominical debe formar parte del tiempo de retiro devocional para evitar lo que fácilmente pasa: que te habitúes a estudiar tu clase sin conexión con tu vida entera. Si la estudias como he dicho, siempre te hallarás centrado cristianamente en la clase, y no pasarás por el desconcierto de ver a otros crecer con el alimento que les provees mientras permaneces estancado. O mejor dicho, muriéndote de flaco.

Cuando las lecciones se estudian de ese modo se hacen verdaderos mensajes espirituales, enviados por Dios, llenas de vida y colorido celestial. Es muy raro que una clase estudiada en ese espíritu sea aburrida y sin interés.

Cuando una lección se lleva en el corazón, los métodos pedagógicos no pocas veces se cumplen inconscientemente. Hay maestros que trabajan mucho para hacer sus lecciones interesantes, consiguen anécdotas de libros, piden en préstamo pensamientos de grandes autores, sin embargo, todos esos rellenos parecen remiendos de paño nuevo en saco viejo, dándole un aspecto prefabricado y forzado a la lección, además de poco vistoso.

No olvides que la técnica no sustituye a la vida y lo más importante en una lección es impartir la vida. El conocimiento no es el fin en sí mismo, sino la vida. Dicho en los términos de Jesús, el conocimiento verdadero es vida verdadera. Las palabras de Cristo *«son espíritu y son vida»*, (Jn 6.63, 68). Una clase si se trata sólo de conocimientos, puede resultar interesante, documentada, pero muerta, consistiendo nada más que de palabras. Las palabras tienen que tener vida —y ¿cómo estar vivas si no por la comunión con el Señor?—. Y la comunión no se logra con un minuto o dos, por una oración o dos. Hay que gastar tiempo a su lado, bebiendo de su boca para uno mismo y para nadie más. La comunión es un estado. Hay cosas que el Señor revela, como a Juan (Ap 10.4), no con el fin de que se escriban para edificar a otros, sino para uno mismo.

Puedes estar seguro que la vida no se produce por ser homiléticos, con todas las ventajas que de esa ciencia puedas sacar. Las lecciones deben ser parte vital de tu estudio íntimo. El maestro fiel nunca oye una clase, porque rara vez falta a la suya, pero puede alimentarse de la torta aún caliente, como Elías, que su Señor cuece para él.

La clase de la Escuela Dominical es también *un culto a Dios* y por ello la ley de Jehová exige que nuestro sacrificio primordialmente *esté vivo*. Es imposible ofrecer a Dios un carnero que ya llega al templo muerto y traerlo arrastrándolo con una cuerda. Debe morir a manos del sacerdote sobre el altar. Dios no acepta sangre coagulada ni cadáveres para aves de carroña (Ro 12.1).

Aunque lo anterior es un símil, nuestra clase también es un tiempo sagrado, donde todos nos colocamos en torno a la palabra de Dios, como en torno a la mesa los comensales levitas, para comer el sacrificio santo.

En fin, cuando llegue la hora de impartir tu clase piensa más bien que vas a *compartir tu vida* y que lo que traes lo recomiendas de tu misma nutrición.

Machaca tu texto

Al estudiar tu lección *concéntrate en el texto* con la misma insistencia que los antiguos israelitas trataron el maná que les cayó del cielo: «lo molía en molinos o lo majaba en morteros» (Nm 11.8). En esto antes que en la lección. El texto es la base; la lección, la superestructura; la enseñanza, lo que dirás sobre él.

Hay un error muy grande que quisiera que corrijan los hermanos que escriben las clases: su esfuerzo por reducir en unidad un texto sumamente heterogéneo. Hay oportunidades en que eso se puede lograr, en otras no. El pensamiento de un autor puede variar después de cuatro o cinco versículos, como se nota con frecuencia en los salmos, y aunque queramos depender del contexto hay momentos en que al darnos por vencidos admitimos que quien escribió cambió de tema y tiene poco que ver con lo anterior.

Esto ocurre con quienes programan clases más por asuntos que por libros y que por sostener la unidad destruyen la riquísima variedad de la Palabra de Dios, que sería más aprovechada si siguieran el sentido del autor santo y evitaran sintetizar o esquematizar su contenido. En mis exposiciones semanales reduzco la longitud del texto todo lo más posible.

Siempre les ponemos un título a las lecciones, pero procura estudiar el texto por el sentido principal que el Espíritu Santo le dio, coincida o no con el título.

a) Léelo varias veces.

b) Determina el número de pensamientos centrales que tiene y limítalos (por el factor tiempo).

c) Observa qué enlace pueda haber entre ellos.

d) Saca aparte o subraya las ideas que más entusiasmen tu corazón. Practica el levítico proceso de «*machacar*», como ordenó el Señor que se hiciera con las olivas hasta que destilen el jugo para el alumbrado del santuario (Éx

27.20). Que nuestros candelabros no alumbren menos que aquel santuario terrenal. Cuando ya lo hayas logrado, ve alumno por alumno y llénales sus lámparas para que glorifiquen a Dios con brillante luz.

Un ejemplo

El título

A modo de ejemplo de lo mencionado, estudiemos el texto de Lucas 18.18-30. Nuestras Biblias simplemente dicen «El joven rico». Para nosotros se tituló «Entrega total» (no del todo inexactamente), pero pudo habérsele puesto otros títulos mejores tales como: «Un obstáculo para ser salvo», «¿Quién podrá salvarse?», «La salvación: imposibilidad humana, posibilidad de Dios», «La salvación, ¿fácil o difícil?», «Equivocaciones que tuvo un joven que no se salvó».

Es cierto que estos títulos encubrirían el personaje, el joven rico; pero eso no importaría. Al contrario, sería beneficioso, porque muchos alumnos conocen la historia bíblica sin su contenido teológico, y la clase no es para referir sólo historia sino para obtener las verdades eternas, aun para alumnos de primaria y prescolar.

En el texto, el joven rico *no se entregó totalmente;* por lo tanto es mejor sugerir otro asunto.

Pensamientos centrales

Hagamos un poco de práctica sobre el texto en cuestión.

a) Un joven busca la salvación por un camino equivocado. Versículos 18-21. Es el cumplimiento de la Ley. No presente al joven como un modelo moral de buen hijo como hacen algunos escritores. Lo que hay que investigar es por qué el Señor lo envía a la Ley sabiendo que por ella nadie puede salvarse (Gl 3.11). Eso mismo, aquel joven tenía que aprender que por el camino de la Ley siempre *le faltará algo,* y no podrá salvarse. La salvación es por la fe. Nadie puede salvarse por no matar, por no adulterar, por honrar al padre y a la madre. Se salva por su fe en Cristo.

b) El joven se hacía la ilusión de cumplir la Ley. No era así. No era perfecto (Véase Flp 3). No tenía la vida eterna. El joven no había descubierto que lo principal de la Ley no era cumplirla sino descubrir el pecado en el corazón y conducirlo a la fe en Cristo o la gracia (Ro 7.7; Gl 3.24; Lc 18.22).

c) Para todo el mundo, también para este joven, la salvación es algo muy difícil. Versículos 23-27. No se puede heredar la vida eterna con los pies tan metidos en este mundo (tenía muchas posesiones) y sin convicción de pecados, como egoísmo, avaricia o cualquier otro. La salvación sin reconocimiento de culpas es imposible. No sólo a los ricos les es difícil entrar al reino de los cielos; sino a todos. La salvación es una imposibilidad humana pero una posibilidad divina. Todos los que se salvan entran por la puerta estrecha como el ojo de una aguja. El «ojo de la aguja» no puede ser ensanchado para que entren los pecadores ni debemos tratar de meterlos sin convicción de pecados por la Ley.

d) Recompensas que siguen a la vida eterna. Versículos 29-30. Dios siempre recompensa. Siempre que lo necesitemos tendremos a nuestro lado un padre, una madre, un hijo, un techo en lugar de aquellos que hemos dejado. Los discípulos no heredan la vida por lo que dejan, pero Dios los recompensa.

e) Hay un pensamiento que enlaza todo el texto dándole cuerpo a la lección: Cómo obtener o no obtener la salvación. El tema es la salvación y no la consagración del salvo. Un hombre viene a salvarse —por lo menos eso dijo él—, pero no se salvó. Eso tuvo un impacto muy fuerte en los discípulos.

Las aplicaciones brotan con facilidad cuando se llega al tema principal y los alumnos ven, con ojos bien grandes, estas verdades sobre la salvación.

La práctica del *machacar* al final de la clase equivale a sus aplicaciones, a redondear los pensamientos más notables —los que sugerí como posibles títulos de la lección—, o algunos de los principales. (Todas las subdivisiones no tienen el mismo grado de importancia.) «La salvación no es cosa fácil», «No es fácil para los que aman el mundo», etc. El camino a la salvación no debe ser supuesto, sino descubierto. El que se quiere justificar por la Ley, se pierde. El maestro puede decir algo solemne, más o menos así: «Hoy no pretendo abrirle el ojo a la aguja de la salvación. La puerta del cielo es estrecha como su camino. Ninguno de nosotros puede ser salvo a menos que se dé cuenta que ni por sí mismo, ni por cumplir mandamientos bíblicos, podrá ser salvo; pero damos muchas gracias a Jesús que, cumpliendo la Ley divina, nos regala lo que a Él le costó tanto».

Martillar el texto al impartir la lección equivale a forjarle punta para que entre al corazón; es como empujarla adentro, tratar que penetre hasta la conciencia de los alumnos. Salomón dijo: «Las palabras de los sabios son *como aguijones; y como clavos hincados* son las de los maestros de las congregaciones, dadas por un Pastor» (Ec 12.11). El estudio del texto es el momento de preparar esos clavos y luego llevarlos, como hace el carpintero en una bolsa, para usarlos en la clase con el martillo de la Palabra.

Lleva a clase pensamientos elaborados, al menos en su mayoría. No trates de fabricarlos delante de tus alumnos. Casi siempre el Espíritu nos ayuda cuando actuamos así; los pensamientos que traemos suelen reproducirse maravillosamente cuando estamos exponiendo.

Es bueno preparar algunas notas no muy largas de pensamientos y meditaciones, que sigan un orden y se puedan leer, aunque no frecuentemente. Si alguien puede usar sólo su memoria, tire el papel. Pero tenga cuidado porque a veces se nos pierde un punto en la imaginación y no podemos hallar el próximo paso. Entonces no podemos volver ni continuar ascendiendo, y eso nos hace pasar un rato amargo y de mucha confusión, hasta que al fin, en sombras, divisemos lo que pareció ser la idea que habíamos perdido y bendecimos, por el pie y el cuerpo, el hallazgo del escalón.

Por favor no se disculpen por no preparar la lección. Pocas veces hay justificación para ello. Es un insulto, un menosprecio a los alumnos y a Dios. El maestro que pasa el jueves o el viernes sin haber estudiado su clase, se porta como un obrero de segunda categoría.

Sácale el jugo doctrinal

Estudia el texto *doctrinalmente*. Trata de ver dentro de él. Por fuera está la historia bíblica, la parábola, pero eso es sólo la *forma* de la verdad, su corteza. Tienes que mirar dentro de ella y buscar la verdad eterna —para todos los tiempos—, y el texto la contiene.

¿No has leído libros y oído a maestros que sólo repiten la historia bíblica, pero con otras palabras? Es como si mostrasen el huevo pero no lo rompen, enseñan la nuez pero no quiebran la cáscara. El maestro tiene que saber mucho sobre taladros, martillos, clavos; para poder barrenar la madera, poner el tornillo, apretar tuercas, fijar en lo hondo del corazón lo que Dios enseña. La Escritura no debe ser «quebrantada», sino *quebrada*. Estudiar un texto es como abrir un pozo, llegar hasta las aguas de abajo porque las más frescas siempre son las más profundas. ¿No has leído como Abraham, Isaac y Jacob abrían pozos en Tierra Santa y hasta peleaban por conservarlos?

Si sabes entenderme bien, podría decir estrictamente que más que enseñar Biblia enseña *la doctrina de la Biblia*. Como he dicho, esto se puede lograr hasta con los más tiernos, si el maestro se lo propone.

Las doctrinas son el jugo de olivas machacadas, los clavos de que hablé. No conoces bien la Biblia mientras no conozcas sus doctrinas, ni serás efectivo mientras no la enseñes doctrinal y prácticamente. Lo que nos ciñe de poder sobre los demonios y las doctrinas enseñadas por ellos, son nuestras doctrinas, la sana doctrina. Satanás puede oír pacientemente que un maestro cuente la Biblia, al fin y al cabo él mismo ha sugerido a los liberales y ateos que la lean, pero se pone a temblar cuando uno empieza a publicar doctrina (Véase Mc 1.27). La doctrina es la verdad, y la verdad es la que libera a un hombre de pecados. Una clase es buena según el número de verdades que enseñe. Es cierto que la doctrina por sí misma no echa fuera demonios sino cuando la acompaña el poder del Espíritu Santo, pero también es innegable que jamás el poder está desligado de la verdad de la revelación. Jamás impresionan pensamientos vacíos ni pompas de aire.

La doctrina, lo sabe bien nuestra esperanza celestial, es la que fortalece nuestra fe, y cuando aquella se resiente esta se resquebraja. La apostasía existe también donde se enseñe doctrina, pero con la ayuda del Señor la proporción baja bastante; y casi siempre por enfermedades carnales.

La Escritura nos enseña que la perseverancia en la fe es *perseverancia doctrinal*: «Y perseveraban *en la doctrina* de los apóstoles, en la comunión unos con otros, en el partimiento del pan y en las oraciones» (Hch 2.42).

¿Cómo tener comunión en la iglesia si no tenemos una misma doctrina apostólica? ¿Cómo tomar la cena juntos, si uno desacredita la Biblia, no cree en sus milagros o la doctrina trinitaria de Dios? ¿Cómo ir a orar juntos si no se define primero al Dios y Salvador a quién se invoca?

Por esto, y mucho más, necesitamos estudiar bien el texto de la Escritura, y como no presumimos saber y entenderlo todo, ni queremos ser sabios en nuestra propia opinión, consultamos otros libros, no para verificar si tenemos o no razón, sino para aprender de lo que otros saben.

3

Los libros y tu amor por ellos

Hay personajes muy raros en este mundo. Nacen como jorobados y retorcidos por dentro, o las circunstancias los ponen así; no porque sean perversos, sino porque son como semiciegos y de mentalidad muy estrecha. Hace poco tiempo oí a uno hablar tan mal de los comentarios bíblicos que al punto me asusté; la emprendió con tanta furia contra el reformador francés de Ginebra que pensé que el espíritu de Miguel Servet había salido del infierno y se había hecho carne entre nosotros.

El argumento del susodicho era que por sí mismo, con su cabeza santa y la sabiduría de sus propias opiniones, podía obviar —sin ningún problema— el uso de libros de textos a la hora del estudio de su lección. Y que si osaba ir a ellos —parecía haberlo jurado—, lo haría solamente para comprobar si había errado o acertado en la interpretación; es decir, no para aprender sino para investigar si coincidían con su juicio. No tengo que decir, porque seguro te lo imaginas, que este sabelotodo no es ninguna belleza espiritual. Como no comparto su opinión, y espero que tu tampoco, voy a darte algunas justificaciones para abrir más de un libro antes del bendito domingo.

Justificación para usar libros

En muchos de nosotros, el apego que mostramos hacia la lectura es tan marcado que suele avergonzarnos ante los demás. A veces desatendemos inclusive algunos deberes, y ese deleite precioso nos causa una sensación de culpa. He ahí la razón por la que he de empezar para justificar ese hábito. Los comelibros me comprenderán de inmediato.

La Biblia es... ¡un libro!

El uso de libros para estudiar la Biblia está muy justificado aun en ella misma. La Biblia *es un libro* (eso precisamente significa en griego). Si Dios ha querido que su Palabra se conserve en un libro, ¿no fue para que la leamos? Hasta donde entiendo este es su único uso, aunque confieso, he sido informado de otros empleos que algunos le dan: como adorno, para registros de nacimientos, de bodas y defunciones. Me han revelado que ciertos «Adanes durmientes» no la estudian mucho, pero la colocan debajo de sus almohadas para santificar sus sueños, alejar las pesadillas satánicas y hacer retroceder al diablo, si pasare con alguna visión mientras descansan.

Es cierto que hubo una época en la historia de la humanidad cuando Dios no había enseñado a escribir al hombre, y su verdad se trasmitía de modo oral y por tradición. Pero eso fue sólo una época preparatoria, hasta que se le inculcó el ansia de escribir lo propio y leer lo de otros, de modo que aun los pueblos más primitivos escribían y dibujaban sus historias en las paredes de las cuevas.

Job, personaje del libro que lleva su nombre del que se dice es antiquísimo, soñaba con que alguien escribiera sus palabras y Dios lo oyó, cumpliendo su santo deseo por medio de su propia pluma o bajo su supervisión. «¡Quién diese ahora que *mis palabras fuesen escritas! ¡Quién diese que se escribiesen en un libro*; que con cincel de hierro y con plomo fuesen esculpidas en piedra para siempre!» (Job 19.23-24). Como con hierro y con plomo Dios las escribió en su libro, la Biblia, y ahí permanecerán hasta la eternidad.

El hombre escribió primero sobre la tierra, la cal, la roca, luego en papiro, después en pergamino y hoy en papel. Cuando Dios hizo al hombre pensó hacer escritores y a quienes no les dio el don, les ha dado hambre de lectura.

El mismo Señor es un escritor y promueve la lectura de sus escritos. «Y dio a Moisés[...] dos tablas del testimonio, tablas de piedras escritas con el dedo de Dios» (Éx 31.18). La literatura es de origen divino. Cuando el Señor creó al hombre inmediatamente *escribió* dentro de él. «Mostrando la obra de la ley *escrita* en sus corazones» (Ro 2.15). En estos días del fin de los tiempos aún Dios sigue escribiendo pues se dice: «Pondré mis leyes en sus corazones y en sus mentes *las escribiré*» (Heb 10.16). Y tan cierto es esto que Pablo lo corrobora diciendo que cada cristiano es un pedazo de la literatura celestial, «siendo manifiesto que sois cartas de Cristo, expedida por nosotros, *escrita no con tinta*, sino con el Espíritu del Dios vivo» (2 Co 3.3).

Pasando por alto muchos otros textos, sobre todo del Antiguo Testamento y llegando al Nuevo, aprendemos que durante el período apostólico la Palabra de Dios se reconocía sólo como *la escrita* (Jn 10.35), de modo que si alguien quería conocer la voluntad de Dios no tenía que preguntarlo en Abel,[1] ni consultar a Urim y Tummin, ni hablar con videntes, simplemente tenía que leer. Si alguno deseaba conocer la verdad debía dedicar tiempo a la lectura, debía amarla. La lectura se fue convirtiendo en un modo de acercarse a Dios, en el más eficaz, para saber su voluntad. La vida eterna podía obtenerse *escudriñándola* por la ley, los salmos y los profetas.

El apóstol Pablo le dio tanta importancia a ella que la identifica con el mismo Dios que se revela (Gl 3.8); y el propio Jesús en la parábola del rico y Lázaro, hace oír a aquél en el infierno esa verdad de que ningún ser viviente se salva si no lee y cree la Escritura. «Y Abraham le dijo: *A Moisés y a los profetas tienen; óiganlos*» (Lc 16.31).

1. 2 S 20.18

El amor por los libros

El amor por la lectura, no la lectura impuesta, fue una característica de aquellos hombres que Dios usó. Amaban los libros y no les era un sacrificio pesado, como rueda de molino, mover ágiles su hojas. El apóstol Pablo fue el ejemplo más conspicuo de todos. Amaba la lectura, pues escribe este mensaje: «Trae, cuando vengas, el capote que dejé en Troas en casa de Carpo, *y los libros, mayormente los pergaminos*» (2 Ti 4.13). No voy a gastar papel y energía en adivinar el contenido de los libros. Por el momento tomó *los libros* por libros, para provecho espiritual suyo y los pergaminos como copias de sus propios escritos, o de los libros del Antiguo Testamento. Lo importante es que Pablo viajaba con una pequeña biblioteca portátil.

Puestas las cosas de ese modo, el texto me sugiere pensamientos más provechosos. Los libros forman parte del equipaje de viaje de Pablo.

Ten una biblioteca

¿Qué te llevarías contigo si fueses a salir del país? ¿Qué pondrías en tu maleta? En las valijas de muchos abundarían los artículos de uso personal como cepillos, peines, perfumes, zapatos, una cámara fotográfica y rollos de película. Pero eso no fue lo que nuestro Señor orientó a sus misioneros cuando en una lista de provisiones substituyentes de la Providencia dijo: «Ni de *dos* túnicas, ni de calzado, ni de bordón» (Mt 10.9-10). Pensó que era mejor no llevar ropa de recambio. Por supuesto que no iban a hacer turismo.

El que va a otro país de paseo quizás tenga que hacer eso, e ir recogiendo recuerdos y tomando fotografías.

Esa no fue la razón por la que Pablo viajó tanto. Él no visitaba los lugares turísticos ni los centros históricos, sino las sinagogas, los teatros y las plazas donde podía predicar a Jesús. Su equipaje iba muy pesado, porque llevaba libros; y diez pergaminos pesan más que un par de zapatos o dos túnicas.

Si lees este libro en primavera o verano cuando tus vacaciones se acercan, procura cargar algunos libros cuando hagas las maletas, aunque tu viaje sea de descanso; cuando arribes al lugar infórmate donde están las librerías y gasta algo de dinero en comprar algunos para tu clase de la Escuela Dominical.

¿No sería una buena inversión alimentar tu cerebro y confeccionar una pequeña biblioteca?

Los libros prestados

Pablo ama los libros hasta el punto que *quiere recuperarlos*. Si envía por ellos, pienso que le pertenecían, era el legítimo dueño, había invertido dinero en esa literatura y, por eso, quería recuperarla. No los había prestado a Carpo, los había dejado en su hogar. En algunos países, el pastor o el maestro quizás tengan que prestar sus libros por caridad cristiana, porque los hermanos son demasiado pobres para comprarlos (esto es una utopía misericordiosa), o porque está prohibida la publicación de libros religiosos o su importación. (Y ya, gracias al Señor, van quedando menos.)

Pero en este país, en el que vivimos, no existen esas razones y quien no compra libros es porque no le interesan o le interesan menos que otras cosas. Sin embargo, hay hermanos queridos que son pedigüeños. Piden algún librito y pasa la primavera, el verano, el otoño y los inviernos, y no llega el día que le den camino de regreso. Usan un tiempo muy exagerado en examinarlo, aun meses y años, revelando con eso una enorme apatía y disgusto por la lectura. Los libros en manos de algunos pedigüeños sufren un *envejecimiento* acelerado, y los devuelven doblados, rotos, con mala salud, no porque los releyesen sino de tanto manoseo inútil. De otros llegan noticias de la *desaparición* física de los libros, de los cuales no oímos hablar más, porque algún extraño vino a casa de ese hermano y lo tomó sin permiso de donde lo vio, o él se lo prestó sin nuestro conocimiento, o simplemente, cuando queremos recuperarlos, ignoran el paradero de ellos y no pueden darnos informes. Una vez leí algo parecido a esto: «Libro querido, prefiero verte quemado a verte prestado». En una iglesia donde estuve me contaron que un perro despedazó una Biblia que un hombre había pedido prestada.

Con los catálogos de libros que las editoriales envían gratis, con la facilidad que tenemos para ordenar compras por teléfono o por correo, y con el excelente servicio que existe de entrega a domicilio, no hay excusa para no comprar libros buenos a bajo precio. ¡Qué suerte que los libros de Pablo los tuviera Carpo! Si tiene que pedir libros prestados, hágalo, con tal de que dé una buena clase, pero no forme un hábito. Mejor cómprelos, aunque fuesen de segunda, porque a los dueños no les gusta prestarlos y los extrañan como a enamorados cuando no los ven en sus bibliotecas.

Los ancianos

Calcula *la edad* del apóstol cuando reclama los libros. Se le puede estimar alrededor de sesenta años. Antes él había escrito que era ya anciano: «Más bien te ruego por amor, siendo como soy, Pablo ya anciano» (Flm 9).

Los que piensan que la literatura en la iglesia debe ser enfatizada sólo entre los jóvenes, se equivocan; si pensamos biológicamente, es mucho más fácil para un anciano pasar largas y sedentarias horas leyendo que para un joven. Una excusa que alegan los hermanos mayores de edad para no leer es la salud, la visión y la memoria.

Si alguien sufre de cataratas, miopía o glaucoma, ¿Por qué no va al cirujano oculista? Con el bisturí o con lentes se puede resolver ese problema, o comprando libros de caracteres grandes. Ese tipo de alegato de analfabeto no merece mucha refutación cuando ahora hay libros hasta para los ciegos. La enfermedad es más bien *espiritual*, tiene la vista corta, oscurecido el ojo del alma y propio para ser remitido al Doctor Jesús de Nazaret, que tiene su consulta en Tesalónica y cura con colirio. Conocí en un asilo de ancianos a una hermana ciega que se había leído casi la Biblia entera con sus dedos.

Pensé en algunos videntes holgazanes y sentí pena por ellos.

Algunos suponen que Pablo sufría de cierta oftalmía purulenta y que por eso tiene que escribir con letras exageradas, «Mirad con cuán grandes letras os escribo de mi propia mano»

(Gl 6.11). Si era cierto, su amor por leer y escribir queda constatado.

En cuanto a la excusa de la *falta de memoria* y que nada se retiene, digo: «Si a algún hermano —perdóneme la exageración—, le han diagnosticado algún terrible tumor cerebral que afecta su memoria o si sufre de arterioesclerosis, no tengo nada que decir en su contra. Posiblemente el temido colesterol o el llamado *estrés* tengan que ver en esto.

Entonces, me temo que la mayoría de la gente hoy, hiperbólicamente, tenga tumores en la cabeza y sufra de arterioesclerosis.

Sin embargo, lo interesante es que no se olvidan jamás de hacer cuentas bancarias y se muestran expertos en esta matemática financiera. La falta de memoria de muchos es holgazanería intelectual. Su cerebro por años ha sido usado poco en la lectura y, al estar ya viejo, no desea crearse el hábito. Esa es la única razón por la que cuando tienen un libro abierto los pensamientos les huyen horrorizados al percatarse de lo que sus ojos tratan de hacer. Se van lejos y divagan, «por lugares secos», hasta que el lector sin la ayuda de la concentración se rinde y acaba por guardar el libro.

Si lees en 2 Timoteo 4.6, verás que el viejo misionero dice: «Porque yo ya estoy para ser sacrificado, y el tiempo de mi partida está cercano[...] me está guardada la corona».

Razones apostólicas para leer

La matanza de cerebros

Están los que leen para pasar el tiempo. Estos no tienen nada que hacer y, para matar el aburrimiento, se ponen a leer. Son los que leen sólo novelas, revistas o historietas cómicas infantiles. Lo hacen principalmente en los autobuses, trenes, aviones, consultorios de dentistas y médicos, siempre que no haya un televisor encendido porque, en ese caso, quienes se atreven a hojear una revista estarán al rato riéndose como bobos con ella abierta entre sus manos.

Para todo cristiano leer no debe ser matar el tiempo, sino su sabio empleo.

Los programas de televisión y las máquinas de juegos, rinden un buen trabajo en eso de *matar cerebros*. Están acabando con los lectores a trochemoche. Está para sonar la victoria a favor de la pequeña pantalla; se hallan en mucho peligro los pocos adictos a libros que han quedado en esta civilización; al llegar de sus trabajos, en vez de escoger el asiento más retirado del entre y sale de la casa, se apresuran a buscar el más cómodo y estratégicamente colocado, de modo que nadie estorbe al pasar por frente al espectáculo. Hollywood está ganando a la Real Academia de la Lengua Española y la influencia que por siglos ella ejercía sobre la familia está pronta a desaparecer. Quizás al final de este siglo habrá que pagar una recompensa a quien revele alguna información que conduzca a la captura de algún buen lector en Centro y Sudamérica. He oído que se está muriendo de hambre el último librero evangélico que resistió estoicamente la quiebra de su negocio sin cerrarlo.

Pablo no era de esos, ¿qué sentido tendría matar el tiempo si tenía la muerte tan cerca? Si queremos, hermanos, ayudar a que el hombre del siglo XXI no nazca acéfalo, insistamos en que nuestros alumnos lean y nosotros démosle el ejemplo.

No habrá ningún mérito si hacemos pasar un cristianismo fanáticamente antilibros al próximo milenio.

Es bueno que leamos para culturizarnos, pero aquí en nuestro texto, el apóstol no envía por sus libros con ese humano objetivo. A la altura de la vida en que se encuentra no cabría que el apóstol fuera de estos. Eso formó parte de la preparación de su juventud cuando se sentaba a los pies de Gamaliel; pero llegando ya al final, ¿de qué sirve la lectura? Pronto todo lo que no sea eterno le será reducido a cenizas; está próximo a terminar su viaje en este mundo.

Preparación para el cielo

Una buena razón que pudiera dar para animarte a estudiar es tu preparación para el cielo. Pablo dice que el tiempo de su partida está *cercano*. Le quedaba poco tiempo para morir decapitado, pero no es de los que esperan ese momento y lo aceptan como algo inevitable. Tiene los ojos fijos en esa hora, no la pierde de vista, cuenta los días, las semanas, los meses que le quedan, todo es urgencia en su espíritu, ya ha puesto en orden su casa. Sólo se ocupa de su propia salvación y los libros pasan a ocupar un sitio de privilegio en las horas más definitivas de su vida. No quiere a Carpo para animarse hablando con él, no pide ningún compañero, pide libros, prefiere estar en los últimos momentos solo, como un Elías, y con sus queridos volúmenes. Pablo trabaja vigorosamente sobre su alma.

Hermano, los libros deben ser tus amigos hasta la muerte.

Alguno dirá, ¿y por qué no ora y canta himnos? Eso sería posible, y no dejar de leer. Es un error muy propagado entre los que colocan a la oración en un nivel de importancia que hace innecesaria la lectura y suponen que el que ora mucho no tiene que estudiar. Pablo no pensaba así. La oración no sustituye ninguna práctica cristiana, más bien las penetra a todas como la sal a los antiguos sacrificios.

No pienses que la oración es *sin* el estudio y el estudio sin la oración.

La alabanza que no se inspira en el estudio, que no está permeada por ningún conocimiento es insensata, repetitiva y aburrida, amada dulcemente sólo por quienes menosprecian la página impresa.

Aprendemos de Pablo que combina la oración y la alabanza con la adquisición de conocimientos. Así dice: «Oraré con el espíritu pero oraré también *con el entendimiento*; cantaré con el espíritu, *pero cantaré también con el entendimiento*» (1 Co 14.15). Después de un rato de ejercicio del entendimiento y oración, el corazón arde como una antorcha. Indudablemente, los libros forman parte de nuestra preparación para el cielo. No digo que su lectura sea indispensable para morir como cristianos, pero si la providencia nos lo permite, debe ser una de las últimas cosas que hagamos en este mundo.

Estoy sugiriendo que se lea, no sólo por beneficio de sus alumnos, sino de su alma. ¿No necesitamos mucho tener una fe vigorosa en nuestros momentos finales para no aterrarnos con la próxima defunción? ¡Qué terrible ha de ser si la esperanza se nos quiebra en esos últimos minutos! Sabemos que el diablo hará sus más feroces intentos cuando vea que definitivamente nos vamos de este mundo. Ninguna hora de tanto peligro como aquella para emprender nuestro viaje definitivo.

El maestro que constantemente se prepara para el cielo será el mejor, por el efecto que eso tiene sobre su vida de santidad. Se purifica a sí mismo, se hace más y más espiritual y celestial.

Una cosa que han perdido muchos cristianos es esa. Hay maestros que no preparan a sus alumnos para el cielo, porque ellos mismos tienen conocimientos muy difusos de esa esperanza. Está muy dispersa la teología social y el humanismo secular, que sólo convierte al hombre en un mejor ciudadano de este mundo; en un útil filántropo, que sirve al prójimo con la excelencia de un buen samaritano, que ayuda al herido, carga con él, gasta su dinero, pero no ora junto a su cama ni lo evangeliza para la eternidad. (¿La forma tan asustadiza que tienen para enfrentar la muerte no lo evidencia?) Algunos hermanos parecen pensar que lo que ya saben es suficiente.

Pablo mismo dice que nadie sabe lo que sabe como debe saberlo. Pero no quiero gastar espacio con otros textos cuando con este que expongo es suficiente. Él ha escrito muchas epístolas, ha conocido a Cristo por revelación directa y no por medio de hombres, ha tenido visiones y revelaciones como ningún otro, ha ido al paraíso y, sin embargo, pide a Carpo que por favor le haga llegar sus libros. Hay quienes piensan que ya saben bastante como para enseñar a los niños y a los jóvenes, sin acabar de entender que no se estudia únicamente por razón de los niños o de los jóvenes o por alguien, sino por uno mismo. Pablo no tenía a quién comunicarle lo que aprendiese por sus estudios. Ha terminado su ministerio, pero no ha terminado sus estudios. No batallará más. Ya ganó. Sólo espera su corona. Ya llegó al final de su carrera y la ha acabado con gozo. Es más que vencedor; sin embargo, pide libros.

¿Has llegado tú más lejos que él para prescindir de estudiar? Aunque dudo que alguno, aquí o allá, haya hecho un viaje al paraíso y oído cosas que no le es permitido expresar. Si así fuera, ponte a estudiar libros, mayormente los sagrados.

Conclusión

Como ya me has acompañado leyendo hasta esta línea, creo que puedo usar contigo un poco más de franqueza y tomar el ejemplo de Pablo no como algo optativo sino como algo obligatorio. Es un mandamiento bíblico mucho más que un consejo sano. En 1 Timoteo 4.13 dice: «Entre tanto que voy *ocúpate en la lectura*, la exhortación y la enseñanza». ¿Es una opción exhortar y enseñar? La respuesta obvia es NO. Y si estas dos cosas son obligatorias para un ministro, ¿por qué la primera no? Si Timoteo había escogido las dos últimas, tenía que elegir la primera también y antes que las restantes. Timoteo no podría decir: «Exhortaré pero no enseñaré», «Enseñaré, pero no me hablen de libros». Si has tomado el cargo de maestro, que es honroso como ninguno y exhortas, enseñas, estás obligado por la Escritura a leer. Si cualquier hermano de la iglesia dijera a manera de excusa que sólo deben leer quienes enseñan, le preguntaría, ¿y qué hay del resto de la carta? Si algún maestro alega que eso es para los ministros, estoy de acuerdo; pero también para los maestros porque ellos cuando enseñan *ministran*. Pablo escribió esta epístola no pensando en Timoteo sólo, sino en toda la iglesia.

No cabe duda que la pereza por la lectura atenta contra la clase, el alma y contra Dios. Es tanto el crecimiento espiritual que se obtiene asociándonos con las grandes almas de sus autores, que no vacilo en afirmar que Satanás deplora la lectura en los cristianos, la aborrece tanto como a la misma predicación. Por lo cual, el no leer es diabólico. Ruego al Señor que nos sostenga en el amor por los libros, especialmente por aquellos comentarios y exposiciones que nos ayudan a entender la Biblia y a enseñarla mejor.[2]

Esto no es todo, pero es algo. Trate de conocer cuáles son las editoriales que publican esa sana doctrina y hágase amigo de

2. Quizás pudiera recomendarle algunos comentarios. Los de Mateo Henry, los de Calvino, de Hendriksen, Broadus, el *Comentario exegético y explicativo de Jamieson, Brown*, etc. En teología, *La institución de la religión cristiana de Calvino*, *La teología sistemática de Berkhof*, la de Charles Hodge y si puede la de John Gil y James P. Boyce.

ellas. La Casa Bautista y la Junta de Escuelas Dominicales, tienen excelentes volúmenes, revistas y otros materiales.

Realmente quien ame el estudio de la Biblia debe permanecer como maestro de la Escuela Dominical. El estudio de excelentes comentarios y exposiciones bíblicas nos ayudan a conformarnos más a nuestro Señor, porque «le veremos como Él es», enriqueciendo enormemente nuestras mentes y corazones.

El alma de un hombre se parece a los libros que lee o, más exactamente, a los autores que frecuenta, porque llegan a formar parte de su pensamiento y contribuyen a estructurar su personalidad, enalteciéndola o rebajándosela, endulzándosela o amargándola.

¿No hemos *asimilado* mucho de los reformadores y sus sucesores los puritanos? ¿De qué mejor modo nuestras personalidades pueden ser complementadas y reflejar a Jesucristo, sino recibiendo la misma gracia de Dios que aquellos santos cultivaron?

Un autor pone en su libro lo mejor que tiene de sí mismo.

¿No es maravilloso poder convertirnos en discípulos de un gran maestro, que ya hace un siglo o más que está con su Señor? ¿Quién puede tener mejores instructores que Thomas Brook, Charles Hodge, Benjamín Keach, Juan Bunyan, Andrew Fuller, John L. Dagg, James P. Boyce, John A. Broadus, A. H. Strong y B. H. Caroll? ¿No es un privilegio matricularse como alumno a los pies de estos grandes maestros simplemente leyéndolos?; porque eso es el fin de nuestra labor de investigación, crecer en aprovechamiento para que cada instrucción sea mucho mejor que la anterior.

Debemos leer no sólo para acopiar conocimientos, que sería como salir y matar un ciervo. Hay que aprender de alguien cómo vaciarle la sangre, despellejarlo, cortarlo por donde es mejor, cocerlo sin que se quede medio crudo, prepararle una buena salsa. Así que nuestro Anciano de Días nos dé su bendición. O tal vez el Señor, viendo que estamos apurados, nos ayude a preparar un potaje de lentejas, que si quedan bien rojas por el momento, podrá matar el hambre de algún codicioso profano que llegue a la conferencia. ¿Dónde cazar? ¿Cómo servir una clase? ¿Hay algún método? ¿Se ofrece el caldo en taza, mojado con pan, apareado con vinagre y en un plato?

4

Metodología general

Conozco a una dama que hace poco se ha hecho medio rica y ha comprado muchas y valiosas propiedades. El asunto es que gasta casi todo el dinero, porque ingresa fácil por varios canales. Los cuellos, brazos, dedos y uñas de los miembros de su familia están adornados de oro de muchos kilates. No hace mucho, su hijo compró una lagartija, un par de conejos, varios y hermosos perros. Entre la fauna adquirida habían dos pericos con los cuales ella mantuvo una superficial e ignorante relación, porque no sabía cómo alimentarlos y aventarles el grano que se hallaba debajo de la paja. Las dos aves miraban el plato con total desconsuelo pensando que no había nada servido para comer, y la buena dueña se imaginaba que el bote de la jaula era algo similar a la botija de la viuda cuyo aceite no escaseaba. Por varias semanas duró aquel espejismo hasta que finalmente las avecillas hambrientas expiraron.

Semejante catástrofe puede ocurrir con las almas si uno no sabe cómo atenderlas, si no es instruido en eso de aventar la paja humana y dejar limpio el nutritivo grano, echando fuera los mandamientos y las opiniones de los hombres conjuntamente con las ridículas fábulas de viejas, las interminables genealogías, las doctrinas de los nicolaítas y las enseñanzas de Himeneo. Aquí hallaremos algunos métodos de cómo nutrir las aves de muchos colores que Cristo compró.

Podemos considerarnos frente a la clase de la Escuela Dominical. Ya algunos han llegado, son los menos, los más puntuales, el resto sigue llegando pero después de lo que sería la hora exacta de empezar. Nuestra clase va a durar unos cuarenta y cinco minutos, por lo que todos tienen que ser bien aprovechados. No se puede «matar el tiempo», porque sería desperdiciar la lección.

Esto que ahora sigue es sólo *una posible* forma de impartir la lección. No mencionaré muchas otras cosas que se podrían tener en cuenta, pero al menos aquí hay algunas que estimo que como rudimentos indispensables vendrán bien si las usamos.

¿Qué hacer los primeros minutos?

Amorosa familiaridad

Mientras alguien pasa la lista de asistencia podemos comenzar *saludándolos* por sus nombres. ¿Qué tal Jacobo? ¿Cómo has pasado esta semana? Si hay visitas, se les puede preguntar sus nombres, cómo supo de la iglesia; estos primeros minutos son útiles para crear un clima familiar en la clase, haciendo que los alumnos piensen o sientan que nos interesan como personas. No hay necesidad de ponerse de pie cada vez que entre uno y darle un ósculo santo. Eso es una exageración.

Así se logra que los visitantes no se sientan extraños entre desconocidos y se familiaricen. No es que *todo el tiempo* haya que mantener necesariamente un ambiente fraternal, sin atrevernos a ser un poco más graves, pero al principio es preferible. Cuando digo «familiar», no quiero decir chabacano o de relajo, más bien doy a entender: «amistosamente didáctico». A nuestro Señor le llamaron el «Amigo de publicanos y de pecadores», y lo era, pero lo que ignoraban los fariseos era que así era en *su trato misionero*.

La Iglesia que enseña la Biblia, es la familia de Dios (Ef 2.19) y siempre que estemos en ella es bueno sentirse como tal; aun en la hora reverente de adoración es agradable mirar a los lados y ver a «los hermanos juntos y en armonía».

Pablo dice en 1 Tesalonicenses 2.7-8: «Antes fuimos tiernos entre vosotros, como *la nodriza que cuida con ternura* a sus propios hijos. Tan grande es nuestro afecto por vosotros, que hubiéramos querido entregaros no sólo el evangelio de Dios, sino también nuestras propias vidas; porque habéis llegado a sernos muy queridos». El sentido familiar, en el modo de conducirse, tanto como en la entrega del evangelio, es muy patente en estos versículos, lo que hace presuponer que al hablar entre ellos de la salvación, sus mensajes respiraban amor, compasión y profundo afecto, sin dar la impresión ni siquiera de lejos que los estaba castigando con su verbo. La palabra griega *metadounai* significa «impartir». Se trata de un antiguo verbo cuya mejor traducción sería «compartir». Esta palabra se halla también en Lucas 3.11 y se traduce, en nuestras versiones Reina-Valera, «dar», pero el verbo es el mismo *metadoto*, y se acoplaría más al sentido si se tradujese «compartir la ropa». No debe notarse en educadores cristianos falta de afecto en corazón y voz; que parezcan andar ausentes y entregar un mensaje ajeno, por compromiso y sin vocación. ¿Será cada palabra un témpano de hielo o una brasa del altar de Jehová? Somos maestros y no fonógrafos, ni los desgraciados pericos que se limitan a repetir, que mencioné anteriormente .

La clase debe darse como si fueras el padre, la nodriza, el hermano mayor del que nos oye. En 1 Timoteo 5.1-2 el mismo Pablo nos dice: «No reprendas al anciano, sino exhórtale como a padre; a los más jóvenes, como a hermanos; a las ancianas, como a madres; a las jovencitas, como a hermanas, con toda pureza». El ambiente familiar de una clase hace más profundo el amor y más firme el respeto. Da la lección y también tus afectos.

Ambiente didáctico

Del ambiente familiar pasa al *ambiente didáctico*. Cuando los alumnos acaban de llegar a una clase que empieza antes de las diez de la mañana, por lo general lo único que traen en sus cabezas es sueño, sus pláticas matutinas domésticas; quizás los incidentes del viaje hasta la iglesia junto con la pereza del recién despertado. Un modo excelente de colocarlos mentalmente en la lección, es echar mano a lo último que pusimos en sus mentes el domingo anterior haciendo un pequeño resumen de unos tres minutos. Esto suele poner en funcionamiento la maquinaria mental desde dentro mismo.

Llegando hasta aquí podrías decir: «Pero ahora veremos una clase muy interesante», pasando, si puedes, a escribir el título de la nueva lección en algún pizarrón y localizar el texto en la Biblia. El alumno empieza a pensar al ver y, cuando el maná comience a caer, vendrá la interrogante: «¿Qué es eso?»

Lectura aclaratoria

Algún alumno puede comenzar leyendo los primeros versículos, no todos, sino aquellos que contengan una cláusula completa para exponer. Por ejemplo, la clase puede basarse en Efesios 1.3-14. El versículo 3 tiene suficientes pensamientos como para ser explicado por sí solo: que somos bendecidos. Hay una expresión que tal vez no todos entiendan, «en los lugares celestiales».

1. Explícalo de modo que tengan una idea clara del texto. Si algo se les queda oscuro, no pueden ver ni siquiera lo que está claro, porque los pensamientos se vuelven ideas con palabras.

2. Explícalo en coordinación con lo que está claro. Llévalos hasta la luz y que comiencen a buscar allí. Nadie puede encontrar a Dios en las tinieblas «palpando», como dijo Pablo cuando quiso llamar ciegos a aquellos filósofos.

3. Trata de usar la razón, o sea el sentido común, para explicarlo. Puedes preguntarles: «¿Quiere decir que fuimos al cielo para que Cristo nos bendijera allí y que luego regresamos?» Responderán: NO. Es obvio. «¿Quiere decir que aquí en la tierra el cristiano vive como si fuese en el cielo y es bendecido diariamente por el Señor?» Eso

podría parecer, pero es improbable, porque el verbo que usa está en pasado, como algo que ocurrió antes que el mundo fuese. El significado es que Dios nos bendijo en la eternidad, cuando fuimos escogidos en Cristo.

Los versículos 4 y 5 sí los puedes leer juntos, no tú, sino algún otro que no haya leído. En este pasaje se trata: «La elección eterna».

a) ¿En quién ocurre la elección?: En Cristo.

b) ¿Cuándo tiene lugar la elección?: En la eternidad.

c) El propósito de la elección: Para ser santos.

d) La motivación de la elección: El Amor divino.

e) El fin de la elección: La alabanza de su gracia (v.3).

Esas divisiones puedes ir escribiéndolas en una pizarra.

No les des a leer textos largos a los alumnos que no saben leer bien. Hay hermanos cuyo nivel cultural es bajo, otros que no ven bien, se equivocan mucho, no respetan puntos ni comas, de modo que es casi un milagro poder entender lo que leen. En ese caso se les da las gracias y, como excusa, lo podemos releer nosotros.

Pero hay otros a quienes les encanta leer porque lo hacen bien o porque tienen buena voz. Leen alto, como locutores de radio, y ponen énfasis profesional. A estos hermanos «atalayas» hay que someterlos al orden del turno.

El sistema de preguntas

Si los alumnos no son prescolares, las preguntas en uno y otro sentido son provechosas. Sin embargo, hay algunas cosas que hay que tener en cuenta. No hagas preguntas *que sean imposibles de contestar*. Esto lo hacen algunos maestros con la noble intención de que sus alumnos piensen. Eso va bien, pero con preguntas más sencillas. Cuando son muy complicadas puede pasar lo siguiente: dar la falsa impresión de que piensas que ellos no saben nada y que tú lo sabes todo.

Cuando entres al sistema de preguntas y respuestas ten en cuenta estas tres observaciones: 1) Hay alumnos que, por esas cosas feas que existen, creen que el maestro sabe menos que ellos y cuando no puede contestarles se enfadan. 2) Los que van a la clase con más deseos de lucirse que de aprender. Siempre están hablando hasta por los codos y preguntando aunque no venga al caso. 3) Y los que creen saberlo todo y responden disparates, que más tarde, por arrogancia, quieren sustentar contra toda explicación.

Haz preguntas de todos modos, pero ten en cuenta lo anterior. No imites a un maestro que conocí: Parecía no estudiar la lección y siempre traía papeles con preguntas para que los propios alumnos respondieran lo que él no sabía. Hay alumnos que viven tan lejos del templo, como la reina de Saba de Jerusalén, y, cuando al fin arriban adonde se halla el sabio, sería una pena que en vez de preguntar ella, fuera él quien la interrogara. En ese caso, es mejor que no le regale los camellos ni le de las gracias por nada. Pero, si hay algunos que quieren «probarnos con preguntas difíciles», envíaselos a Salomón.

Sobre el texto

Siempre empieza explicando el texto con *su significado literal* —a no ser que sea una parábola— aunque esté en el Apocalipsis, salvo que el sentido común te indique que la interpretación figurada es la mejor, etc. Trata de conocer lo que en realidad el autor quiso decir. Esto es importante y, en ocasiones, mucho más que la semántica de una palabra. La aplicación de las leyes de interpretación es vital.

Fíjate en sus palabras, en las ideas hasta dónde llegan, en el propósito del autor, etc. Más sobre esto se puede hallar en el capítulo sobre el texto y su estudio.

Aplícalo a ti mismo y a tus alumnos. Anteriormente te he dicho que compartas sentimientos, no tu vida privada, ni quienes son tus amores, sino lo que el estudio de la lección ha creado cuando se la aplica. Una lección no se lleva sobre la cabeza, como lo hacen las damas centroamericanas con sus cestas de alimentos o ropas, afuera y en magnífico equilibrio. Las ideas tienen que viajar dentro, en el mismo cerebro. No en la espalda como transportan a los bebés en otros lugares, sino en el corazón.

No seas de los abstractos que hablan como en humareda y no dicen nada concreto, ni caigas en el defecto de comenzar a hacer aplicaciones sin haber mostrado la verdad que el texto contiene. Es importante para que no seas como los que apenas han entrado en la lección, y quieren darnos la impresión que la están terminando por las aplicaciones que hacen. Vienen de regreso antes de tiempo. Uno suponía que aún andaban lejos, cuando ya están de vuelta. Tienen que decir algún invento como Jacob porque no fueron más allá del tabernáculo de la madre. Este defecto hay que evitarlo a toda costa por las siguientes razones:

a) Porque entonces las exhortaciones y aplicaciones serán *tus criterios* y no los de la palabra de Dios, debido a que aún no has expuesto el pasaje en cuestión.

b) Revela que el maestro es autosuficiente, desestima la palabra divina para aconsejar sin ella. Se puede decir de él lo que Pablo dijo del hombre de pecado: «Se sienta en el templo de Dios *como si fuera Dios*».

c) Manifiesta que hay algo de indolencia. No está explicando el texto porque lo que quiere es huir de él debido a que lo desconoce. La indolencia trae aparejada la esterilidad «y hace» que con frecuencia se repita lo mismo a los alumnos, que llegan a aprender todo su bagaje, debido a que siempre trae a colación asuntos que nada tienen que ver con la lección. En esa clase sí se aplica lo de «nada hay nuevo debajo del sol».

d) Pero más grave es que las explicaciones pueden ser parciales e incriminatorias basadas en suposiciones, experiencias, prejuicios y otras cosas, menos en la Santa Biblia. Y por último: los comentarios no se los puedes dar si están dormidos, ni tirárselos como un bombardeo de piedras sobre el techo; o como se las arrojaba Simei al sufrido David, imprecando maldiciones.

Establece comunicación

La *comunicación* con tus alumnos es infinitamente importante. El modo en que llegan tus palabras a ellos, la manera en que ellos las entienden, cómo las toman y las aplican, determinará el efecto que han de producir: el deseado, el opuesto o el nulo. Ganamos de nuestros niños y jóvenes el amor y la confianza cuando esto se hace bien. Por supuesto, si el Espíritu Santo nos ayuda.

Establece la comunicación comenzando *con tus ojos*. No los fijes en uno o dos de ellos como si los demás no existieran. De nuestro Señor se escribió: «*mirándolos a todos* alrededor» (Lc 6.10). Y el apóstol Pedro dijo al paralítico: «*míranos*» (Hch 3.4). Mira de cuando en cuando a todos, es necesario para tener comunicación con ellos. ¿Podrías atender con gusto a alguien que te habla y jamás te echa un vistazo, porque lo hace con la cabeza caída mirando su Biblia, su mesa o a algún familiar favorito?

Tampoco mires al aire o algún espacio en blanco como si estuviese allí flotando algún espíritu angelical. Se puede afirmar rotundamente que eso no es lo que se quiso decir de Moisés cuando se escribió que se sostuvo *como viendo al invisible*" (Heb 11.27). Si miras los ojos de tus alumnos, sin hacerlo fijo como Dante, ellos leerán tus sentimientos en los tuyos y las impresiones que les ocasiones.

Hay una relación importante entre los ojos y la voz. He leído que existe igualmente entre los ojos y el equilibrio. Pero no dudo que también hay relación con la voz y la mirada. Esto sirve para medir el espacio que media entre tú y tus alumnos. Cuando hables como un silbo apacible que te oigan todos, no masculles, ni reces. Los poetas hablan del «murmullo del mar», pero la Biblia habla del «estruendo de las muchas aguas». Tampoco hables tan alto que no dejes dar la clase al maestro vecino o habrá que encerrarte en un cuarto a prueba de sonidos como los que se usan en las estaciones de radio o en las aulas de los nenés.

Habla con palabras *que entiendan*. Hay iglesias que casi son cosmopolitas, con hermanos y visitantes de diferentes países de hispanoamérica, donde vocablos de nuestro común idioma son propios sólo de un lugar, pero no de otros, de modo que su uso deja una incógnita en la comunicación, y quien oye queda sonriente preguntándose qué quiere decir aquello. También palabras que en países distintos pueden significar lo opuesto, y hasta ser obscenas.

Las palabras son muy importantes para la comunicación y deben ser pronunciadas correctamente, sin cercenarles la última sílaba, como sucede con las terminadas en «r» o en «s»; dichas más bien pausadamente, de modo que el que las oye tenga tiempo para pensar en las ideas que se vierten. Algunas veces hablamos por la emoción a tan alta velocidad que sería muy difícil que los alumnos se dieran perfecta cuenta de lo que quiere decir ese discurso supersónico. En las vías de la comunicación didáctica tiene que haber control de velocidad, y los maestros, sobre todo cuando toman una curva hacia otras materias o giran en «u», deben disminuir la marcha o peligran ellos y toda la carga didáctica que llevan. Habla en sentido general, de modo pausado. De todos modos una clase no tiene que impartirse como un sermón. No es lo mismo. No obstante, tampoco vayas tan lento que tus alumnos, cuando oigan una palabra, se les haya olvidado la anterior.

Nuestra clase no es un discurso, ni un sermón santificante. Se debe mantener la comunicación en flujo y reflujo, de modo que pueden cortarnos la palabra en cualquier punto con alguna aguda interrogación. Dar la lección en sí misma no es el fin. Es cierto que la hemos preparado y se ha invertido mucho tiempo en estudiarla, pero no por ello es una obligación de los alumnos tener que oírla toda. Eso pasará si tomas demasiado tiempo en los primeros versículos del texto y quieras en unos pocos minutos completar la lección.

Los alimentos se cuecen no por cocerlos sino para comerlos. No se da la clase por darla sino para que la verdad escoja el mejor camino, uno u otro, para formar parte del alma. Así como no debemos gastar mucho tiempo en asuntos menos importantes, ni permitir a los interruptores profesionales que ellos den la clase, no debemos tampoco ir hasta el final sin que nos hagan preguntas y viertan alguna opinión. Si por su naturaleza la pregunta cae fuera de la clase, podemos amablemente posponerla para otra oportunidad sin humillar al que cometió el desatino. Pero si sólo se piensa en la lección y no en el alumno será agotada, y el profesor quedará jadeante, más sus oyentes aturdidos, como si les hubiera dado cuarenta azotes menos uno.

Las palabras *son vehículos síquicos*. Por ellas expresamos lo que tenemos en la mente. Cada una contiene una carga síquica determinada y encierra —como un átomo— energía interna, emoción, razón, deseo, pasión. Todas las impresiones mentales y emocionales que la palabra de Dios ocasiona en nuestro hombre interior las podemos trasmitir por medio de nuestro lenguaje. A cada situación espiritual corresponde una palabra determinada, no otra, no aquella sino su sinónimo, no en este lugar sino en aquel otro, para hacer la oración más dulce, dándole musicalidad y caída al pensamiento. Hay algunas demasiado largas o muy cortas para terminar una idea. Entonces es mejor que vayan dentro de la oración y no que la finalicen, porque alargarían demasiado el pensamiento casi desalojando el punto; o lo acercarían indebidamente cuando hubiéramos querido que la idea tuviese un corte seco y determinante. ¿No sería bueno que usaras el método de corregirte, escribiendo como hablas?

Es bueno poseer un diccionario en español, pero sin exagerar la nota, como aquellos que lo leen y memorizan palabras rebuscadísimas que ni los poetas acostumbran utilizar. Se puede decir «limpia» o «cristalina», refiriéndose al agua de la vida sin tener que utilizar «prístina»; y «preparado y sin estorbos» el camino hacia Dios, sin utilizar el vocablo «expedito». Puedes tener a disposición de la clase de Dios un vocabulario amplio, sin ser pedante, con frases huecas y rebuscadas. No hay «muchos sabios» entre nosotros y además los niños, si sus maestros quieren explicarse bien con ellos, tienen que cuidar ese detalle. Es importantísimo en Estados Unidos de América, cuando nuestros hijos aprenden la bella lengua de Cervantes como un idioma doméstico.

Hay palabras que crean imágenes en la mente (los tropos, símiles y metáforas) y son excelentes si las extraemos del lenguaje propio de la misma Escritura. La Biblia es rica en imágenes. «Ni diga el eunuco: He aquí yo soy *árbol seco*» (Is 56.3), «*raíz* de tierra seca» (Is *53.2), «gusano* que nunca muere» (Mc 9.44). Estas palabras crean imágenes en nuestras mentes porque están relacionadas con cosas físicas lo mismo que «torta», «piedra», «miel», «llave», «puerta», «camino», «espuma».

La comunicación con nuestros alumnos por medio de un lenguaje lleno de imágenes bíblicas es excelentísima. Mientras más te apropies del contenido del texto sagrado, más fácil encontrarás hablar con la palabra de Dios en tus labios. Se puede decir por ejemplo: «Hermanos, algunas veces nos sentimos como David cuando pecamos: *nuestro* ***verdor se vuelve como sequedades*** *de verano*», «*Hoy me siento lleno de gozo,* ***mi copa está rebosando***», «*Nuestra tribulación puede ser tan intensa como la de Job, quien dijo que se sentía* ***como el odre expuesto al humo***», «*Todos nosotros somos, como dijo el profeta,* ***tizones arrebatados del incendio***», «*Si no obedecemos al Señor,* ***no quedará piedra sobre piedra*** *en nuestra vida*».

Sin embargo, hay algunas palabras-imágenes que han sido repetidas tanto y se conocen tan bien que parece que se han vuelto paños viejos: no causan mucha impresión. En ese caso, podemos reactivarles su color usando la imagen de un sinónimo. Por ejemplo, en vez de decir que la palabra de Dios es «dulce como la miel», podría decirse «como azúcar»; posiblemente «camino» sea menos usado que «senda»; «árbitro» que «mediador»; y «abogado» que «consolador». En este sentido, te enriqueces mucho si estudias el texto con un comentario exegético que te dé algunos sinónimos en que la misma palabra pudiera ser traducida.

El uso de este tipo de palabras es tan útil que apenas se echará de menos la ausencia de anécdotas personales o largas historias ilustrativas que consuman más tiempo. Ellas permiten que la mente del alumno se ejercite fácilmente en pensar, lo ayuda a ser reflexivo, no estorba su capacidad de analizar ni la sustituye por el reposo agradable de un cuento interesante. Hay algunos que se han hecho adictos a las ilustraciones y les encantaría que toda la clase fuera sólo eso. Se aburren muchísimo con los dichos profundos de la sabiduría salomónica. Están enfermos de simplicidades. Sus mentes, a fuerza de reposar en las fábulas, se han tornado ociosas; no les gusta ya pagar el costoso precio de pensar.

Conclusión

Si tienes tiempo, haz un resumen a modo de conclusión. En ese momento procura que la clase se eleve a un nivel alto de interés y adoración espiritual. No dejes que acabe aburrida, procura que su clímax sea solemne.

Concluye de modo que tus alumnos se queden con la impresión de que han estado estudiando la palabra de Dios y no los escritos de cualquier hombre.

Es mejor que las preguntas finales no se respondan si no tienen que ver con la clase. De lo contrario, pueden borrar todas las sensaciones buenas y haber pasado el tiempo escribiendo con el dedo en tierra. No habrá ninguna descortesía, si por favor les pides que afuera puedes continuar hablando o quizás en otro momento y lugar. La salvación eterna es algo tan impresionante que nunca dejamos de sentir deseos de forzar a los demás a que entren hasta que se llene la casa.

5

La salvación del alumno

Quisiera ser como tú, además de edificante, un excelente constructor de la iglesia, un insaciable pescador de hombres, un continuo ganador de almas. Nuestras clases tienen que aumentar. La casa del Señor tiene que llenarse, si no de aquellos que han sido oficialmente convidados, al menos de todos los cojos, ciegos y mudos que podamos hallar por las cuatro esquinas de nuestra ciudad. Pero salvarlos de veras.

Con frecuencia puedes confundir la salvación con lo que no es y esto, por supuesto, va en perjuicio de los que te oyen. Para ayudarte en ese sentido vamos a analizar el caso general de los que son considerados salvos y luego *recaen.*

El estudio espiritual de los apóstatas, aunque es estudiar la redención al revés, como pretender entrar al cielo por la parte de atrás, negativamente, de todos modos es bueno, porque si uno no sabe bien lo que es ser salvo no pondrá empeño ni en serlo ni en conseguirlo para otros.

Como quien dice, hasta aquí hemos tratado de cuestiones técnicas, que vamos a unirlas a la salvación del alumno y así habremos hallado «el eslabón perdido».

Un sutil error

Evita ese error muy sutil de dar por sentado que el alumno *ya es salvo*, bien porque así lo dice, porque lo piensa, porque está matriculado en la clase y asiste a ella fielmente o porque es miembro de la iglesia. Puede que lo sea, pero no obligatoriamente. Ninguna de estas cosas son garantías absolutas de que es salvo. Se siente uno muy miserable si descubre, ya demasiado tarde, que el diablo nos había estado engañando haciéndonos creer que nuestros alumnos eran todos salvos, ocupándonos en edificar solamente casas sin fundamentos, cuyos basamentos no tienen piedra viva sino arena floja. Es semejante a regar y abonar una flor artificial o a alimentar fantasmas.

Esto pasa y lo sabemos, y aunque dé la impresión de estar destruyendo o arrojando dudas innecesarias, voy a intentar demostrar por la Escritura cuán cercano puede llegar un alumno al reino de los cielos y, sin embargo, no haber entrado a él. O regresar desde las mismas fronteras de la regeneración. Como Orfa, la nuera de Noemí, que después de haber andado hacia Israel besó a su suegra y se marchó definitivamente a su pueblo y a sus dioses (Rt 1.6,15).

Los pensamientos de este capítulo están tomados de Hebreos 6.4-6: «Porque es imposible que los que una vez fueron iluminados y gustaron del don celestial, y fueron hechos partícipes del Espíritu Santo, y asimismo gustaron de la buena palabra de Dios y los poderes del siglo venidero, y recayeron, sean otra vez renovados para arrepentimiento, crucificando de nuevo para sí mismos al Hijo de Dios y exponiéndole a vituperio».

Iluminados, pero no salvados

El texto es clásicamente utilizado por los que no creen en la perseverancia final de los santos; y se comprende porque la vista de ellos puede oscurecerse de modo que piensen que alguien entró en la Tierra Santa y, sin embargo, no haya sido así, estando todavía en los terrenos de Moab. Como la salvación tiene fronteras con naciones vecinas paganas, es fácil que alguien que vea a un moabita, a un filisteo o a un amorreo por allá, y si no se fija bien, lo tenga como un hijo de Dios. Así que si no se aguza el oído para escuchar bien la pronunciación no es difícil que confundamos a un efrateo por un galadita cuando digan *shibolet* o *sibolet*. Tienes que ser muy cuidadoso porque alguien que viaje con Israel puede ser egipcio o de otro pueblo cualquiera y, en verdad, sutilmente confundir sus facciones por ser hijo de Agar y Abraham, pero desciende de Ismael y no de Isaac. Son hijos de Dios sólo los que lo son según la promesa y no según la carne. Agar, en sentido figurado, sigue viva hoy en día y fructífera, concibe hijos del evangelio, pero no son herederos del reino de los cielos.

Para explicar esto es mejor que leamos en el texto sobre aquellos que *recayeron*, de los cuales se dice que *una vez fueron iluminados* y recibieron cierto grado de luz evangélica, que les alumbró el entendimiento mostrándoles el camino correcto hacia el bien y enseñándoles «perfectamente» dónde se hallaba el error. La iluminación es necesaria para la salvación. Cuando el Señor le revela su palabra a alguien lo alumbra, para que vea y entienda la verdad. Sin embargo, estos que recayeron fueron iluminados pero no alcanzaron la regeneración, como si la luz que recibieron no hubiera sido total.

Esa iluminación es útil para moralizar al alumno, pero *no lo regenera* ni le inculca aversión hacia el pecado, ni por supuesto la fe. Puede dar lugar a que un alumno se separe momentáneamente del mal y que trate de evitarlo. Cuando un maestro ve que su alumno asiente con la cabeza lo que él le dice, sonríe a sus afirmaciones y comienza a hacer diferencia entre el bien y el mal, puede engañarse y pensar que *ya* es salvo. Pero no es así hasta que esa iluminación sea *total* y las tinieblas se separen definitivamente de su vida, se convenza de todo corazón que las tinieblas son malas, que la luz es buena, y, sobre todo, que el resplandor sobre él sea completo y vea la gloria de Dios brillando en la faz de Jesucristo. Pero Dios, «que mandó que de las tinieblas resplandeciese la luz, *es el que resplandeció* en nuestros corazones, para *iluminación del conocimiento* de la gloria de Dios en la faz de Jesucristo» (2 Co 4.6).

Tanto en Hebreos como en Corintios se usa la misma palabra: *fotismón* (iluminación). No se puede entonces negar que una persona que llega hasta la misma línea de demarcación entre los vivos y los muertos, no haya llegado hasta allí por la gracia de Dios e iluminado en esa región con la luz del evangelio que le ha resplandecido.

Gracia parcial

Todo eso se puede admitir. Es convincente. Pero aun así, con ese grado de conocimiento, la persona puede no ser regenerada. Tiene gracia auténtica, *gracia parcial*, pero *no gracia regeneradora, gracia perseverante.* Convengo que estos pensamientos son angustiosos, pero reflexiona en ellos y analiza si no son ciertos. Me doy cuenta cómo los discípulos lo supieron, que la salvación es algo muy difícil.

No hay que hallar precisamente señales de hipocresía en un alumno que puede ser tomado por salvado sin serlo. *La sinceridad no es una prueba infalible de conversión.* Puede demostrar fehacientemente que ha sido alumbrado por Dios, relatar una conversión (no total), mostrarnos el cambio operado en su vida y, sin embargo, no ser regenerado. Hay diferencia en conocer de Cristo, informarse de Él, estar *en Cristo* y ser una nueva criatura.

Un alumno puede recibir ciertos destellos de gloria que alumbren su entendimiento, pero sin amar la gloria de esa luz, sin gozarse en ella, sin ser parte de esa luz.

La palabra que Pablo usa en 2 Corintios 2.4 y que se traduce «faz» o rostro (*prosópoo*), es la misma que utiliza en el capítulo 2.10 y que se traduce «presencia». Un alumno no regenerado no está jamás en la presencia de Cristo. Es desconocido por Él. La regeneración es una nueva creación, comparable a la creación del mundo; un acto sobrenatural de Dios por medio de su Verbo. Una persona puede tener alguna luz, sin que haya habido creación.

La simple iluminación como ráfaga de luz no es suficiente, si no va acompañada de un sistemático alumbramiento, hasta que caigan como escamas de los ojos del alumno, su incredulidad y ceguera, y entienda perfectamente el evangelio (2 Co 4.4). Un alumno, en las fronteras de la regeneración, puede percibir ciertos rayos luminosos del conocimiento del evangelio que traspasan la cortina que Satanás interpone en sus ojos; entender muchas cosas de la vida eterna y, sin embargo, jamás llegar a aprender de verdad por completo;[1] la oposición satánica que en ningún punto es tan fuerte como en la ignorancia, nunca llega a ser completamente vencida. He visto algo doloroso, que un día el entender se le detiene, deja de aprovecharle las lecciones, no avanza más y su interés por el progreso decae, hasta que finalmente lo pierde todo. También los hay que suplen la escasez de conocimientos revelados por inventos propios o que toman de otros y manifestándose en una declarada apostasía o *recaída.*[2]

1. 2 Timoteo 3.7
2. Me parece necesario introducir aquí un pequeño comentario en beneficio de los alumnos y quizás maestros que son sinceros consigo mismos y con Dios, y en algún momento de sus vidas cristianas han sentido que también han negado la fe, tal vez no públicamente, pero sí en sus propias familias o en otro círculo muy reducido. Estos momentos son horribles y el cristiano genuino tiene vergüenza aun de orar, como el publicano, de alzar sus ojos a Dios por haberle faltado. ¿Cómo mirar luego el rostro del Señor de nuevo? El sentimiento de indignidad es muy grande y se siente uno muy miserable e indigno de llamar a Dios «Padre» (Lc 15.21-22). ¿Cómo tomar la Biblia de nuevo en los labios y enseñar a otros?

   Cuando nuestro Señor predijo la negación de Pedro, le advirtió que oraría por él para que su fe no faltase (Lc 22.32). La fe para testificar victoriosamente por Jesús indudablemente faltó, pero el Maestro no le hablaba de esa. Le hablaba de la fe de salvación, la que no se pierde, la que está relacionada con el perdón de sus pecados y sobre todo, mis hermanos, *con el amor de Dios*. Pedro negó a su Señor, pero nunca dejó de amarlo. Tuvo poquísima fe para testificar valientemente, pero la suficiente para poder responderse en su corazón que le amaba mucho. Jesús lo sabía y fue a enjugarle sus lágrimas llevándolo de nuevo al ministerio con aquellas tres preguntas sobre el mismo asunto. *¿Me amas?* (Jn 21.15). Pedro no quería seguir en el ministerio, no quería predicar ni enseñar más el evangelio. ¿Cómo hacerlo después de haberse quedado sin fe?

   Pero el apóstol estaba errado. Pedro miraba su fe. Por su fe no debía seguir como apóstol y maestro. Pero el Señor insistió sobre su pobre y triste discípulo para que no mirase su fe sino su amor y por eso le pregunta por tres veces: ¿Me amas? Si le amaba podía seguir pastoreando sus ovejas.

Procura por todos los medios que en tu clase haya suficiente conocimiento de la salvación, de modo que ayudes al alumno a encontrarla. El camino de la vida y de la perdición tiene que ser algo que ellos entiendan bien.

No deben confundirse las orejas y ojos corporales de un inconverso con los espirituales que no los tiene, o que los tiene secos, muertos y comidos por los gusanos de la incredulidad. La razón natural para conocer a Dios por sí sola está totalmente inutilizada. A no ser que se oiga la voz del Hijo de Dios, la imposibilidad de creer permanece.

Alumnos naturales

Un hombre natural no comprende las cosas del Espíritu. Ni puede entenderlas. Recuérdalo bien maestro: tu lección, por preparada que la tengas, no será entendida para salvación de modo natural. La luz natural de tu querido inconverso no logrará salvarlo. Lo que le estás diciendo ha de ser *discernido espiritualmente* y tu alumno no puede, no ha nacido con un cerebro apropiado para las cosas celestiales. Le estás hablando del evangelio a un sordo, presentando a Jesucristo claramente crucificado a un ciego. Y por más que le grites y le señales el peligro donde se halla, no podrá oírte ni verlo. Continuará avanzando hacia la condenación eterna.

Solamente la misericordia divina podrá salvar esa situación. Ora mucho por ellos, para que le agrade al Padre revelar a Cristo en ellos.

> No importaba al Amado su negación, no le interesaba que su fe hubiera flaqueado, le importaba si le amaba «con amor inalterable» (Ef 6.24).
>
> En las apostasías de los escogidos nunca falta el amor. La fe podrá faltar, también la esperanza, pero el mayor de todos es el amor, (1 Co 13.13). Si el amor es el mayor, ¿no hay motivo para regocijarse? Eso es lo que debe preguntarse el hijo de Dios cuando deshonra a su Señor con alguna negación: ¿Le amo?
>
> ¡Oh, hermano, cuánto valora el Señor el amor hacia Él! *Sabemos* que hemos pasado de muerte a vida, o sea, que somos salvos, no porque comprobemos la dimensión de nuestra fe, sino porque amamos (1 Jn 3.14). Jesús nos enseñó que el primero y segundo mandamientos más grandes se basan en el amor, no en la fe (Mt 22.36-40).

No te desesperes si no los ves avanzar rápido, si retroceden algo, si se ausentan, si se entretienen y no digieren fácil tu pan de ángeles.

¿Cuál es la naturaleza de esa sordera y ceguera? ¿Qué enfermedad la produjo? La incredulidad.

Los alumnos inconversos oyen lo que les decimos, saben lo que les decimos, pero *no lo creen*. Por interesados y respetuosos que parezcan, en el fondo de sus almas consideran al evangelio como cuento, fábula, teoría, pero no como una realidad que espiritualmente les concierne. Nuestros avisos, como los yernos de Lot, no son tomados en serio (Gn 19.14). No creen que ya la casa esté en llamas y sus ropas ardan como estopas; que haya algo más allá de la muerte ni que exista condenación alguna. No temen a las prisiones del alma porque sólo creen en las que sujetan el cuerpo. No dan crédito a lo que se dice en 2 Pedro 2.4: «Porque si Dios no perdonó a los ángeles que pecaron, sino que arrojándolos al infierno los entregó a prisiones de oscuridad para ser reservados al juicio». No podemos hacer regresar algún alma del infierno ni llevarlos allí de visita.

Estemos seguros que cada domingo podemos tener sentados al frente nuestro a un grupito de sordos.

Pedro dice muy bien en su segunda epístola capítulo 1.9 que el que tiene su vista espiritual *muy corta*, aunque vea algo tiene que ser declarado *ciego*, y además llegará un día en que definitivamente se olvidará de la purificación de sus antiguos pecados y volverá a revolcarse dentro de ellos. ¡Oh hermano, que Dios nos ayude en nuestro trabajo para que nuestros alumnos perseveren! Trata de presentar todo lo más vívidamente que puedas a Cristo y los horrores de una condenación sin fin, con amor y con esperanza de salvación, si la lección te lo permite, y el amor de Dios al proveer a Cristo para nuestro perdón. Entonces espera que Él les revele el evangelio y sean salvos.

Gustar el evangelio sin ser salvo

El texto que estoy considerando en Hebreos 6.4 dice que esos que «parecían» salvados llegaron a *gustar del don celestial*.

He tomado el «don celestial» como el evangelio, pero a mi entender se refiere a todo, a Cristo mismo, a la salvación, a la iglesia, al culto a Dios. La palabra «gustar» o paladear es la traducción de *geusaménous*, utilizada también por Mateo 27.34 cuando Jesús «probó» el vinagre mezclado con hiel y no quiso beberlo. El alumno puede tener alguna experiencia espiritual, se le ha puesto el evangelio en los labios, el vino milagroso (es la misma palabra hallada en Juan 2.9 cuando el maestresala «probó» el agua hecha vino), puede gustarlo, sacar de él cierto sabor y tener algún disfrute.

Un inconverso puede gozarse algo con el evangelio. Han sido tantos los que han andado con nosotros sin ser de nosotros y se han ido de nosotros, manifestándose que no todos son de nosotros, que casi sufrimos una especie de trauma, de modo que no con mucha certidumbre nos atreveríamos a calificar a alguien como convertido por su entusiasmo, su asistencia a los servicios o porque lee la Biblia y le gusta el canto congregacional. No sospechamos que todos nuestros hermanos son inconversos, pero lo digo cuando se trata de hacer evangelización por medio de la Escuela Dominical.

Algunas veces preguntamos a los visitantes: «¿Te *gustó* el sermón?», «¿Te *gusta* la iglesia?» Si responden afirmativamente, se ve en ello señales que pueden conducir a la salvación. Ciertamente la señal es positiva, pero no conclusiva. La propia experiencia desmiente esta ilusión. La Biblia enseña que alguien, aunque extraño parezca, puede estar por un tiempo a gusto en la iglesia sin ser salvo; por otros intereses no espirituales, con otro objetivo que no es el cielo.

Más que gustar del evangelio de Cristo, más que un paladeo con la lengua, debe ingerirlo con satisfacción día por día. Un inconverso y un cristiano *se parecen* como el trigo a la cizaña.

Ambos leen la Biblia. Tienen experiencias con ella, pero hay diferencias en *intensidad, continuidad y crecimiento*. El inconverso siempre halla un desgraciado límite a sus experiencias. Como hombre «natural» al fin, que no puede evitar, alcanza un tope y se detiene, permanece en una asombrosa superficialidad en el evangelio.

Asume una actitud de no comprometerse mucho, tiene la disposición de estar siempre cercano pero afuera, se arrepiente de algunas cosas, pero no de otras; no conoce el arrepentimiento *específico*, tiene fe en algunas cosas y en otras no, o en todas a medias, sin que haya consagración, entrega, o convicción de pecado. Hay una notable disociación entre fe y arrepentimiento, da algunos pasos por el camino de la fe, pero entra y sale frecuentemente de él, y no halla los verdaderos y nutrientes pastos; no alcanza jamás a curarse con el árbol cuyas hojas sirven para sanidad de las naciones. La salvación y la edificación son cosas muy difíciles y siempre debes estar insistiendo en ellas. Hacer que la clase sea agradable, presentarla de modo que espiritualmente les guste a los alumnos, que se interesen por ella, que la amen, que sientan deseos de volver, pero que en eso no consista todo.

Participante del Espíritu Santo

Ahora daremos un paso más en esta—si quieren llamarla—sincera reflexión, hacia el camino de la salvación. Pudiera alguno participar del Espíritu Santo y no recibir *el Espíritu de Regeneración*. Sabemos bien que alguien puede *participar* de todo en la iglesia que es la compañía de los elegidos, *participar* de la clase, de todas las actividades, de la visitación, de las ordenanzas (bautismo y cena); quiere decir que puede ser un alumno activo en la iglesia, ser salvo o quizás no.

Es cierto que una persona regenerada también participa de todo, pero no será regenerada por eso, sino porque el Espíritu Santo, usando la Palabra, la ha convertido en una nueva criatura. La participación en la iglesia es fruto de la fe, no la fe misma.

Debido a esto, nuestra insistencia en la consagración de alumnos nuevos debe ocupar el segundo lugar. Los discípulos deben tener algún contacto con el maestro. Si faltan, hay que interesarse por ellos; saber por qué no han venido a clase. Todos debemos esforzarnos para que sean consagrados. Pero hay un pero que añadir. A veces se trabaja con el alumno para activarlo, se le llama para que venga, se le exhorta o visita para que participe y coopere, creyendo el maestro que eso es lo más importante de su trabajo.

Pero lo principal es preguntarnos, ¿será fulano salvo y por eso no se consagra? Lo que nos hace felices no es sólo que no falte a la clase y que coopere en todo dentro de ella, sino como Juan, ver que nuestros hijos anden en la verdad (3 Jn 4), que podamos contar sin rebuscar los frutos del Espíritu en sus vidas. Una clase de alumnos consagrados es una belleza, pero sobre el fundamento de la salvación.

Cuando Cristo prometió la venida del Espíritu dijo que *estará en vosotros* (Jn 14.17), y Pablo dice que el que no tiene el Espíritu de Cristo no es suyo (Ro 8.9). Con muchas rogativas nuestras y con esfuerzo pedimos al Señor que tenga a bien morar en el corazón de los niños, jóvenes y adultos que cada domingo acuden a escucharnos.

Participante de los poderes de Dios

En el versículo 5 dice: «*Y asimismo gustaron de la buena palabra de Dios y los poderes del siglo venidero y recayeron*[...]». Me parece que es en parte una repetición del gustar del don celestial, pero se añade lo de los poderes del siglo venidero, para indicar que el poder que siente una persona es real y proveniente de Dios, no es sicológico, no lo finge, no es diabólico. Lo siente mientras oye la predicación de la palabra de Dios; la persona se estremece toda, puede saltar de espanto como el gobernador Félix, derramar lágrimas de arrepentimiento como Esaú y, sin embargo, no ser salvo. ¿Esas cosas ocurrirán sólo en los cultos de evangelización o en avivamientos y no en nuestras enseñanzas dominicales? Tal vez no haya tantas evidencias corporales de que el Espíritu ha llegado a sus vidas, pero puede pasar como a Pedro, que el poder del cielo se manifestó sobre él revelándole quién era Jesús y no dio ninguna señal física de que hubiese sido impactado en ese momento (Mt 16.17).

Hemos visto a una persona asustarse al oír un sermón o una excelente clase. Queda impresionada. Sintió el poder de Dios, comenzó a temblar por sus iniquidades, sus rodillas chocan una contra otra como las del rey Belsasar, pero no hay convicción de pecado, sólo hay susto. El diablo también tiembla en la presencia de Dios. No debemos deducir de ello que ya es salva, porque cierto terror de espanto de condenación lo sobrecoja; el alumno puede ver su miseria, lamentar su desdicha, pero no dejar definitivamente su pecado.

Espero que entiendas que no en todas las clases hay que buscar la aparición de esas manifestaciones, porque no en todas se presta el texto para ser usado en la convicción de pecados, ni durante todo el tiempo de ella. Me refiero a aquellos momentos en que el Espíritu nos indica que hay que hablar de la salvación, porque ha venido al caso. Los alumnos también se edifican sin tener que llorar, sobre el gozo celestial.

Por el versículo 6 se nota que hay un levantamiento moral de esa persona porque la palabra que se usa es «recayeron» *(parapesótai)*, con las preposiciones *pará* y *pesón* —caer de nuevo, junto a, al lado de. Esta última palabra la hallamos también en 1 Corintios 13.8 traducida «deja de ser» o caducar que el amor no se caerá. Admitimos que la persona es alzada primero. Para luego pensar en una recaída, tuvo que haber sido antes incorporada y alzada sobre sus alturas.

Este tipo de «conversión» es bastante grande pero no completa: Mantiene siempre alguna conexión con su vida carnal anterior, carece de todo el poder para deshacerse definitivamente del dominio del hombre viejo.

La otra palabra importante utilizada en este versículo es *anakainízein*, o sea, «renovar», decir que esa renovación fue espuria, falsa, imitación, no sería justo. Es la misma palabra utilizada en Tito 3.5, «*renovación* del Espíritu Santo».

Estas personas son cambiadas parcialmente por Dios, son renovadas, pero no son regeneradas, *palingenesía*. Reciben la obra del Espíritu en sus vidas pero no su engendramiento, no nacen de Él, no son sus templos, no tienen su vida.

Por eso es muy difícil asegurar a alguien que profesa ser cristiano, que sólo tiene que santificarse. El testimonio si es cristiano o no, lo tiene la misma persona. En algunos casos, forzosamente tenemos que *suponer* que lo sea, tenerlo por tal, estimarlo, clasificarlo como cristiano.

Jonathan Edwards, en su excelente tratado sobre *The Religious Affections* [Los sentimientos religiosos], cree que hay una nota de duda o vacilación en las palabras de 1 Pedro 5.12 tocante a Silvano cuando dice: «a quien *tengo* por hermano fiel».

La palabra *logísomai*, él la traduce lo cual «supongo» no es incorrecto. Si los apóstoles meditaban en los casos de Judas Iscariote y Demas, no sería incomprensible para ellos que sólo se atrevieran a «suponer» de cualquier otro que estaba convertido.

El maestro fiel y humilde sabe que la salvación de su alumno está más allá de su suficiencia, porque es una obra total de la gracia de Dios, por lo cual se dice: «porque por gracia sois salvos[...] para que nadie se gloríe», ni aun el que enseña la Palabra.

Deseemos que ellos, como nosotros, participemos siempre de los poderes de Dios, de la comunión con Él, con su Hijo Jesucristo y con su Espíritu Santo. Que recibamos en nuestras almas todo eso que el autor de Hebreos menciona que recibieron quienes recayeron y no fueron salvos, pero que personalmente no nos pase, y en muy reducida proporción, en los que Él trae para que instruyamos en el camino correcto de la salvación.

No queremos desviarnos, ni menos desviar a nadie ni una jota o una tilde de la verdad; ni una pulgada o un centímetro del sendero por el que debe andar. No aprender ni creer nada que no sea provechoso para la salvación o que sea un error humano.

No queremos ser llamados pequeños en el reino de los cielos ni responder por la mala o equivocada construcción en las almas de los otros. El maestro es un evangelista que aplica lo que sabe en la vida de sus discípulos y procura ganarlos verdaderamente para que tenga de qué gloriarse, como San Pablo, en el día de Cristo, y no haber trabajado en vano (Flp 2.16).

6

Medios para la salvación

Hace poco vi en un periódico local la foto de una pintura que un artista hispano exhibía al público de Washington D.C. Era deprimente lo que pintó: Una joven de nuestra raza enferma con el virus del SIDA en sus últimos días en este mundo. Daba horror mirarlo. No era una obra grata a los ojos ver a esa mujer decepcionada, mirándonos en su espera a que la muerte viniera en su busca.

¿Serán útiles al mundo las pinturas así? ¿Habrá que gastar pincel, pintura y talento en divulgar la desgracia que todos conocen y huir de ella? ¿Ya no están todos avisados de ese mal escalofriante? ¿Por qué habrá que decirle a los sanos, a los que quieren vivir en paz, a los que no desean llorar, la tragedia que alcanza a otros? ¿No sería más feliz ignorar las llagas del mundo y seguir viviendo? ¿No es más práctico sofocar los sollozos de la humanidad?

¡Oh no, el mal sigue haciendo cosecha y aunque fuere repulsivo hay que continuar avisando! ¿No es igual pintar en letra de imprenta o a viva voz lo que la enfermedad del pecado ocasiona? Hacen falta muchos que dibujen sus consecuencias, escritores que lo describan, predicadores que lo condenen, que todos los santos se unan para gritar al mundo que hay leyes morales que están siendo violadas y alejándonos de Dios.

Cuando uno como pastor, como maestro o evangelista mira las cosas desde el punto de vista eterno, sabiendo que hacia allá marchamos, no quiere tener nada que ver con engaños ni fraudes, prefiere que el Señor aplique ahora y no luego el hacha a la raíz de todo lo que hace, o que tome su aventador y separe de inmediato la paja del trigo. No podemos hacernos ilusiones de ser recompensados si no hacemos las cosas bien y sin buscarlas afanosamente. Es cierto que buscamos el engrandecimiento de la clase y oramos por él como Jabes invocó al Dios de Israel por el ensanchamiento de su territorio; pero más que eso queremos la salvación de los demás.

Quizás cuando leíste la exposición anterior cerraste el libro temblando y haciéndote preguntas como: «¿Seré yo, Señor». Espero no haber hecho nada malo porque el apóstol mismo recomienda que cada uno se examine para que determine si se halla en la fe o no. «*Examinaos a vosotros mismos si estáis en la fe, probaos a vosotros mismos*» (2 Co 13.5). Eso es algo que uno personalmente tiene que hacer y si alguien nos ayuda, como yo lo he hecho, merece una señal de gratitud y no de odio. Vemos que no es fácil asegurar, como si mirásemos por el ojo divino, quién de nuestros alumnos es salvo y quién no lo es. Es casi imposible que personas influidas por el Espíritu u otra fuerza, pero no regeneradas, no lleguen a ser bautizadas ni a pertenecer al cuerpo visible del Señor.[1]

1. El fariseo de la parábola compuesta por Jesús que encontramos en Lucas 18.11-12 es casi seguro que se consideraba como una persona regenerada. Oraba a Dios, asistía al templo, era visiblemente agradecido por sus favores, según su propio testimonio era diferente a los otros hombres, ni ladrón, ni injusto, ni adúltero, practicaba el ayuno semanal y además era un fiel diezmador. ¿No es cierto que cualquier pastor bautizaría a un prospecto así? Sin embargo era un fariseo hipócrita, no estaba convertido a Dios y jamás fue justificado a pesar de toda esa externa fidelidad en sus prácticas religiosas. La justificación no depende de la ejecución de esas obras religiosas, alguien puede tener una *moral aceptable* y ser un *sistemático diezmador* y no ser regenerado.

Hay que ser cuidadoso en la aceptación del *testimonio personal* como una base segura para el bautismo. Es mucho mejor nuestra observación espiritual que las apariencias del que quiere bautizarse.

Juan el Bautista rechazaba bautizar a los fariseos alegando que no había conocido que hubieran sido previamente instruidos en cómo huir de la

Son necesarios medios diferentes para alcanzar a la gente y casi continuamente nos hallamos buscándolos o repitiéndolos; pero se reduciría bastante esa posibilidad de tener en la iglesia muchos inconversos como miembros, si los medios habituales que la gracia usa fueran los *únicos* que se aplicaran en la evangelización de la Escuela Dominical y en la enseñanza.

La fraternidad

Esfuérzate en ser amable con el visitante siendo genuinamente cortés, de modo que el extraño rápidamente se sienta como en familia. Los maestros siempre deben ser fraternales y corteses, interesados en los problemas humanos y comprensivos con todos, visitantes o matriculados. Sin embargo, si eso es bueno para que *repitan su visita*, en el momento de la clase, su uso exagerado atenta contra la conversión a Cristo. No estoy declarando que debes, por ser solemne, mostrarte seco y huraño. Concedo que el tono fraternal no debe desaparecer al expresar las palabras, pero implica una apelación mucho más íntima y personal.

Cuando alguien ha de ser salvado tiende a recogerse en sí mismo, sintiéndose solo y como frente a frente a lo que escucha; se mira dentro («considera en un espejo su rostro natural»), hace instrospección, delibera, se juzga y para eso el ambiente agradable de la amistad tiene que hacer sentir también, que aunque se le ame, el tema es de mucho respeto y gravedad.[2]

Esto es así en un aspecto de la salvación, de modo que cuando se trata de la edificación, la enseñanza también debe ser seria.

ira venidera, ni tampoco observaba en ellos los *frutos del arrepentimiento* (Lc 3.7-8).

El comportamiento religioso, la asistencia a la clase, la fidelidad en el diezmo, la mejora ética del alumno y mucho menos lo que dice de sí mismo, es materia confiable para deducir su salvación. Esas cosas no están relacionadas *directamente* con el arrepentimiento. Son obras sin temor de Dios, sin pánico por la condenación, no provienen de la fe.

2. Para evitar un mal entendido sobre estas palabras no deben separarse de las que aparecen sobre el asunto en el último capítulo de esta obra.

No es tanto indicar si deben estar alegres o cariserios, lo que me importa es hacer descansar la idea de que ganar a uno para Cristo y edificarlo espiritualmente, no es simplemente hacerlo sentir en familia sin exigirle algo más.

La conversión es una relación espiritual con Cristo, como Jacob con el ángel en Peniel, solitaria, una sudorosa batalla entre el alma y Dios donde no deben haber segundos ni terceros, Raquel, Lea y los otros tienen que marcharse lejos. La lección es como una siembra, que con el arado en la mano se hiere la tierra del corazón a golpes de amor. La idea de edificación tiende hacia arriba, es una construcción que se levanta, un sentirse en «los lugares celestiales», y se recibe bendición espiritual.

Trata de impartir tu clase no de mal humor, sino con *solemne seriedad.* Cítame un solo caso de alguien en la Biblia que haya recibido una visión del Señor y de su gloria, sin dar muestras espirituales o físicas de impresiones muy profundas. Una clase presentada en forma de chiste jamás permitirá esto. No tomes la serpiente por la cola; tampoco seas como algunos que he conocido y no andan muy lejos, tan cariserios y circunspectos, que han despoblado casi por completo la clase. Mejor hubiera sido un trato más amigable y de cuando en cuando invitar a sonreír a los muchachos.

Pablo le dice a Tito: «En la enseñanza mostrando integridad, *seriedad,* palabra sana e irreprochable, de modo que el adversario se avergüence» (2.7-8). El pecado no se debe definir o ilustrar jamás en forma de chiste y con anécdotas cómicas. Debes dar la impresión que te hallas en la presencia de Dios. El pecado es algo muy serio, grave, es un crimen, un delito altísimo. El que hace chiste con algún pecado, se regocija en él. Dios no condenó a muerte a Adán diciéndoselo en broma, ni él salió por el portón del paraíso regocijándose con su esposa. Todo era espeluznante y el ángel con la flamígera espada tras sus espaldas, temible. Adán sentiría escalofríos al pensar en su sentencia y su hijo Caín gritaba: «Grande es mi castigo para ser soportado» (Gn 4.13). Es cierto que no nos pasamos clase por clase definiendo el pecado, hay otras doctrinas de la gracia que enseñar que no es el estado natural del hombre, sino también la Persona de

Cristo. Usa estos consejos cuando te toque. ¿Podrías hablar de la mayor catástrofe de la humanidad en chacota y jarana?

Si lo único que se quiere es, y no pienso que haya algún maestro así, que el alumno venga el domingo próximo, puedes hacer que toda la clase sea una payasada. Pero si lo que persigues es ser fiel a una clase de urgencia espiritual no andarás bromeando con el peligro que tiene un alma y, ¡Dios mío!, lo *necesaria* que es la palabra de edificación (Ef 4.29).

Definamos el pecado

No hay que detenerse a cada paso, alzar la cabeza y explicarle a los alumnos lo que es el pecado y el hundimiento de la humanidad; si uno hace eso siempre, estará como yendo hacia abajo, deprimiéndose y hundido en las exigencias de la Ley. No mires sólo el pecado revelado, sino también a Aquel que lo quita. En realidad, la convicción de pecado no es salvación mientras no haya fe y llega no mirando la conciencia culpable sino la obra de Cristo.

Pero el pecado tiene que definirse, hay que mostrar cuando fuere necesario, la línea entre lo que Dios aprueba y lo que aborrece. Ese conocimiento equivale a una *revelación escritural* indispensable para el verdadero conocimiento de Dios y del evangelio. Los maestros que salvan a sus alumnos son los valientes, los que saben y se atreven a enseñar lo que es el pecado, lo llaman por ese nombre y no con otro. Hasta que sus discípulos no aprendan lo que es pecado no podrán odiarlo, ni separarse de él, ni pedir perdón por los que cometen.

Trata de conducirlos al Salvador, con compasión sobre sus faltas, porque si eres salvo, sabrás por experiencia lo terrible que es vivir bajo la convicción o dominio de un pecado sin poder desprenderse de él. No trates de arrancar una oración de confesión de pecados de un alumno y sugerirle que le pida perdón a Dios *antes* de conocer lo que es pecado. Las oraciones de confesión son espontáneas.

El apóstol Pablo habla de esto en Romanos 7.7-25: «Pero yo no conocí *el pecado*... mas *el pecado*... porque sin la ley *el pecado* está muerto... *el pecado* revivió y yo morí. Porque *el pecado* tomando ocasión... sino que *el pecado* para mostrarse *pecado*... vendido *al pecado*... *sobremanera pecaminoso*... sino *el pecado* que mora en mí». Pablo era capaz de usar palabras que casi nadie usaba, almacenó muchos sinónimos en su mente poderosa, sin embargo cuando se trata de definir al pecado no puede usar otra palabra que pecado, sonaría repetitivo y feo su discurso, cacofónico, pero lo prefiere, deja a un lado la belleza literaria y echa una y otra vez la culpa sobre el pecado.

Este mundo nuestro se ha tornado tan sin gracia y profano que la palabra pecado la mayoría de la gente la encasilla en la jerga religiosa; pero el pecado no es algo religioso, quiero decir que no es una palabra sólo de iglesia, son todos los actos que los hombres cometen en contra de Dios, estén o no en la iglesia. Los que enseñan la diferencia entre lo que es pecado y lo que no lo es son los auténticos expositores bíblicos. Y si lo hacen presentando a Cristo crucificado, son maravillosos. Define lo que es pecado sin maltratar a nadie.

Jehová dijo a Jeremías: «Si *entresacares* lo precioso de lo vil serás como mi boca» (15.19). El sentido del texto, me parece a mí, es que si el profeta se separa volviéndose a Dios, no haciendo ningún caso de las amenazas del pueblo, no mezclando lo que se le revela con lo que los sacerdotes querían que él dijese, no ligando las palabras dichas por Dios con las de los hombres, entonces y sólo entonces sería como la boca divina. Ellos se convertirían a Él, si no como una realidad a pasar, sí como una meta a lograr. El profeta no debe acomodar su mensaje al gusto. Si uno dice esas cosas con amor, quienes las oigan serán persuadidos a pensar que no son de nuestro propio corazón, sino que efectivamente, provienen de Dios. El maestro debe hablar el lenguaje de Dios, pensar como Dios, definir al mundo como Él lo hace, separar lo que es precioso de lo vil, no interpretar la Biblia por el mundo, sino a la inversa, esforzarse en mantener el contraste entre el pensamiento divino y el de los hombres, no limar las preciosas diferencias.

El alumno inconverso tiene su propia regla moral, su modo de mirar el mundo y los acontecimientos. En su mente existe una completa confusión espiritual, la luz y las tinieblas las tiene juntas, lo húmedo y lo seco. Cuando conozca a Aquel que no es

«Dios de confusión» terminará la mezcla. En fin, define lo malo como lo sentiría el Señor Jesús en su alma, con valentía y ternura infinitas.

El corazón del alumno

Para conducir un alumno a Cristo tiene que ser llevado a un punto en que su corazón se descubra. Quizás alguno piense que eso corresponde a los predicadores de sermones pero no a una clase bíblica. Es cierto que una clase no debe ser impartida como si fuese un sermón,[3] no debe ser *del estilo* de un sermón, pero sí debe contener *el mensaje* de un sermón.

Ninguna porción de la Sagrada Escritura debe ser enseñada sin propósito, como mera información geográfica o medicinal. Todas sus porciones tienen su *kerigma* y ese mensaje el alumno tiene que captarlo. Ya sea que la clase se dé en forma de conferencia, o preguntas y respuestas, utilizando medios audiovisuales, etc., siempre debe encerrar un mensaje que lo mejore en su relación con Dios.

El apóstol Pablo dice en 1 Corintios 14.24-25: «Pero si todos profetizan, y entra algún incrédulo o indocto, por todos es convencido, por todos es juzgado; lo oculto de su corazón se hace manifiesto; y así, postrándose sobre el rostro, adorará a Dios, declarando que verdaderamente Dios está entre vosotros».

Pablo ha dicho: *Lo oculto de su corazón se hace manifiesto.* Su vida privada ha sido puesta al descubierto. No porque haya adivinadores en la iglesia, sino profetas, que son los actuales

3. Abundan los maestros que consumen la mayor parte del tiempo en los primeros versículos de su texto debido a eso precisamente, que en vez de exponer el texto, desarrollan una especie de sermón de asunto o quizás de tipo textual, de modo que como el reloj no espera por ellos, de pronto se sorprenden que sus agujas ya se acercan al límite de tiempo concedido por el orden y tienen que terminar; entonces llenos de pavor comienzan a correr por encima de los versículos restantes, casi no diciendo nada de ellos y la clase se ha quedado falta de pensamientos muy importantes que a los desafortunados versículos posteriores no se les dejó decir.

expositores de la Palabra de Dios. No se llega a la vida íntima de un alumno inconverso adivinando sus pensamientos, estudiando su rostro, elaborando detalles sicológicos, conjeturando, inventando pareceres y menos aun haciendo investigaciones policíacas, comportamiento atrevido que debemos detestar.

El maestro ignorará lo que está pasando en el corazón de su alumno, pero puede confiar que si está trazando bien la palabra de verdad ocurrirá un develamiento del corazón donde la vida secreta es tocada. La vida moral es afectada no para aplaudirla, sino para enjuiciársela por la revelación de Dios.

El inconverso reconocerá la presencia divina en la iglesia cuando haya sido movido a adorar a Dios, estará asombrado y descubierto, como desnudo ante Dios y los hombres. Porque «todas las cosas están desnudas y abiertas a los ojos de Aquel a quien tenemos que dar cuenta» (Heb 4.13).

Nota que Pablo dice: «Por todos *es juzgado*». A algunos no les gusta oír esa palabra, «juzgado» en la iglesia, pero ahí está escrita. La iglesia es un sitio donde ella misma y todo el que entra a su unión es juzgado por la Palabra de Dios y sin ese *juicio* nadie podrá ser salvo, es la fase que acompaña a la regeneración y justificación.

Un gran problema de muchos evangelizadores de estos días es que invitan al inconverso a que reciba a Cristo, que crea, sin que vea que es un transgresor en estado de condenación. No se da una clase en un tono que parezca que estamos personalmente acusando, eso no debemos hacerlo nosotros, sino dejarse al efecto que produce el conocimiento de la palabra divina cuando el que la oye entiende.

Al entrar el inconverso a la reunión de los justos sus pensamientos y acciones son juzgadas. Se sentirá como en un banquillo de los acusados; pero esa es la única proyección positiva para su conversión. No dice que por todos es alabado y que por todos es saludado (no digo que esto no se haga), sino que por todos es juzgado.

Donde se enseñe la Palabra de Dios para salvación se levanta como un tribunal de juicio y se juzga el pecado, el pecador no es inocente y el diablo es despojado. ¿Cómo es que se puede leer la Biblia estando en tentación o en pecado declarado sin sentirse culpable?

Pudiera seguir con más de esto, pero creo que es mejor hacerlo cuando exponga la doctrina de la justificación. Si uno enseña la Biblia con un propósito esas cosas aparecen.

El corazón del incrédulo es abierto cuando es *convencido*.

La palabra aquí es *elégjetai*, cuya mejor traducción es «redargüido» y es la misma que se usa en conexión con la Palabra de Dios en 2 Timoteo 3.16, *elegmón* y todavía mejor sería traducirla como «reproche». Convencido, ¿de qué? ¿De que Dios existe? ¿Del amor que hay entre los hermanos de la iglesia? No es que se le adivine lo que ha hecho o está haciendo, sino que sus actos han sido y son altamente desagradables a Dios y mortales para su alma. Todo lo que se le dice es reproche. El incrédulo siente que le han quitado todo derecho a pecar. No lo tiene. Su reconocimiento involucra una profunda humillación, es puesto ante el juicio divino por la Palabra de Dios y se siente en una posición desesperada.

El corazón humano tiene que quedar expuesto a la palabra divina antes de ser ganado.

¿Qué es ganar y cómo?

Una cosa es ganar y otra robar. Un padre le dijo a su hijo: «¿Por qué dejas tirado ahí el dinero que te di?» Lo has dejado abandonado en un lugar cualquiera de la casa. Y el muchacho le respondió con ironía: «¡Es que no estamos en la iglesia!» Era evidente que en esa iglesia se pierden las cosas mal puestas o dejadas abandonadas. ¿Será posible que se robe en una congregación de supuestos cristianos? ¿Que se desaparezcan los diezmos, las Biblias, los abrigos colgados, como si fuera una discoteca del mundo? Pues peor es que sus líderes sean instruidos en robar almas o miembros de otras iglesias. Es muy difícil ganar una vida para la obediencia a Cristo.

En toda la Escritura no se ve que sea algo fácil «ganar» un alma para Cristo, aunque nos esforcemos en la gracia, a menudo el trabajo es fatigoso y colosal. Son excepciones esas que se leen, que con un simple libelo alguien adquirió la fe salvadora, o por la lectura de una pequeña porción bíblica o un diminuto tratado; examinando esos mismos casos lo que se ve es que sólo *se inició* la salvación en ese momento o *se culminó* después de un largo proceso espiritual. Está comprobado que el mejor método de evangelismo es el didáctico. Y la Escuela Dominical lo es por excelencia.

Según lo presenta Pablo en el texto que estamos tratando, muchos intentarían la salvación del visitante, quien al ingresar reclama la atención de todos. El mayor interés de aquellos profetas era el aprovechamiento de la oportunidad para la salvación del recién llegado. Las clases de la Escuela Dominical no deben ir dirigidas sólo a la edificación de los santos, no debemos pasar por alto que también nos visitan incrédulos.

¿No podría *un solo profeta* decirle toda la verdad? El texto nos dice que *por todos* es convencido. Posiblemente uno solo era insuficiente porque la dureza de un corazón es algo grande. Puede que haga falta varias clases para que un incrédulo se convierta, pero en ninguna debe perderse el propósito de lograr su salvación.

La incredulidad es espantosa, la duda siempre es pertinaz, el testimonio de un profeta solamente podría hacer pensar al inconverso que todo había sido una coincidencia; y por otro lado el corazón siempre abre sus puertas poco a poco.

Algunos temen que el incrédulo no vuelva más a la iglesia si se le habla así, como en un montón todo a la vez. Pero este temor debe desvanecerse cuando pensemos que nuestro propósito no es mantener la clase nutrida, sino ser fieles reveladores de la voluntad de Dios para los pecadores.

Por otra parte, ¿para qué queremos retenerlo si no se salva? ¿Acaso para hinchar nuestro orgullo de que tenemos una clase llena? Otro quizás nos recomiende que no se le diga la verdad tan pronto ni toda a la vez. Si ese consejo pudiera ser sabio desde el punto de vista humano, lo que Pablo afirma en el texto es decírsela toda y rápido. Este también fue el modo de obrar de Jesús. En una sola conversación la mujer samaritana confesó: «Un hombre que me ha dicho *todo* cuanto he hecho» (Jn 4.28).

Y ¿quién garantiza que volverá aunque no se le diga mucho? ¿O que vivirá para volver a oírla?

Esa recomendación es oportuna cuando el maestro no quiere herir, ni convencer, ni reprochar, ni redargüir, ni juzgar, ni humillar a su visitante. Lo que el procedimiento apostólico sugiere es lo que precisamente hay que hacer. Comprendo que si obramos así nuestra evangelización podrá parecer antisocial y exagerada. Para prevenir ese mal juicio intenta combinar la prudencia de labios con lo que dice el apóstol, pero de todos modos, dílo en dosis o como puedas, pero enseña «*todo* el consejo de Dios». Si el que entra a una reunión nuestra no quiere postrarse sobre su rostro ante Dios, si prefiere vivir alegre en su pecado en vez de llorar de convicción, se irá entonces a algún sitio menos incómodo y no regresará más. Los maestros fieles son consecuentes con la definición bíblica de que la iglesia es para los cristianos y no para los inconversos. Si el incrédulo no quiere salvarse, le ha de resultar muy difícil estar en ella.

Para no pocos, ganar un pecador es lo mismo que tenerlo sentado en la iglesia. Para el misionero más grande de todos los tiempos es más que eso. Si leemos en 1 Corintios 9.19-22 donde dice: «Por lo cual, siendo libre de todos, me he hecho siervo de todos para *ganar* a mayor número. Me he hecho a los judíos como judío para *ganar* a los judíos; a los que están sujetos a la ley (aunque yo no esté sujeto a la ley) como sujeto a la ley, para *ganar* a los que están sujetos a la ley; a los que están sin ley, como si yo estuviera sin ley (no estando yo sin ley de Dios, sino bajo la ley de Cristo) para *ganar* a los que están sin ley. Me he hecho débil a los débiles, para *ganar* a los débiles; a todos me he hecho de todo, para que de todos modos *salve algunos*».

Cinco veces usa la palabra «ganar» y termina diciendo «salvar». No caben dudas que para él salvar a alguien no significaba sentarlo en la iglesia ni bautizarlo, ni menos robarlo a otra congregación hermana, porque no es de cristiano.

Alumno indocto e incrédulo

Es interesante notar en nuestro texto estas dos palabras: «indocto» e «incrédulo». No está hablando de dos clases de personas sino de la misma definida de dos maneras; o mejor aun, resaltando sus dos características prominentes. En el idioma original incrédulo es *apístois*, que sería algo así como «sin fe», e indocto es *idiótes* de donde proviene nuestro vocablo castellano «idiota». El incrédulo es el que no tiene fe y el indocto es el que tiene poco conocimiento sobre algo. Los incrédulos van a la iglesia, no porque al estar en ella ya son creyentes o tienen alguna fe. Cualquiera que sea el tipo de fe que tenga una persona, si no posee la que salva, no tiene ninguna y puede definírsele como sin-fe. Sería importante aprovechar esta definición para hablar sobre la naturaleza de la genuina fe, pero eso lo trataremos en otro capítulo. Lo que me interesa ahora afirmar es que un alumno puede hallarse cada domingo en la clase, llevar su Biblia y sin embargo ser un incrédulo, hacer lo mismo que hacen nuestros discípulos salvados y santos. Sin decirlo con desprecio, un alumno no convertido a Cristo es un incrédulo y un idiota. No debes confundir la asistencia a la iglesia ni el deseo de estudiar la Biblia, con la fe.

Observa lo siguiente, que el incrédulo idiota llega a postrarse con el rostro sobre el piso en adoración a Dios. ¿Y eso por qué pasa? Porque *ahora verdaderamente* sabe que Dios está en la iglesia. La palabra está relacionada con la verdad, por eso se traduce «verdaderamente», pero también con el «ser», con la realidad. Ambas cosas son ciertas, el que se convierte halla la verdad, encuentra la realidad. La conversión tiene una realidad filosófica y existencial. Antes se lo habían dicho, lo había oído, él suponía que quizás fuera así, pero en ese momento es cuando *verdaderamente* lo comprueba, *en su conversión*. La iglesia puede afirmar que Dios está en sus reuniones, que el incrédulo no podrá asegurarlo hasta que no se convierta mientras tanto el grupo no será diferente de otro tipo de reunión no religiosa. La mejor prueba de la existencia de Dios son las conversiones en la iglesia, tratarle de probar a un incrédulo idiota que Dios existe, antes que se convierta o para lograr su conversión, es perder el tiempo. La conversión no se efectúa a través de evidencias cosmológicas, antropológicas, se produce cuando lo íntimo de su corazón se descubre. El incrédulo abandona su ateísmo sólo después que Dios se le revela en la Escritura.

Procura por esta vía la salvación del alumno y deja para otros mejor documentados las pruebas científicas, o para conferencias preparadas para auditorios especiales con ese fin.

Es de notar que el incrédulo se postra en adoración *después* que su corazón se ha visto al desnudo y que lo primero que hace es bajar el rostro, poner su cara hacia el suelo, humillarse ante Dios, dejar su orgullo. En este momento es cuando él empieza verdaderamente a adorar a Dios. Podía haber estado mucho tiempo yendo a la iglesia, cantando y hasta orando, pero no habrá adorado al Señor ni un solo minuto de todo ese tiempo si no se ha convertido. Dios no acepta el sacrificio de los impíos porque es inmundo. Nadie que no se haya convertido a Cristo ha podido adorar a Dios, la oración misma del incrédulo es pecado. Todo lo que hay en él es pecado, su propio estado es pecado.

Es muy significativo que este texto sobre la conversión se halle dentro del capítulo donde se discute el asunto de los dones del Espíritu Santo. En él la salvación se ve como el don más maravilloso otorgado por Dios; y la adoración no como algo desvinculado de la realidad de Dios y la revelación; porque a Dios se le adora, dijo nuestro Maestro, «en espíritu y *en verdad*».

Si todo esto es una obra especial y única de Dios, sólo nos queda hacer todo lo que podamos, hacerlo bien, pero con los medios apropiados y con los propósitos reales para que Él efectúe su maravillosa y extraña operación.

Una conclusión

Creo haber demostrado que no es cosa de cantar y coser el hacer cristianos; hay muchos fabricantes de «cristianos», unos los hacen junto a una pila bautismal cuando son infantes, otros esperan un poco más y los construyen haciendo que alcen sus manos, les prestan una oración de confesión ajena. Se me parecen mucho a los niños que empinan pompas de jabón con un tubito sobre una loma, las cuales lucen brillantes y frágiles y van flotando deliciosamente de un sitio a otro empujadas por la brisa de la tarde, hasta que un aguijón cualquiera las pincha y al instante revientan, con poco estruendo y apenas unas moléculas de agua esparcida. Se les acabó pronto la vida porque la delgadísima película que les dio vida no estaba preparada para la perpetuidad. No se hacen cristianos al minuto soplando tubos.

Desde el punto de vista humano sabemos que es imposible, aunque siempre debes estar preparado para que la gracia divina fluya hacia tus no convertidos. Si ganas almas eres un sabio (Pr 11.30).

7

La edificación del alumno

Las clases no deben ser sólo estudios evangelísticos. Quienes ya son creyentes tienen que oír temas pertenecientes a la vida piadosa para su propia edificación. El énfasis evangelístico siempre anima y renueva al cristiano, porque lo trae de vuelta a su conversión. Pero él necesita algo más que esos principios: un desarrollo de los misterios del reino de los cielos porque ha alcanzado madurez.

Una clase evangelística es como poner el fundamento de un edificio y, cuando es para los creyentes, es como *sobreedificar*. El maestro, que es un perito, casi siempre sabe cómo combinar en buena proporción y armonía ambas cosas.

El material de sobreedificación

Debes ser cuidadoso en la selección del mejor material de edificación. Pablo dice: «[...] *otro edifica encima; pero cada uno mire cómo sobreedifica*» (1 Co 3.10). Ese *otro* eres tú o yo, que hemos entrado en labores ajenas. Hay vidas que cuando llegas a ellas ya descollan y sus cimas acarician el azul sereno. Pero son curiosos los hallazgos que en esta materia hacemos.

Hemos conocido a hermanos que les ha sucedido como al monumento a Washington en la capital de Estados Unidos. Empezaron a ser construidos en un tiempo y por alguna razón la edificación fue interrumpida. Ahora es fácil notar la diferencia entre un material y el otro. En el mencionado monumento sólo ha cambiado el color de la piedra; en estos hermanos, la consistencia. Los han edificado por años con materiales baratos. Por lo menos esa es la impresión que dan (sin querer ser mordaz crítico de ningún aplicado obrero). Rápidamente tomados de aquí y de allá y, sobre todo, se puede asumir que tienen mucho del suplemento humano.

Cuesta poco elaborar material barato y por ende es malo. No es duradero. Por ello, hermano, debes esforzarte en conseguir, registrando dentro de tus mejores libros y la Biblia, los pensamientos más sólidos.

Mi esposa tiene en casa dos pequeños pericos —hembra y macho— que le regalé. Estas aves son vistosas y bellas. Pero lo que asombra es su pico. Es sorprendente su fortaleza para pelar un grano cualquiera en un segundo y al mismo tiempo hacer trizas un sostén de madera o de plástico. Algunos fabricantes pegan de modo muy fuerte algunas comidas para los pericos, que haría falta mucha fortaleza para poder comérsela. Pero a ellos parece divertirles y toman la operación gastronómica como un simple juego. Viéndolos tragar me he dicho que si yo poseyera un pico así en mi alma se me haría en algunas ocasiones más fácil el trabajo de extraer afuera ciertas verdades muy compactas dentro del texto bíblico.

El maestro que pasa muy poco tiempo buscando regresa rara vez con buen material. Le acontece como a Jacob que tiene que mentir, alegando que Dios le puso la caza enfrente suyo cuando en realidad la halló en el corral de la propiedad entre el ganado manso (Gn 27.20). Si Dios nos preguntase con las palabras de Isaac a Jacob: «¿Cómo es que la hallaste tan pronto, hijo mío?» ¿Nos atreveríamos a mentirle? David también rehusó ofrecer a Dios sacrificio que nada le costara (2 S 24.24).

En buenas condiciones

Pero, además, debes mirar que lo que halles *esté en buenas condiciones*. En apariencia pudiera parecerte usable lo que hallaste, pero mirado con detenimiento podrías ver que la viga tiene carcoma, la *piedra viva* sólo es yeso, el oro una falsificación y las joyas nada más que imitación. La construcción hecha con doctrinas donde el hombre juega en su salvación un papel más importante que el de Dios, donde se pone en tela de juicio la inspiración divina de la Biblia o se niegan algunos de sus postulados fundamentales, es una construcción insegura y sin belleza, le falta el lustre de la gloria de Dios.

Igual podemos decir de lo que se prepara a todo correr, tomando textos de aquí y de allá solamente por sus palabras, sin una correcta interpretación.

Por tanto, acuérdate que el tiempo de tu clase no es para ser llenado con palabras de cualquier tipo. El tipo de material que uses es importante. Trata de hacer lejanas incursiones en tu investigación, usa tu revista, usa algo más que ella, compra libros en las editoriales, revisa sus catálogos, reúnete con los otros maestros que también están explorando como tú, intercambia opiniones y recibe con gusto lo que ellos ya saben; pero, sobre todo, haz un buen trabajo: propónte siempre hacer tu tarea, grande o pequeña, con fidelidad y calidad supremas.

Consejos a los edificadores

El primer consejo, porque somos cristianos, tiene que ver con *la centralidad de Jesucristo* en la enseñanza. Si comparamos 1 Corintios 3.10 con el versículo 11, vemos el «porqué» les sirve de ligamento. La advertencia del apóstol de «mira como sobreedifica», expresa la intención del apóstol de cortar las ganas a los sobreedificadores de excavar y sacar en su ausencia el fundamento que él con oración puso: Cristo. Esta idea está muy clara desde que escribió «sobreedifica» y no «edifica».

Sobreedificar en Cristo es hacerlo con todo el pensamiento paulino de la salvación, de su cristología, su escatología, su gracia. La sobreedificación, lo mismo que la evangelización, debe de un modo o de otro ser cristocéntrica y no conferencia de medicina o filosofía, pues dice: «Nadie se engañe a sí mismo; si alguno entre vosotros se cree sabio en este siglo, hágase ignorante, para que llegue a ser sabio. Porque la sabiduría de este mundo es insensatez para con Dios; pues escrito está: Él prende a los sabios en la astucia de ellos» (1 Co 3.18-19). Se puede ver en el original que «hágase» *(genészo)*, es lo mismo que «llegue a ser» *(génetai)*. Si no se vuelve ignorante de todo lo que no sea revelado, no podrá convertirse en sabio. Esto no es una aprobación a la incultura. No es posible hacer desaparecer de la memoria lo que ya se conoce. Eso no es lo que Pablo quiere que hagan los edificadores, sino que no lo utilicen para sustituir lo que ha sido ya revelado por Dios. Lo que uno aprende fuera de la Biblia es útil porque bien se ha escrito que «los cielos cuentan la gloria de Dios», y que «las cosas invisibles de Él, su eterno poder y deidad, se hacen claramente visibles desde la creación del mundo, siendo entendidas por medio de las cosas hechas».

En la cita que Pablo extrae del Antiguo Testamento se utiliza la palabra «astucia», no referida tal vez al conocimiento de ellos mismos como al uso astuto que le daban para echar fuera su fundamento. La clase no debe ser un aula donde se examine la política de expansión del imperio de Augusto César o la filosofía de Séneca y Diógenes. El aula no es un Areópago. Todos esos temas fascinantes pueden conversarse en otras oportunidades. El lugar central debe ocuparlo la persona de Cristo, su historia, sus sermones, su muerte, resurrección y su ascensión. Ese es el tipo de lección que trae salvación y edificación a la clase. Aunque la clase sea sobre un texto del Antiguo Testamento, siempre debe dirigirse a Cristo, no sobre otra cosa, para que la fe quede depositada «en el poder de Dios» (2 Co 2.5).

Cuando Pablo dice: «Nadie puede poner otro fundamento», no quiere decir que nadie se atreva a hacerlo y que supuestamente en los falsos cristianos no lo logre. Más bien, lo que da a entender es que *nadie está autorizado* a hacerlo, y nadie puede hacerlo y seguir siendo un colaborador de Dios.

En este texto parece que el autor coloca la responsabilidad sobre el mismo constructor porque dice: «Mire cada uno».

Escribe así porque la propia iglesia había asumido una actitud pasiva de tolerancia, y aún más, de entusiasmo hacia ese tipo de enseñanzas no cristocéntricas. Siendo tan receptivos para esa clase de novedades, es que el apóstol apela a los mismos malos obreros que ya habían ganado la atención; y les pide que, si aún les queda alguna gota de interés por las recompensas en sus ministerios, cesen de edificar los corazones con quizás respetables, pero humanas enseñanzas, que no son sino pajas y rastrojos, para las cuales no habría premio alguno.

Sin embargo, como parece que no había nadie en Corinto capaz de detener a estos, aunque los había, Pablo les pide amorosamente que con autoridad lo hagan. (Véanse 1 Ti 1.3; Tit 1.9-11.)

Ni la iglesia, ni sus ancianos ni obispos ni pastores, deben permitir que algunos supuestos colaboradores trastornen la membresía. La calidad de la edificación debe ser óptima y para ello apelen, por favor, a los hermanos que instruyen, para que no saquen a Cristo de sus pláticas ni enseñen con doctrinas que se salen fuera de la enseñanza de la iglesia. Si tenemos algún día la pena de oír comprobaciones de que un maestro se ha desviado de la verdad y no quiere corregir sus equivocaciones, Dios nos guarde, pero habrá entonces que pedirle que deje su cátedra vacía. Ya no es útil, si se ha desviado de la verdad como aconteció con Himeneo y Alejandro.

Recompensas

Cuando el apóstol dice: «Si sobre este fundamento alguno», trata de entusiasmarlos con la perspectiva de *una recompensa* por sus trabajos (3.12), aunque ya lo había dicho claramente en 3.8. Es necesario que cuando enseñes no pierdas de vista la recompensa que Dios te tiene preparada y eso no entra en conflicto con trabajar por amor al Señor. Terrenalmente quizás recibas ingratitud o prosperidad, pero ninguna de ambas es todo, sino sólo el paladeo de una grande y magnífica recompensa que te está preparada en la eternidad. Mira qué extraordinario es este texto: «Los entendidos resplandecerán como el resplandor del firmamento y *los que enseñan* la justicia a la multitud, como las estrellas a perpetua eternidad» (Dn 12.3). Fíjate que eso ocurrirá *después de la resurrección*, no en el momento de tu clase ni en todo el período en que seas un maestro, ni en toda tu vida. La recompensa a los instructores de la Palabra les llegará como premio al pasar a la eternidad; es demasiado grande para ser gozada ahora.

Suele suceder que en esta vida casi no tenemos conocimiento del bien que está haciendo nuestro trabajo, pensamos que lo que decimos resulta estéril e inútil; Dios sabe que apenas hemos recibido informes y estímulos aquí y por eso lo ha reservado todo para el día de nuestra coronación en la inmortalidad.

Daniel dice que «resplandecerán como el sol». Eso equivale a pensar que recibiremos por Él una recompensa *de gloria*. Y es lo que más vale. Será una gran compensación para aquellos maestros muy dedicados a Cristo que pasan por este mundo sin que se les otorgue gloria terrenal. No se les pagará con dinero, sino con gloria. Amén. Y esa gloria será eterna, sin fin, por siempre con Dios. No importa que algunos ahora no estimen lo que enseñamos, nos levantaremos como Danieles al fin para recibir nuestro premio (Dn 12.3).

Hay otras palabras estimulantes escritas a favor de los edificadores, que más que recompensa es un elogio al ministerio misionero y educacional. «¿Y cómo predicarán si no fueren enviados? Como está escrito: ¡Cuán hermosos son los pies de los que anuncian la paz, de los que anuncian buenas nuevas!» (Ro 10.15). Este texto es tomado de Isaías 52.7 que añade «del que publica salvación, del que dice a Sion ¡tu Dios reina!» Pablo conecta ese elogio divino a los que son llamados a enseñar o predicar y nos dice que el Señor que los envía, disfruta viéndolos ir de un sitio a otro de su reino.

Hay muchas cosas hermosas en esta vida, pero hay una que Dios encuentra más hermosa que todas: la predicación del evangelio. Los que enseñan las virtudes de Dios jamás sienten que instruir sea una carga pesada sin belleza alguna. Hallan su cielo en enseñar como el Maestro.

Aunque sea un poco repetitivo o redundante regresemos a nuestro texto de 1 Corintios 3.12. Mi interés es exhortarnos a realizar una obra sólida, que resista el tiempo, que nos sobreviva, que cuando hayamos dejado este mundo perdure. Nota que la recompensa está relacionada con *la calidad* de la enseñanza, no con *la cantidad* (aunque si es buena, puede ser tenida en cuenta), ni siquiera se relaciona estrictamente con el monto del trabajo o el tiempo gastado. Es verdad que un trabajo apurado no suele ser duradero. Alguien puede dedicar mucho de su tiempo a edificar, pero ¿qué pasaría si lo hace usando hierba y tamo? Por muchos años que haya invertido en la enseñanza, su recompensa apenas existirá. La gloria de un maestro no estriba en haber estado toda su vida enseñando en una clase, sino en haberlo hecho con materiales excelentes. La calidad de lo que se enseña es lo que cuenta, su teología relacionada de modo fervientemente práctico con la vida. Eso es un aviso a los maestros, para que domingo tras domingo procuren mejorar sus clases y ofrecerlas con mejor excelencia.

Parece obvio que sea la calidad lo que Dios prefiera, pero aun así se nos dice el porqué: «*Si permaneciere* la obra de alguno que sobreedificó, recibirá recompensa» (1 Co 3.14). Depende la recompensa de *su durabilidad*. Si algo no dura mucho en buenas condiciones, no sirve, no tiene calidad, es material barato e inferior. Si un maestro sabe esto, se esforzará en que su trabajo *dure* y que pase a la eternidad. Hay una continuidad en este caso, entre lo que aquí hacemos y el mundo por venir. De ningún modo lo que hemos hecho se extinguirá con el tiempo y la muerte. Si tiene calidad y está hecho con material eterno, sobrevivirá a la muerte. Todo esto ha sido dicho en el contexto sobre la sobreedificación de la iglesia. Habrá recompensa si en lo que hemos consumido nuestras energías llega al Día Final, si al ser examinado por Dios en las vidas de nuestros alumnos, en el día del juicio, es hallado en gloria y alabanza a su nombre, bueno en gran manera y que puede ser parte de la construcción de su Reino Eterno.

8

Astucias que destruyen la clase

Hace muy poco, mientras revisaba este trabajo, un gran ciclón azotó a una de las ciudades de este país. Pasó por un gran barrio lleno de viviendas caras y muy bonitas y la destrucción que ocasionó fue terrible. Los techos volaron lejos, las paredes de incontables construcciones caían al piso y las ráfagas jugueteaban con las tablas como si fueran hojas de árboles otoñales.

Los propietarios estaban muy alarmados porque era de esperar que sus casas debían resistir mejor la furia del huracán y, como es de suponer, comenzaron las demandas judiciales a las compañías constructoras.

Hay muchísimo fraude en materia de construcción. Los constructores deshonestos cobran precios altos por materiales excelentes, pero utilizan los más baratos, sin pensar que puede llegar el día en que sus engaños queden manifiestos.

No basta tener una casa bonita. Tiene que ser fuerte, estar bien hecha y sólidamente erigida.

El apóstol Pedro dice: «Acercándoos a Él, *piedra viva*[...] vosotros también como *piedras vivas, sed edificados como casa espiritual*» (1 P 2.5). No nos pide que seamos palos, cal y pintura, sino «piedras vivas». La iglesia del Dios viviente que es «*columna y apoyo de la verdad*» (1 Ti 3.15), no podrá resistir ningún «viento de doctrina», ni «fuego extraño» atizado por los malos sacerdotes, si el material no es duro y consistente como roca. Nada se puede apoyar sobre una iglesia sin doctrinas firmes, ni servirá de columna de ningún templo espiritual. Pero hay malos obreros, «*obreros fraudulentos*» (2 Co 11.13), que no tienen vocación apostólica y si hacemos contrato con ellos perderemos tiempo, dinero y casa.

Premio reducido

La durabilidad de nuestro trabajo es algo que no podemos perder de vista, porque si el material que utilizamos no llega a la eternidad de nada valió todo lo que se hizo.[1]

La recompensa en el juicio será por lo que *según el criterio de Dios* pueda ser usado en la construcción de su segundo mundo.

Nuestro trabajo como maestros es en el edificio de Dios «porque nosotros somos colaboradores de Dios, y vosotros labranza de Dios, edificio de Dios» (1 Co 3.9). Nos concierne mucho porque existe la posibilidad que la reducción de todo premio sea tan grande que llegue hasta el mismo borde de la salvación. «Si la obra de alguno se quemare *él sufrirá pérdida*, si bien él mismo será salvo, aunque así como por fuego» (1 Co 3.15), lo mismo que una persona que huye de un edificio en llamas y no puede salvar ninguna de sus pertenencias.

Casi como un mero hablar, será como si el disfrute de la vida eterna sea precedido por un castigo. «Sufrirá pérdida», «se quemare», «probada con fuego», todas esas palabras son usadas

1. Anthony A. Hoekema, *The Bible and the Future*, Eerdmans, 1986, pp. 38-40, 73-74, 279-281. [Publicado en español con el título: *La Biblia y el futuro*, Subcomisión Literaria Cristiana.]

para indicar un juicio y una condena y por ende un castigo, no sobre la salvación, sino sobre *sus ministerios.*[2] Suponiendo que se tratase de edificar a los salvados, si lo hacía bien, recibiría «recompensa conforme a su labor» (1 Co 3.8,14). Si se trataba de que algunos hallaran la salvación por medio de sus predicaciones, también sería un fruto que él recogería a favor de su ministerio. Pero, ¿por qué? ¿Para qué quiere eso? Para él eso es importante. No se trata de ir a ellos, predicar, ver como se edifican o se salvan, y ya. No es ni siquiera su satisfacción o sentimiento de realización vocacional, de que es bien empleado por Dios. Como él habla es que tiene en mente algo con respecto a su vocación. Por lo que dice anteriormente, que tanto a unos como a otros es *deudor* (v. 14). Su idea, me parece, es que le debe a ellos la aprobación que recibirá de labios del Señor por el compromiso que contrajo cuando salió a anunciar el evangelio. Sus palabras reflejan que siente una obligación con Cristo, le ha dado su palabra de algo, se ha comprometido con Él, está obligado a hacer cierto trabajo, que incluye la consunción de toda su vida para extender su Reino; y al obtener de ellos frutos, como también en otras partes, es como si fuese también movido por cierto interés personal en la cuestión. Esta es la deuda que todo ministro y cualquier cristiano que desee ayudar en la edificación del Reino debiera contraer, deudas espirituales, deudas de salvación.

No, no que él sea motivado con celo evangelístico porque por los frutos que obtenga hallará algún mérito para su salvación. No, los frutos de los cuales aquí habla están relacionados con su ministerio, con su vocación, con el llamamiento que recibió del Señor. Las figuras que el apóstol usa son bastante fuertes, no permiten pensar que Dios analice simplemente el trabajo y diga: «Por esto tienes recompensa, por aquello no». No es un simple tomar y dejar, lo que el Señor rechace *es condenado.* Este es un pensamiento muy vivo en el texto.

Nosotros no trabajamos con cemento, ladrillos, paja, oro, plata, esos son solamente símiles, nuestro trabajo es con almas

2. Pablo dice: «Para tener también entre vosotros algún fruto[...] a griegos y a no griegos, a sabios y a no sabios soy deudor» (Ro 1.13-14).

inmortales y el juicio sobre nuestro trabajo cae sobre el estado de ellas, si son salvas o no, si han sido edificadas o no. De veras que me llena de temor el pensamiento eterno de que mis alumnos, los miembros todos de mi iglesia, han de comparecer frente al tribunal de Cristo para ser juzgados *por sus obras*. Sé muy bien que Dios no avivará su obra entre nosotros, mientras nuestras obras no mejoren.

Pero junto con el amor hacia Dios y la compasión por los que no se hallan en estado de gracia, el pensamiento del juicio sobre las obras da matiz, color y energía a nuestras enseñanzas.

No se pierde de mi vista ese día, cuando nosotros los maestros y predicadores, seamos llamados junto con nuestros alumnos a la presencia del tribunal eterno. Al hacer juicio sobre nuestros ministerios se hará juicio sobre ellos también. ¡Qué alegría será ver a nuestros alumnos recibidos en gloria y qué amargura ver cuando sean atados y echados al fuego que nunca se apagará, arrojados a una cárcel desde donde no pondrán un pie afuera jamás y aun la resurrección la aborrecerán, porque hará más completa la desgracia eterna que llevarán! Si el amor y el «gozo del Señor» no fueran infinitos, empañaría nuestro disfrute eterno.

El castigo de ellos tiene que ser en parte nuestro castigo. ¿No puedes oír su clamor diciéndole a los maestros culpables y negligentes: «Enséñame bien, te lo ruego»? En ningún lugar de la Sagrada Escritura se dice que el juicio de los impíos se hará fuera de la vista de los santos. Al contrario, unos y otros estarán tan cerca, como si fuese sobre el monte Gerizim y sobre el monte Ebal, para oír la pronunciación de bendiciones y maldiciones.

Pablo quiere recordarles algo muy evidente, que ellos, por supuesto, parece que habían olvidado: que estaban trabajando *en el templo de Dios,* la Iglesia. «¿No sabéis que sois templos de Dios y que el Espíritu de Dios mora en vosotros?» (1 Co 3.16). Eso es algo que suele olvidarse a menudo o apenas se toma en cuenta y, cuando pasa, la Iglesia del Dios viviente es vuelta en retroceso en una escuela de teorías y filosofías humanas. Al decir Pablo «templo», parece que quiere hacerles notar que es *un sitio sagrado*, un lugar dedicado a Dios, para hallarle y encontrar la salvación. Por ello, no deben usarse materiales profanos que deshonren la construcción o que por su naturaleza misma sean extraños y, como ajenos, no contribuyan a edificar el lugar del culto. Estamos trabajando con ambas manos y corazón en el templo de Dios, y nuestros ojos apreciarán personalmente el juicio sobre lo que ahora estamos haciendo. Estamos a tiempo aún para hacerlo con excelencia y que nuestro premio no sea reducido ni nuestra corona la ciña finalmente otro (Ap 3.11).

Advertencia para los astutos

Probablemente esta página nunca sea leída por algún «astuto», sino por los buenos maestros y fieles obreros de la Escuela Dominical, pero así y todo, sepamos lo que nuestro apóstol habló de ellos, para que, si los encontramos por ahí, sepamos cómo hablarles y que ninguno de los que hoy enseñamos se convierta en un mal obrero. Veo que Pablo al recordarles que es un lugar sagrado, no lo hace para pedirles sólo respeto hacia él, sino para *amenazarles severamente,* porque si destruyen la Iglesia con sus enseñanzas equivocadas, Dios los destruirá (1 Co 3.17). «Si alguno destruye el templo de Dios, Dios le destruirá a él; porque el templo de Dios, el cual sois vosotros, santo es». Nota algo muy importante: la Iglesia, como un templo, es llamado *santo* y por el contexto no hay señal que diga esto pensando en la polución de los deseos de la carne a que puede quedar expuesta, como hace en 1 Corintios 6.18-20. Lo que viene hablando es del peligro doctrinal, no de los pecados contra el cuerpo.

Por lo general, los hermanos están enseñados a pensar en la iglesia como un lugar santo que debe estar libre de contaminaciones pecaminosas, pero no piensan lo mismo en relación con las malas enseñanzas que son otro género de inmundicias. Las malas enseñanzas *destruyen* la iglesia, la dividen, la debilitan, la detienen y por último la hacen desaparecer.[3] Aunque parezca que hago llover sobre mojado con esta insistencia, quizás no lo sea cuando el Nuevo Testamento baña tanto sus

3. Véase 2 P 2.1.

páginas con los consejos doctrinales. Eso debiéramos grabarlo bien en nuestras memorias: lo que se enseña equivocadamente tiende a hacer desaparecer la iglesia.

El apóstol Pedro nos dice en su segunda epístola: «Pero hubo falsos profetas entre el pueblo, como también habrá entre vosotros falsos maestros, que introducirán encubiertamente herejías destructoras» (2.1).

Con toda seguridad, según el Nuevo Testamento, es mucho más dañina para la congregación una enseñanza herética que una lujuria, una avaricia; como tal, el daño es más perenne. No quiero minimizar la importancia ética del evangelio, porque por algo se nos exhorta a que seamos «luminares en el mundo» y «sal de la tierra», pero en eso no hay que insistir porque todos estamos de acuerdo. Lo que deseo es hacer ver el daño presente y futuro que pueden tener la perversión de la doctrina. La iglesia no es firme sólo porque esté moralmente bien; puede no sufrir ningún escándalo vergonzoso, pero sí estar siendo destruida por otro evangelio. El pecado imperdonable está más relacionado con la doctrina que se rechaza que con las tentaciones de la carne. Un maestro muy decente, educado y de maneras finas pero que enseñe con un modo liberal de pensamiento, será como el puerco montés del Salmo 80: destroza la vid de Dios y de inmediato hay que hacerlo desaparecer. Cuidemos mucho la iglesia de los dientes de los «liberales y moderados», y más aún de sus hocicos y patitas.

Hay un horrible descuido en esto. Si vemos que la iglesia es cariñosa, si hay amor entre ella, si se recauda bastante, pensamos que está bien; puede que no se preste mucha atención a lo que se está enseñando. Aunque ese no era el caso en Corinto, ni lo será en ninguna parte, si la doctrina no es correcta, pululan las divisiones y el amor brilla por su ausencia.

Pablo les amenaza. No podía hablarles de otro modo. Dios, no la hoguera, destruiría con muerte eterna a los falsos profesores.

Aquellos eran malos obreros y al hablarles en ese tono quiere que paren inmediatamente de hacerlo. No debían pensar que Dios estaba lejos, desinformado de lo que ellos enseñaban o lo sufriría pasivamente. Para Pablo, Dios estaba atento a cada clase o conferencia que se diese y su presencia no limitada a la dulce comunión con los santos para recibir adoración, sino activo entre ellos para comunicar gracia; velar por su doctrina e impartir justicia a los transgresores. El Jesucristo apocalíptico camina entre los candelabros y manifiesta su disgusto tanto por Jezabel como por los nicolaítas.

Los mismos días de avivamiento son de mucha actividad divina, salvadora y de juicio. Esto está probado ampliamente en Hechos, cuando por las buenas manos apostólicas salvaba y castigaba.

Mientras no se vea esa doble actividad de Dios entre nosotros su presencia no es plena como debiera estarlo.[4]

4. Hechos 5.10-11; 13.11-12; Romanos 11.22; 1 Corintios 11.28-31.

Podría intentar mencionar algunas de esas doctrinas insanas que sufrió la Iglesia en sus primeros años.

(a)Los gnósticos. Fue (y actualmente es) una filosofía de tipo sincretista que abarcaba elementos judíos, cristianos y paganos en su círculo de enseñanza, con tendencias fuertemente especulativas. Por supuesto que fue una herejía destructora en los primeros tiempos del cristianismo. Especulaban sobre ángeles, sobre el Verbo, sobre muchos textos de la Escritura a los cuales daban una interpretación alegórica; y se burlaban sobre sus principales doctrinas, incluyendo la resurrección. Contra ellos o predecesores tenemos textos como Colosenses 2.18; Juan 1.15; 20.31; 1 Juan 2.22-24, etc. Había gnósticos, ascetas, inmorales, en correspondencia a su filosofía dualista. Para ellos Jehová era un dios malo caído de la pléroma o Esencia Divina; en cambio Jesús era un dios bueno, pero no realmente de carne y hueso.

(b) *Los Elkesaitas.* Una secta también sincretista, formada por judíos «cristianos» que floreció al oriente del Mar Muerto, cerca del siglo II. Su nombre significa «poder escondido».

(c) *Los Judaizantes.* Secta o movimiento dentro del mismo siglo I que intentaba mantener el legalismo judío junto con la proclamación de gracia. Contaba a veces con influyentes personalidades cristianas. Ni Pedro ni Bernabé escaparon por un tiempo a estas influencias (Gl 1.6; 5.1-3). También estos están bien perpetuados hoy en día en aquellos que no quieren ser llamados legalistas, ni judaizantes y que dicen estar de acuerdo con Pablo en todo lo de la gracia, pero atan a sus feligreses con el sábado y comidas prohibidas por la ley.

(d) *Los Montanistas.* Fue un movimiento que brotó en Frigia, Asia Menor, alrededor del año 172. Atrajo a muchos adherentes principalmente

Hay muchos textos sobre este asunto, pero sólo he colocado algunos al pie de la página, conjuntamente con los nombres de algunas sectas heréticas o irresponsables, para los que tengan interés en hallar la correspondencia que ellas tuvieron con las similares de estos tiempos modernos, y lo que hizo la Ortodoxia con ellas.

Muchas de aquellas viejas herejías, tapadas por el polvo de los siglos y de la condena eclesiástica, han sido sacadas de aquel recuerdo y vueltas a ser predicadas como verdades.

Esas son las palabras que destruyen el templo y achican la clase, de modo que una congregación que fue riquísima, como Lot, por meterse donde no debía, tuvo que salir huyendo del fuego celestial y alojarse con sólo un poco de mercancía en una pequeña cueva.

en la iglesia Oriental, pero su más distinguido seguidor, Tertuliano, fue condenado como herético en un sínodo de obispos en Asia. Su fundador, Montano, que no tenía ningún cargo eclesiástico, tuvo como principales colaboradoras a *dos mujeres profetisas*, Priscila y Maximina.

Tenían un libro secreto que *decían que un ángel se los había traído del cielo*. (Similares a los Mormones de hoy y sus planchas de oro dadas a José Smith.) Enfatizaban la Ley y la circuncisión y tenían dos bautismos cristianos. La cena del Señor la permitían con pan, sal y abluciones paganas.

Creían que *los dones proféticos estaban en vigencia* y que el Espíritu Santo hablaba por medio de ellos. Esperaban la inminente Venida de Cristo y eso era esencialmente su mensaje profético. Recibían sus revelaciones y visiones a menudo cayendo en un estado de éxtasis o trance espiritual. El uso de mujeres en el ministerio trajo problemas con la iglesia, además de la tendencia a enfrentar los profetas con los obispos. Practicaban el ascetismo y el ayuno. Hicieron del don de lenguas una parte central de sus cultos. La secta no fue declarada herética, pero la Iglesia al fin le dio de lado, quizás por fanáticos y extremistas y terminó muriéndose. (Para más información pueden ser consultados: *Diccionario de Teología* por Evertt F. Harrison, Editorial T.E.L.L. 1985, *Evangelical Dictionary of Theology*, por Walter A. Elwell, Baker Book House, Grand Rapids, 1984, *The History of Christian Doctrines*, Louis Berkhof, Baker, 1986.)

9

El arrepentimiento

Los niños aprenden primero a llorar y después a reír. Les enseñamos primero lo que es «no» después lo que es «sí». Dios ha usado el mismo procedimiento con nosotros. La Ley es el ¡No!: no mates, no toques, no codicies. Luego se nos reveló la Gracia que es el ¡Sí!, y «todas las promesas de Dios son en Él [Cristo] Sí, y en Él Amén» (2 Co 1.20). Pues he seguido el mismo patrón, el natural y el divino. En el capítulo anterior dejé claro que las malas enseñanzas, mencionando históricamente algunas, destruyen la clase, la iglesia. Ahora vengo con mi Sí en los labios y traigo dentro de la boca muchas doctrinas, como aquel pez con dinero, para ayudar a la construcción del Reino que amo.

Como no quiero que me ocurra lo que le pasó a unos que construyeron una academia naval en mi país: bello el edificio, pero su escalera resultó una increíble chapucería. Comenzaron a construirla por arriba y no por abajo, y cuando llegaron a lo que tenía que ser el cimiento no pudieron hacer nada sólido. En poco tiempo se rajó y quedó en desuso.

Tomo la lección y comenzaremos con lo que el autor de Hebreos llama «rudimentos de las palabras de Dios», o «rudimentos de la doctrina de Cristo»:

> Acerca de esto tenemos mucho que decir, y difícil de explicar, por cuanto os habéis hecho tardos para oír. Porque debiendo ser ya maestros, después de tanto tiempo, tenéis necesidad de que se os vuelva a enseñar cuáles son los primeros rudimentos de las palabras de Dios; y habéis llegado a ser tales que tenéis necesidad de leche, y no de alimento sólido. Y todo aquel que participa de la leche es inexperto en la palabra de justicia, porque es niño; pero el alimento sólido es para los que han alcanzado madurez, para los que por el uso tienen los sentidos ejercitados en el discernimiento del bien y del mal. Por tanto, dejando ya los rudimentos de la doctrina de Cristo, vamos adelante a la perfección; no echando otra vez el fundamento del arrepentimiento de obras muertas, de la fe en Dios, de la doctrina de bautismos, de la imposición de manos, de la resurrección de los muertos y del juicio eterno (Heb 5.116.2).

El tiempo

A la luz del texto que citamos arriba, podemos afirmar que debe ser llamado maestro sólo quien conozca la Biblia doctrinalmente. En 5.12 dice: «Debiendo ser ya maestros», pero no lo eran, no podían serlo al progresar tan poco en la doctrina de Cristo. Ninguno se graduará como maestro si no es graduado en doctrina. A esa idea es que responde la última parte de este trabajo. Si un maestro no conoce la teología, no debe ser maestro hasta que lo logre. No digo experto, uno que ha leído hasta la última página que se ha escrito. Desdichadamente hay congregaciones que están tan mal preparadas en ese sentido que casi a cualquiera, con escasos años en la iglesia, se le usa como maestro. ¡Y es que están tan escasos los que deseen y sepan enseñar!

Ya antes hemos hablado de la importancia de salvar al alumno, añadiendo que podemos asegurar que la evangelización debe ser doctrinal y, como toda la iglesia debe evangelizar a los perdidos, entonces toda la iglesia debe conocer doctrinas. El método bíblico para alcanzar a los perdidos es el aprendizaje, la enseñanza, el discipulado. Y, ¿cómo se puede llevar adelante ese programa si no es enseñando la doctrina?

Si el maestro conoce doctrina y la enseña en su clase, sus alumnos a su vez la enseñarán en el mundo.[1]

¿Qué hacer con los que tienen alguna deficiencia doctrinal? ¿Despedirlos? No.

Eso es demasiado humillante. Hay que enseñarles pronto los rudimentos de las doctrinas de Cristo; enviarles una o dos noches semanales a algún cursillo teológico o sugerirles que se conviertan en responsables autodidactas en estas materias. Este libro es un pequeño esfuerzo para ayudar en ese logro.

1. Quizás una y otra vez durante este trabajo insista en eso cuando hable sobre la salvación; si mi insistencia es exagerada no lo sé, pero responde a una angustia de mi corazón, al ver que se pretende ganar almas casi sin enseñarles nada. La conocida Gran Comisión, dada por nuestro Señor en Mateo 28.18-20, dice bien claro que la evangelización tiene que ser *didáctica* puesto que a los nuevos convertidos les llama «discípulos» y ordena que se les enseñe a ser fieles en la *doctrina*, que son las cosas que Él nos ha mandado.

De este método hacen un uso espléndido las sectas más falsas del cristianismo moderno, entre tanto lo usan escasamente las que contienen suficiente verdad teológica como para salvar al mundo. En Hechos 13.1 se nos dice que en la iglesia que se hallaba en Antioquía «había *profetas y maestros*» y después se citan unos cuantos nombres de ellos, algunos de los cuales ya conocíamos como misioneros y pastores, pero de otros no habíamos tenido noticias. Pero es importante notar, que *antes de ser misioneros* eran maestros. No salieron al campo misionero sin estar aptos para enseñar y sin haber probado por algún tiempo que sabían hacerlo. Cuando el Espíritu Santo quiso enviar misioneros fue a la iglesia y, dentro de la iglesia, a los que instruían. Si Dios quisiera enviar a alguien a otro país a predicar su Palabra lo más posible es que vaya a la Escuela Dominical y escoja de entre sus mejores maestros los que son óptimos. Si el mundo carece de misioneros que lo evangelicen es porque la iglesia carece de maestros.

La oración aquí y en otros sitios forma parte importante del envío de misioneros («orad al Señor de la mies que envíe obreros a su mies»), pero la contestación no va por sí sola, sino que la acompaña la enseñanza de los que Dios viene usando en su Reino.

Es cuestionable en ciertos casos, si vale la pena el dinero que se gasta la obra en enviar «misioneros de verano» a lugares domésticos y foráneos, cuando algunos de esos muchachos suelen no tener mucha preocupación en la evangelización local.

Hay maestros que se niegan a estudiar algún curso, bien porque ya piensan que saben bastante o al menos que aventajan a sus alumnos.

En el caso de estos hermanos hebreos se declara que tenían necesidad *«de que se os vuelva a enseñar»* esas mismas doctrinas (5.12). La recomendación aquí no creo que se deba a olvido de lo que les habían enseñado, sino porque estaban confundidos en esas materias y comenzaban a abandonarlas. Otros los habían confundido doctrinalmente.

Si un hermano no alcanza los conocimientos doctrinales que lo califiquen como maestro, corre el riesgo de ser confundido y apostatar. Con mucha seguridad se puede afirmar que no aprendieron bien lo que se les enseñó. Es responsabilidad de aquellos que la iglesia escoge como sus instructores que se preparen bien en cuanto a la doctrina y que a su vez también lo hagan con los alumnos. El reproche del autor de Hebreos se concentra en dos aspectos principales: *El tiempo:* «Debiendo ser ya maestros después de *tanto tiempo»* (5.12).

Habían pasado los meses «¿quizás los años?» y no habían hecho progresos doctrinales, ni siquiera habían consolidado en lo que se les había instruido.

Debemos estar sobre aviso en esto que el tiempo se nos puede ir veloz, consumido en otras cosas menos fructíferas espiritualmente que el aprendizaje de las sanas doctrinas. Por supuesto, también se infiere que el tiempo invertido en la iglesia no es la única cosa que hay que recoger para instituir a alguien como profesor reconocido.

Frustración

El autor de la epístola siente *frustración.* Se lamenta que teniendo cosas mucho más profundas que enseñarles, no puede hacerlo porque no lo entenderían cabalmente.[2] «Tenemos mucho

2. Cuando todos los maestros y el mismo pastor empiezan a enseñar doctrinas en sus clases y sermones, muchas cosas extrañas podrían empezar a pasar: que unos se maravillen enormemente y no salgan de su asombro

que decir, y difícil de explicar, por cuanto os habéis hecho tardos para oír» (5.11). No es de maestros que aun lo más fácil no lo puedan explicar. No. Lo pueden enseñar todo de modo que se entienda, pero si ellos han olvidado lo básico, ¿cómo les podrán instruir en lo más profundo? Aquellos que más disfrutan de la comunión con Cristo son los que más le conocen, y los que saben poco de Él se pierden esas delicias.

Si no se entiende lo primordial, ¿cómo se comprenderá lo superior? Esos goces benditos y supremos que perderían los podrían disfrutar, porque cuanto más a fondo se conozcan las doctrinas de la gracia, más deliciosa se vuelve la Palabra de Dios, más poderosa es la fe, más estrecha la comunión con el Señor. Todo se pierde porque eso corresponde al digerir el alimento más sólido de las enseñanzas del Nuevo Testamento. La frustración se puede remediar, si comenzamos un curso básico de instrucción.

El comienzo

El autor de Hebreos llama *arjés*, cuyo significado es «principio» (6.1), a esta doctrina del arrepentimiento que es lo primero que todo maestro debe conocer, no ya porque es maestro sino porque está colocada en *el principio de su vida cristiana.* Este es el sentido que verdaderamente tiene en el texto, por ahí debe comenzar la salvación y el ministerio. Dejaré de lado los caminos intrincados por donde gustan pasear los teólogos expertos.

No es posible tratar de salvar a un alumno o edificarlo sin arrepentimiento. Esa es la *primera* obra del Espíritu Santo,

diciéndoles a todos que nunca habían oído tales cosas, el corazón de no pocos empieza a hervir de emoción, fe y esperanza. En algunas congregaciones, si nunca se ha insistido en definiciones de tipo doctrinal puede pasar que algunos, que no tienen paladar para ellas, decidan emigrar refunfuñando algo así como: «¿Para qué habrá que enseñar tantas doctrinas, algunas de las cuales son difíciles de entender?» Sin embargo, a largo plazo la iglesia ganará con su educación.

después de la regeneración, en el alma de un pecador. Así dijo nuestro Señor: «Y cuando Él venga, *convencerá al mundo de pecado*» (Jn 16.8). La palabra griega elégxei significa «redargüirá», y ya hemos explicado su uso en la Escritura en 2 Timoteo 3.16 y que equivale también a reproche. Podemos estar persuadidos que hay una identificación estrecha entre el uso que demos a la Biblia y la obra del Espíritu Santo. El uso inicial o primario que el Espíritu hace de la Escritura es convencer al pecador de su perdición.

Quizás traducida «convencer» sea prolongarle demasiado el sentido, aunque sin duda esa es la intención del Espíritu. Es básico decir que el Paráclito vendría para reprochar el pecado a los hombres, y por cuyo resultado algunos se convencerían y serían salvos. No es una competencia del maestro producir el arrepentimiento, pero sí decir las palabras adecuadas que lo produzcan. Y este efecto tiene que mantenerse aun en los que ya han sido salvados, porque el arrepentimiento dura siempre, toda la vida tenemos que estar convirtiéndonos a Dios.

Arrepentimiento verdadero

Debes conocer cuál es el verdadero arrepentimiento. Leamos 2 Corintios 7.8-11:

> Porque aunque os contristé con la carta, no me pesa, aunque entonces lo lamenté; porque veo que aquella carta, aunque por algún tiempo, os contristó. Ahora me gozo, no porque hayáis sido contristados, sino porque fuisteis contristados para arrepentimiento; porque habéis sido contristados según Dios, para que ninguna pérdida padecieseis por nuestra parte. Porque la tristeza que es según Dios produce arrepentimiento para salvación, de que no hay que arrepentirse, pero la tristeza del mundo produce muerte. Porque he aquí, esto mismo de que hayáis sido contristados según Dios, ¡qué solicitud produjo en vosotros, qué defensa, qué indignación, qué temor, qué ardiente afecto, qué celo y qué vindicación! En todo os habéis mostrado limpios en el asunto.

Dos tipos

Hay dos tipos de arrepentimiento, uno *«según Dios»* y otro *«según el mundo»*. Es cierto que Pablo aquí no menciona dos arrepentimientos directamente, sino dos tristezas, bien que para el caso es lo mismo o porque conoce que existe uno solo, pues el otro es espurio.

Es importante que esa identificación penetre bien en nuestro conocimiento, al arrepentimiento invariablemente le sigue la tristeza; porque cuando se habla sobre los pecados personales de haber ofendido a Dios y de la condenación eterna, el alma no queda indiferente ni se regocija con lo que oye (aunque, como el rey Ezequías, halle la palabra de Jehová buena), comienza a lamentarse porque siente su conciencia herida.

A pesar de que la situación histórica de estas palabras no corresponde al momento de una clase, sino tiene que ver más con un sermón para toda la iglesia, no me parece que me desvíe mucho con su adaptación. Es algo tan inusual en una clase que lloren sus alumnos por sus pecados, que si eso ocurriese, tal vez toda la iglesia se asombre y hasta el propio maestro llegue a pensar que ha hecho algo malo. En el versículo 7 Pablo menciona «vuestro llanto». Muchas clases tienen nombres como «Miqueas», «Bereanos», «Monte Tabor», «Getsemaní», pero no hay ninguna que con razón pueda llamársele «Boquím» (Jue 25). Es que la tendencia moderna se conforma con rostros sonrientes o ceños interesados. ¿O será que lo que estamos pretendiendo no es un avivamiento, propio no de los días «normales» de la iglesia, sino de los especiales, cuando el viento de Dios sopla con fuerza?

Hablando con propiedad, la tristeza no es arrepentimiento, porque entristecerse por el pecado no significa arrepentirse «según Dios», hasta que no lo confiese a Él. Pero la verdad permanece: antes del gozo cristiano está la melancolía espiritual y la contrición del alma. Luego aparece, como el sol tras la lluvia de primavera, el rostro glorioso de Jesucristo.

Es curioso que tras el llanto de arrepentimiento enseguida brota como la luz de un hoyo profundo, la alegría de haber conocido a Dios y el corazón entero que antes se lamentaba, pronto es invadido de una alegría celestial nunca antes vista, como si los ángeles cantaran dentro.

Hay otra tristeza que Pablo llama «del mundo»; es una tristeza carnal, temor, miedo, vergüenza, remordimiento, autocondenación de conciencia; pero, sólo por el peligro o la situación en que se ha caído, es una emoción egoísta, interesada y personal. ¿Cuándo el arrepentimiento y la tristeza son creíbles? Pablo dice que son según Dios. ¿Cómo podemos saberlo si las operaciones del Espíritu son secretas y misteriosas?

Señales de arrepentimiento

Comparémoslo con *nuestro arrepentimiento:* Todas estas palabras fueron dichas a personas que eran salvas, pero que habían pecado. El arrepentimiento siempre es el mismo, sea en un cristiano o en un inconverso. Los que no pueden identificar el arrepentimiento, según Dios, son los que no lo han experimentado. Puede que varíe en intensidad entre uno y otro, pero siempre tiene elementos comunes.

Nosotros sabemos que el verdadero arrepentimiento incluye *humillación;* ninguna persona verdaderamente arrepentida reclama méritos. Para que haya gracia tiene que haber humillación. Dios no da gracia a los soberbios.

Otro elemento, que por nuestra experiencia conocemos, es *la vergüenza* que sentimos. No queremos que nos refieran lo que hicimos, no deseamos ni recordarlo y el solo pensamiento de lo que cometimos nos hace volver negativamente la cabeza y gemir de dolor. No podemos pensar en nuestro pecado sin desprecio ni lamentaciones y quisiéramos que tal día fuese borrado de nuestra historia personal.

Lo que Pablo escribe al respecto es lo siguiente: «¿Pero qué fruto teníais de aquellas cosas de las cuales *ahora* os avergonzáis? Porque el fin de ellas es muerte» (Ro 6.21). Es sumamente extraño ver a un supuesto hermano «dar su testimonio» en público detallando a oídos de todos las iniquidades que cometía al vivir para la carne, como si fuese algo de lo cual debiera estar orgulloso. Ni por ensalzar la gracia uno comete esa desvergüenza. ¿Cómo puede uno en la presencia de Dios relatar públicamente sus faltas contra Cristo?

En otro lugar el apóstol dice algo similar: «Porque vergonzoso es *aun hablar* de lo que ellos hacen en secreto» (Ef 5.12). Si a un cristiano le da pena relatar las cosas que se entera que otros cometen, ¿cómo no le dará la misma pena decir lo que él propiamente ha hecho?

La mujer de Samaria que evangelizó Jesús, fue a su ciudad y le dijo a los hombres que el Señor le había dicho todo lo que había hecho, pero no dio detalles. El publicano en la parábola, que podía ser oído cuando oraba, sólo dijo: «Dios, sé propicio a mí, pecador». Y no añadió más. Tenían vergüenza.

Se identifica también el arrepentimiento según Dios, *porque nace por su Palabra. Pablo dice: «Porque aunque os contristé con la carta* no me pesa».

Es altamente dudoso algún arrepentimiento que no tenga conexión con la Biblia, sin haberla oído. Eso es imposible, a no ser el natural. Pero yo hablo del que es para salvación. Las propias circunstancias, aunque se analicen positivamente, los perjuicios causados por el pecado, la violación de la regla moral social, las opiniones de las multitudes, son insuficientes por sí mismas. Pueden traer pesar al corazón, pero no según Dios.

Esto nos limita tremendamente en el aprovechamiento de nuestro tiempo de enseñanza, no permitiéndonos sustituir la media hora de exposición bíblica de la clase solamente con relatos de experiencias personales, cuentos o ilustraciones kilométricas.

El arrepentimiento según el mundo no separa al alumno del mundo. Pablo dice que produce muerte (v. 10), y eso quiere decir que sigue viviendo en un estado de no santificación, continúa ligado a su pecado y no cambia su estado de condenación. El arrepentimiento que proviene de Dios mediante su Palabra produce un cambio de dirección (Mt 27.3-4). El gozo que uno siente cuando cree es infinito, pero no es el gozo la principal señal de que alguien se ha convertido a Cristo, es la santificación.

Movimientos externos

Nuestro apóstol mismo nos dice en 2 Cortintios 7.11 los preciosos frutos o movimientos externos que llevó:

Solicitud. Diligencia en moverse rápidamente en sentido opuesto, implica un movimiento rápido hacia afuera o actuar en sentido inverso, en este caso es separar al incestuoso y disciplinarlo. Es obediente y presuroso en poner en práctica lo que la revelación le demanda.

Defensa. Que nada tiene que ver con las excusas, sino más bien con el perdón de los pecados, defensa de la verdad, la justicia, la defensa de Dios. El que se arrepiente defiende el evangelio, justifica a Dios, pero no defiende su pecado.

Indignación. Es la otra palabra. Pablo está admirado de la indignación que produjo aquel arrepentimiento. ¿Indignado con quién o contra quién? Indudablemente contra él mismo, contra su proceder. Bengel, citado por Charles Hodge, nos dice que la palabra *aganáktesis* ha sido elegida por el autor con especial propiedad porque denota la pena que un hombre siente cuando su causa se halla en sí mismo.[3] No nos extraña que nuestro Señor diga que el publicano de su parábola se golpeaba el pecho y que Pablo nos refiera lo mismo. («Golpeo mi cuerpo y lo pongo por servidumbre».) El que se arrepiente verdaderamente se indigna contra sí mismo, se encoleriza contra sus pasiones, se enoja contra su débil corazón. Si hay una emoción sicológica que brota junto con el enojo en el corazón contrito y humillado, es la cólera.

¡Qué *miedo*! Sí, el que se arrepiente siente miedo al juicio de Dios. Para él no es cosa de juego el juicio final. Siente en su conciencia que sus pecados son graves delitos cometidos contra la majestad divina y que no tiene excusa ni merece el perdón. Ya Juan el Bautista predicaba que a los pecadores hay que enseñarlos a huir de la ira venidera y que nadie que no sea enseñado puede arrepentirse, o sea huir.

Ardiente afecto. La palabra original, *epipózesin,* también significa añoranza por lo que habían perdido. Pero es mejor «ardiente afecto» que se ajusta más al texto, afecto fogoso por remediar todo el mal, por llevarse en armonía. Antes, cuando estaban en pecado, cuando toleraban lo mal hecho, no había amor, ahora sí

3. Charles Hodge, 1, 2 Corintios, *Banner of Truth* [Emblema de la verdad], p. 561.

lo hay. ¿Falta el amor entre hermanos? La solución es el arrepentimiento. Ejemplo de esto lo encontramos en Apocalipsis 2.4-5 y el mismo Señor relaciona la falta de amor con el aumento de la maldad dentro del corazón (Mt 24.12). El amor fraternal a todos y sin excepciones es un indicador de la conversión.

Celo. La misma palabra se encuentra en el versículo 7 refiriéndose al apóstol. Aquí debe ser lo mismo, porque él había sido el ofendido, aquel celo que ha despertado nuevamente tiene que ver con su persona y su ministerio. No siempre un alumno que se arrepiente lo hace con relación al pastor, al misionero o al maestro, porque puede no haber pecado contra ellos, pero también es cierto que el que se salva siente un hondo cariño por los siervos de Dios. Si una persona que dice haberse convertido comienza de inmediato a encontrar faltas en los líderes de la iglesia, difícil es que su arrepentimiento sea genuino.

¡Qué vindicación! También se traduce, venganza, justicia. Un sentimiento de castigo; justicia que manaba de aquel arrepentimiento. Indudablemente que quien ha conocido el juicio de Dios sobre sus pecados, está de acuerdo en que ellos merecen ser castigados con justicia, que Dios pudiera vengarse si lo deseara. Quizás parezca extraño o de otro orden, pero el que se ha arrepentido ama el castigo de Dios, no desecha su vara, se encuentra sólo satisfecho con la justicia sobre Jesucristo. Amaría a Dios aunque lo destinara al mismo infierno diciéndole en el lenguaje de Pedro: «Apártate de mí, pecador».

Un don de la misericordia

Hemos hablado de dos clases de arrepentimiento tratando de identificar al verdadero, pero ahora hay otra cosa importante que hay que conocer: es un don de Dios. Pablo dice en otro lugar: «Que con mansedumbre corrija a los que se oponen, por si quizá Dios les conceda que se arrepientan para conocer la verdad, y escapen del lazo del diablo, en el que están cautivos a voluntad de él» (2 Ti 2.25-26). El arrepentimiento no tiene un origen natural, no tiene que ver con situaciones circunstanciales, ni con motivaciones sicológicas o biológicas. Es un resultado de la operación sobrenatural de la gracia de Dios.

Voluntad en libertad y en cautiverio

El maestro anhelante que quiere salvar a su alumno en un santiamén tropieza aquí con dos cosas muy ciertas: *la voluntad de Dios y la voluntad del diablo.* El apóstol revela que los pecadores son salvos por la voluntad de Dios, pues dice: *«si quizá Dios les conceda»* y están cautivos por la voluntad satánica pues escribe: *«cautivos a voluntad de él».* En esto transcribiré primero las opiniones de dos comentaristas y luego expondré mis propios pensamientos al respecto.

> Esta expresión «por si quizá», señala la dificultad del caso, siendo casi desesperado o imposible. Pablo enseña que aun para los más indignos debemos practicar la amabilidad; y aunque al principio parezca que no hayamos obtenido ventajas, todavía debemos seguir haciendo el intento. Por la misma razón dice que «Dios les conceda». Puesto que la conversión de una persona está en las manos de Dios, ¿quién puede saber que los que ahora rechazan toda enseñanza pueden ser cambiados repentinamente por el poder de Dios en hombres nuevos? Así pues, quienquiera que considere que el arrepentimiento es un don y obra de Dios, acariciará una esperanza más seria y, animado por esta confianza, dedicará más esfuerzo y más trabajo a la instrucción de los rebeldes. Debemos considerarlo en esta forma: Que nuestro deber es dedicarnos a sembrar y regar, y mientras hacemos esto debemos esperar el crecimiento de parte de Dios (1 Co 3.6). Nuestras labores y fatigas no son provechosas en sí y, sin embargo, por la gracia de Dios no son infructíferas *para conocer la verdad.* De esto podemos aprender cuál es el arrepentimiento real[...] porque Pablo declara que comienza con el conocimiento de la verdad. *Y escapen del lazo del diablo en que están cautivos a voluntad de él.* Es una condición verdaderamente espantosa cuando el diablo tiene tan grande poder sobre nosotros, que nos arrastra, como esclavos, aquí y allá como se le antoja. Y este dominio tiránico de Satanás lo vemos todos los días en los réprobos; porque ellos no se precipitarían con tal furia y violencia brutal a toda clase de crímenes bajos y perversos, si no fuesen empujados por el poder invisible de Satanás. Esto es lo que vimos en Efesios 2.2 donde

se nos dice que Satanás ejercita su poder en los incrédulos[...] Y no obstante una cautividad de esta naturaleza no exculpa de pecado a los hombres perversos, aunque sea por la instigación de Satanás, de que ellos pecan, porque aunque su precipitación hacia lo malo procede del dominio satánico, con todo, no hacen nada por coacción, sino que se inclinan con todo su corazón a lo que Satanás los empuja. El resultado es que su cautividad es voluntaria.[4]

Otro autor escribe el siguiente comentario:

Hay alguna incertidumbre en la última frase del versículo 26 «siendo capturados por él para hacer su voluntad». No está claro si «él», el que captura, y «su», cuya voluntad ellos hacen, se refiere a Dios o al diablo. Algunos comentaristas piensan que ambas se refieren a Dios y así hace que la captura divina asegure que el pueblo escape del diablo. «Son atrapados por Dios y sujetos a su voluntad». El verbo capturar es *zogreo* y significa capturar vivo. Es también usado en Lucas 5.10, donde Jesús le dice a Pedro el pescador que en el futuro él será «pescador de hombres». Quizá por esto algunos comentaristas atribuyen la captura de los siervos del Señor a sí mismo.

Otros piensan que la cautividad es al diablo, aunque la voluntad es de Dios. En ese caso la gente escapa de las trampas del diablo en las cuales están cautivos para hacer la voluntad de Dios. Pero la mayoría parecen seguir la AV y la RSV en tomar ambas cosas como «él» y «su» al diablo. Si eso es correcto nos permite ver detrás de cada ministerio evangelístico y de enseñanza cristiana. Detrás del telón, invisible para todos, una batalla espiritual se libra. El diablo los droga o embriaga, porque la palabra que se utiliza para «escapar del lazo», *ananepho*, significa literalmente «volverse sobrio», o «adquirir sus sentidos de nuevo» después de un período de diabólica intoxicación. De tal cautividad donde los hombres están atrapados y narcotizados por el diablo, *sólo Dios puede liberarlos dándoles el arrepentimiento y el conocimiento de la verdad.*[5]

4. J.C. T.E.L.L., 1982, *Comentarios a las Epístolas Pastorales.* pp. 271-273.
5. John R. W. Stott, *The Bible Speaks Today* [La Biblia habla hoy en día], I.V.P., 1973, pp. 79-80.

Hay otros textos que también aseguran que es del Señor el don del arrepentimiento:

> Entonces, oídas estas cosas, callaron, y glorificaban a Dios, diciendo: ¡De manera que también a los gentiles *ha dado Dios arrepentimiento para vida*! (Hch 11.18).
>
> Me azotaste, y fui castigado como novillo indómito; *conviérteme, y seré convertido,* porque tú eres Jehová mi Dios (Jer 31.18).
>
> Y les daré un corazón, y un espíritu nuevo pondré dentro de ellos; y quitaré el corazón de piedra de en medio de su carne, y les daré un corazón de carne» (Ez 11.19).

Pero ninguna de estas porciones de la Palabra del Señor eximen al hombre de su responsabilidad y obligación de arrepentirse y buscarlo para su salvación. El arrepentimiento es un deber tuyo y una obligación moral con Dios.

10

La fe

Un hombre no es salvo sólo porque se arrepienta. Eso es como si habiendo sido herido por una flecha de Dios, fuera aullando y se escondiera en una gruta. Gime y se lame la herida, quiere sanarla por sí mismo, pero no puede. Su dolor se agudiza entonces hasta la desesperación. Se golpea contra las piedras, tratando de provocar otros sufrimientos que le mitiguen el de su conciencia, pero no puede. Día y noche se desvela el desdichado sin poder conciliar un poco de reposo. Otros vienen en su auxilio y quieren curarlo diciéndole palabras amables, que como bálsamo caen en su llaga, pero el consuelo es momentáneo. Al irse no puede olvidar su pecado, continúa supurando su llaga hasta que, afiebrado y moribundo, se arrastra al hueco donde llegan los rayos del Sol de justicia; de rodillas pide perdón y cree en la veracidad de Aquel que le arrojó las flechas de su Palabra dentro de su corazón y se sana. Sale de su escondite y es feliz, salvo por la fe. El arrepentimiento no viene solo, siempre se halla a *dúo con la fe.*

En Hebreos 6.1,2 leemos «del arrepentimiento de obras muertas, *la fe en Dios*, la doctrina de bautismos, el juicio eterno», etc. Inmediatamente que habla del arrepentimiento menciona la fe y luego sigue con las demás doctrinas cristianas.

Se entiende claramente que nadie puede escoger para sí una doctrina y alejar otra, vienen juntas en el mismo paquete de la salvación. El arrepentimiento y la fe van muy juntos, están muy cerca la una del otro. Si una persona dice que se ha arrepentido de sus pecados tiene que tener fe, y si dice que cree en Dios se debe suponer que se ha arrepentido de sus pecados.

Existen alumnos que por vía natural afirman tener fe en Dios, creen que existe, que tiene que haber un Creador del universo. Entienden la existencia de lo invisible por medio de las cosas hechas. ¿Podrá esa fe salvarles? Si la fe se produjera en el alma como la sangre en los huesos de modo natural, entonces sí; ¿pero es la fe algo natural? Claro que no. También afirman haberse arrepentido. Pero viéndolos de cerca, hablan de un arrepentimiento general, nunca particular ni específico. Dicen que son pecadores, pero amplían la respuesta, «como todo el mundo». Si se les pide que expliquen lo que dicen, añadirán que no han cometido faltas graves contra Dios y no tienen por qué humillarse. En resumen, se creen justos, como los fariseos que no necesitan ese arrepentimiento del que les hablamos; que bien podrían ir al bautismo de Juan y a la mesa del Señor a participar merecidamente con Él del partimiento del pan y la copa de vino.

Estos, podrán aceptar algún tipo de pecado o falta, pero no conocerán *la concupiscencia* de sus corazones, elemento indispensable para la convicción, ingrediente que no puede faltar en un arrepentimiento no fingido y base misma de la confesión. La fe tiene *un sentido opuesto* al arrepentimiento, la fe se alza hacia Dios, el arrepentimiento tiene que ver con el descubrimiento de lo que uno es, la fe con lo que es Dios.

¿Causa y efecto?

Ya hemos visto que el arrepentimiento y la fe son hermanos, pero además tenemos que acordarnos que *la fe precede al arrepentimiento*, dicho por organización porque factualmente es imposible excluir al uno de la otra. No es precisamente un proceso de «causa y efecto», aunque uno sigue al otro. Ninguna de las gracias del Espíritu origina la otra. Todas son independientes aunque estén interrelacionadas. Provienen por separado de la mano del Señor. ¿Por qué un alumno se arrepiente de sus pecados? ¿Porque se le predica? Eso es cierto. Pero surge otra pregunta: ¿Qué pasa con los muchos que oyen la Palabra de Dios y no les aprovecha nada? La explicación más inmediata es que *no tuvieron fe cuando la oyeron*. Hebreos 4.2 dice: «Porque también a nosotros se nos ha anunciado la buena nueva *como a ellos*, pero no les aprovechó el oír la palabra, por *no ir acompañada de fe* en los que la oyeron».

El problema de esas personas, cuyo arrepentimiento se hizo imposible, fue que no tuvieron fe en lo que se les predicó, la letra de la Escritura les resultó muerta; o cualquiera otro que hubiera sido el efecto emocional y la impresión que les causó, al fin y al cabo no les indujo la fe.

No estoy hablando del origen de la fe misma, sino la procedencia del arrepentimiento, de la fuente de la fe. Cualquiera que sea la doctrina que un incrédulo oiga, la sustitución, la expiación, la regeneración, el juicio final, etc. si no tiene fe en lo que oye no producirá arrepentimiento alguno, su vida no cambiará para nada y continuará viviendo en sus delitos y pecados. No cree lo que está oyendo y por eso no se arrepiente. Podrá saber lo que el maestro dice, pero no le aprovechará nada porque *no lo cree*.

Si a alguien se le dijera que la casa donde está arde en llamas, ¿se quedará adentro? Si los yernos de Lot le hubieran creído cuando les invitó a dejar la ciudad, ¿lo hubieran tomado todo a broma? Si los prediluvianos hubieran creído a Noé, ¿no hubieran subido al arca? El arrepentimiento, por lo tanto, es fruto de la fe en la Palabra de Dios usada por el Espíritu Santo.

El autor de Hebreos coloca al arrepentimiento antes que la fe. Este es un buen punto para empezar el análisis de una salvación. Nuestra propia fe o la de cualquier otra persona podría medirse en algún sentido chequeando el arrepentimiento y la humillación o el sufrimiento cuando se peca.

Pecamos porque dejamos de creer la palabra de Dios. Siempre un acto pecaminoso suele tener detrás suyo un olvido de los dichos del Señor. Si la fe se mantiene ardiendo, el temor al pecado estará vivo y el corazón ferviente.

La sombra de la incredulidad

Una cosa es la cáscara y otra el corazón; no es tan importante la concha como la perla interior. No hace mucho quería halagar a mi esposa con un regalo para fin de año y deseando comprarle algo bello fui adonde trabaja una joyera conocida nuestra. Quería que mi regalo contuviera una gema, de preferencia una esmeralda. La mujer me señaló una esquina de su vidriera y me dijo que esas eran más baratas. «¿Por qué?», le pregunté. «Porque tienen una manchita negra en su interior», fue la respuesta. Me fijé bien dentro de la piedra y a pesar de su brillo pude verla. En efecto, en el fondo tenía una mancha oscura que opacaba la gloria externa. Además me dijo que los joyeros las llamaban «joyas imperfectas».

Por muy brilloso que parezca el corazón humano, si uno pudiera como Dios, mirarlo por dentro, vería que en su fondo hay una mancha negra heredada, una costra fea y sucia que desde su interior apaga la luz de afuera. A esa mancha heredada se le llama pecado original, engastado en los apretados brazos de la incredulidad. ¡Qué decepcionante es mirar dentro de una preciosa joya que uno quiere para adorno y encontrarse con un estado tan imperfecto e incorregible! Porque, ¿quién puede quitar la sombra negra en una joya verde si es parte inicial de su constitución?

En el mejor de los hombres siempre hallamos una mancha de *incredulidad.* Si los hombres somos naturalmente pecadores, si nacemos con una naturaleza corrompida, la incredulidad es algo que viene con nosotros desde el embrión, es congénita. Aunque una persona no sea atea confesa, si su modo de vivir no se conforma con la Palabra de Dios, lo es, como aquellos de los cuales habla David en sus salmos (Sal 14.1).

Por naturaleza el corazón se inclina a la incredulidad, duda de la Palabra de Dios, le es imposible estar absolutamente seguro de las realidades eternas, a lo sumo lo que puede hacer es temer, pero no creer. Creyente no nace nadie. Pilato tuvo miedo cuando supo que Jesús era Hijo de Dios, pero dejó que el proceso impío continuara y se retiró para no evitarlo. El rey Agripa es otro ejemplo. Cuando oyó a Pablo predicar sobre el juicio venidero, se espantó, pero no se arrepintió aunque se dice que «creía a los profetas». Su corazón no era perfecto, no era una gran joya de oro o plata, ni esmeralda ni diamante, sino costra y escoria barata.

¡Oh corazón barato, corazón malo!

Si por naturaleza se nace incrédulo, no se puede presuponer la fe de un alumno. La incredulidad nuestra nos revela la perversidad de nuestro corazón. «Mirad hermanos, que no haya en ninguno de vosotros *corazón malo* de incredulidad para apartarse del Dios vivo» (Heb 3.12). La incredulidad no es un pecado pequeño sino muy grande y habita con la más honda corrupción del corazón; es la serpiente tortuosa enroscada en su abismo. Y ese concepto abarca mucho más que lo que la visión social vislumbraría. Haga lo que haga un hombre, sea de bien para la humanidad o no, un acto noble o perverso, si no cree la Palabra de Dios, su corazón es malo. Sea un científico al que la humanidad deba admirar agradecida, sea un filántropo que abandone sus bienes en la sociedad civilizada y se vaya a dar sus conocimientos y dinero entre los salvajes, sea una abnegada madre, virtuosa y sacrificada como pocas, si todos no creen al evangelio de Cristo, ante el Dios fiel y bueno, sus corazones son malos. Para Dios no hay nada bueno que brote de una negación de su Persona o de hacer de oídos sordos a sus súplicas y mensajes.

Hay un comentario sorprendente que hace Edwin Palmer en su libro *Doctrinas claves,* en el capítulo sobre la depravación total del corazón. Refiriéndose al famoso filántropo Albert Schweitzer escribe lo siguiente:

> Es ejemplo de alguien que negó el cristianismo bíblico y, sin embargo, avergonzó a muchos cristianos ortodoxos con su amor y amabilidad. Sacrificó tres carreras brillantes y renunció a la cultura de Europa para ir a trabajar y a sufrir con los negros del África. Como filósofo, experto en el Nuevo Testamento y organista de fama mundial, se sentía como Dives, vestido de púrpura y de lino, en tanto que había tantos Lázaros en África, cuyas heridas las lamían los perros. Se dedicó al cuidado de los enfermos...

Sus acciones externas se conformaban a la ley del amor, pero no creía en el Dios Trino y no lo guiaba el motivo justo de la gloria de Dios. Sus acciones se podrían llamar verdaderamente buenas, sólo en un sentido relativo».[1]

El mundo tiene que agradecer mucho a ese filántropo que dejó avergonzado con sus sacrificios a muchos cristianos, pero delante del Señor, negando la divinidad de Cristo, fue un humanista más. Sabemos que para tener comunión en la iglesia primitiva había que ser Trinitario en su teología y cualquiera que negase la divinidad de Cristo era un anticristo.

Cuando el autor de Hebreos escribe que algunos hermanos estaban en proceso de pecar apartándose del Dios vivo, en lo que está pensando es precisamente en un alejamiento doctrinal, un regreso a las obras y ceremonias de la Ley.

Lo que no provenga de la fe es pecado, digno de juicio y *condenación.* «Pero el que duda sobre lo que come, es *condenado*, porque no lo hace con fe; y *todo* lo que no proviene de fe, es pecado» (Ro 14.23). El acto en sí mismo puede ser inocuo, noble o despreciable, pero más que ser comparado con alguna ley o código moral, es de acuerdo a la fe como debe medirse. La misma comida pueden estar comiéndola dos personas, una incrédula y otra creyente, para el incrédulo, para el que *duda,* lo que está haciendo es pecaminoso y no hay exageración en condenarlo y su dios es como si fuera su ciclópeo vientre que gustoso adora.

El corazón de todos los hombres nace bamboleante, inseguro y descreído; sueña con el mundo y es la carne su única almohada. No puede dirigir bien sus pasos, como el necio que menciona Salomón, y poco a poco va poniendo su tienda hacia Sodoma.

Los apartados

Si bien le gusta a ese engañoso habitar en la ciudad de destrucción, se ríe socarronamente con los yernos de Lot y juega

1. Edwin Palmer, *Doctrinas claves,* Estandarte de la verdad, p. 15, traducción al español, 1976.

su fiesta pensando que el juicio es novelesco y no lo alcanzará; y si sale un poco hacia afuera corriendo asustado, vuelve sus ojos hacia atrás y piensa en lo que va dejando, para volverse estatua de sal. El texto arriba citado, el de Hebreos, «corazón malo de incredulidad para *apartarse* del Dios vivo», nos muestra otro mal de la incredulidad que *aparta al hombre de Dios*. Muchas son las excusas que algunos alumnos dan para dejar la doctrina y no asistir más a los estudios: ciertas circunstancias, el matrimonio, los hijos, el horario del trabajo, la conducta de algún condiscípulo, etc., pero en realidad lo que separa a alguien de Dios y de la iglesia es su incredulidad, las demás causas son secundarias.

Si un alumno se va de la clase y de la iglesia, la enfermedad no es la falta de asistencia sino su incredulidad. En vez de invitarle a que regrese a las reuniones y sentirnos felices porque lo haga, es mejor tratar de establecer una conversación íntima, en la cual nos diga el porqué se ha ausentado y razonar sobre ello hasta convencerle que no existe nada válido, para dejar al Señor, porque detrás de no querer andar más con Él lo que hay es, bien vestida con hojas de higuera, la desnuda incredulidad.

Si podemos sacarlo de su escondite, lo vestiremos con túnicas de pieles y quedará justificado por la fe. Si no lo logramos, al menos quedará sin excusa el hecho de que no ha habido razón para la desobediencia; ni siquiera para darle al mal una sola mordida. Suponiendo que haya segundas causas: que el agua del río Pisón es fría, que el resplandor del oro de la tierra de Havila es demasiado fuerte, cualquier invento, la desobediencia nunca es defendible. No hay ninguna mala obra que dé razón para querer apedrear a Jesucristo. ¿Qué podrá justificar *el mal comportamiento?* Si tiene mal testimonio, ¿cuál es la causa? Su incredulidad. Abandona la vida cristiana, porque está dejando de creer en Cristo. El apóstol Pablo dice en 1 Timoteo 1.13-14: «Habiendo sido yo antes blasfemo, perseguidor e injuriador; mas fui recibido a misericordia porque lo hice por ignorancia, *en incredulidad.* Pero la gracia de nuestro Señor fue más abundante con la fe y el amor que es en Cristo Jesús». Pablo mismo da testimonio sobre su vida pasada y nos dice que su enemistad hacia Cristo y la iglesia se debía a su incredulidad. Cualquiera que sea la clase de pecado a que un alumno se aferre para no convertirse, se agarra a ese porque no cree. Es la fe la que hace que el más empedernido de los pecadores se separe de su iniquidad.

El llamado mal testimonio se debe a la incredulidad. Aunque sea asistente de la iglesia, si lo que se profesa con los labios no se llega a practicar, en realidad no se cree. Los hombres seremos juzgados por nuestras obras: si malas, carencia de fe; si dignas, fe legítima. La fe que no tiene obras buenas es inexistente. En el árbol bueno de la fe cuelgan los dulces frutos de la santificación. Mostrar la fe *sin las obras* es una imposibilidad. Hay quienes pretenden esa imposibilidad.

Regresando al testimonio de Pablo, él dice que actuaba mal empujado por su propia incredulidad, pero también nos informa el porqué era incrédulo: «Su ignorancia». Aunque no siempre cuando la ignorancia se hace desaparecer, la incredulidad cesa. Sin embargo, no pensemos que hay «un mecanismo» para engendrar fe y que siempre que deseemos usarlo, vamos, lo sacamos de un escaparate, empezamos a darle vueltas y ya estamos produciendo fe que sale por un tubo en la fábrica.

Un milagro

Puedes afirmar siempre, sin equivocarte, que la fe es un milagro de Dios obrado por su Palabra en el corazón del alumno. No es algo natural que su pensamiento le produce, no se trata de lo que enseñes y él ponga su fe en esa enseñanza. Está obligado a hacerlo, pero no podrá a menos que la fe *le sea trasmitida* por la gracia. Un milagro total del entendimiento y los sentimientos tiene que efectuarse para que dé su asentimiento total y sin reservas a lo que escuchó. La Biblia por sí sola no engendra fe. Es lo mismo que pasar caminando al lado de ella. Hace falta la asistencia del Espíritu que la inspiró.

Aunque tu clase vaya estudiada, con mucha oración, bien pulida y calentita, todo eso, digo, por sí mismo no produce la fe. El anuncio del evangelio solo no engendra fe. La clase, la predicación, *es un medio*, no la fuente del milagro de la fe. Si por oír el evangelio todos lo creyeran, ¿por qué dice Pablo, citando al profeta: «Mas no todos obedecieron al evangelio; pues Isaías dice: Señor ¿quién *ha creído* a nuestro anuncio?» (Ro 10.16).

La fe «viene» o «sale» por oír la Palabra de Dios (Ro 10.17), o la Palabra de Cristo, como dicen algunos manuscritos. Mira el sentido en que la fe llega. No va del maestro al alumno, viene de Cristo hacia el oyente de la Escritura. El maestro puede tener un corazón lleno de fe, pero no puede trasmitirla. Por supuesto que su clase sería diferente si así pasara. El alumno no la tiene y la pone en lo que oye; no va desde él a la Palabra, no del alumno hacia Cristo. Es de Cristo al alumno y de la Palabra al alumno.

No aceptes la idea de *una fe implícita*. Lo que tienes que hacer es orar para que el Señor, en su misericordia, envíe fe a través de tu enseñanza, a tus queridos alumnos. ¿No sería bueno tener una media hora de oración después de la clase en casa? Este es el tipo de milagro por el cual debieras suspirar continuamente, esperándolo con ansiedad, hasta que ocurra un bendito día en que ellos, contra naturaleza, lleguen a ser creyentes. He querido decir que la fe, como cualquiera de las muchas obras que el Señor hizo sobre el cuerpo y la mente, es un milagro suyo. Dividir el Jordán con una vieja capa, hacer flotar un hacha sobre el agua o volar una piedra de molino por el aire y que un corazón tenga fe es lo mismo, un excepcional milagro del poder divino.

Un regalo precioso

La fe también *es un don de Dios*, un regalo suyo (Ef 2.8-10). Bien claro lo dice el texto: «[...] no de vosotros, pues *es don de Dios*», refiriéndose no sólo a la fe, sino a la salvación completa. El hombre, por naturaleza, no puede tener algo tan maravilloso y agradable a Dios como la fe. No puedes encontrar en él fe natural o implícita porque espiritual y legalmente está declarado como muerto (Ef 2.5). Estamos en la obligación de creer a Dios y por eso el Señor clama: «Arrepentíos y creed al evangelio». Sin embargo, no podemos tenerla, a menos que se opere el milagro de ella en nosotros. Cuando oímos o leemos el evangelio —muchas veces la experiencia nos enseña—, nos damos cuenta que no podemos producir fe a voluntad propia. Es algo que se nos escapa de las manos y no se puede controlar. Escuchar lo que el Señor exige y no poder cumplir nos produce abatimiento, como cuando oímos la Ley y humillados le pedimos al Señor que «nos aumente la fe» o que tenga misericordia y nos conceda el poder creer. Arribamos a ese convencimiento cuando nos hallamos en el mejor estado para que el Señor nos la dé y sin hacer. ¡Cuánto se nos alumbra el entendimiento cuando creemos! Sin embargo, no es un regalo que nos da, y ya lo podemos usar y conservar por nosotros mismos. La fe es aceite que hace brillar la lámpara, pero necesita suministro cotidiano, y este se halla encima y tiene a su lado los olivos de la gracia como en la visión de Zacarías 4. Si el curso de la planta al candelabro se interrumpe, la luz se vuelve mortecina y, finalmente, se queda el objeto con los brazos extendidos hacia arriba y horriblemente apagado.

Fe temporal

En el santuario y en los atrios de Dios hemos visto muchas cosas: viejos candelabros que se quedaron sin combustible, vírgenes muy jóvenes que no tuvieron gracia suplementaria, torres a cuyos dueños no les alcanzaron los recursos para concluirlas, peces que por malos fueron echados de vuelta al mar, misioneros que dejaron la compañía apostólica para ir a Tesalónica amando más el mundo, apóstoles con las entrañas derramadas, escribas eruditos que conocían en la geografía sagrada donde estaba Belén pero no se encontraron con Jesús y otros, viviendo en Jabes, siguieron insensatos.

Eso pasa en algunos que por un tiempo estuvieron acompañándonos y su deserción se debió a su *fe temporal*. Oíd la parábola:

> Estos son asimismo los que fueron sembrados en pedregales: los que cuando han oído la palabra al momento la reciben con gozo; pero no tienen raíz en sí, sino que son de corta duración, porque cuando viene la tribulación o la persecución por causa de la palabra, luego tropiezan. Estos son los que fueron sembrados entre espinos: los que oyen la palabra, pero los afanes de este siglo, y el engaño de las riquezas, y las codicias de otras cosas, entran y ahogan la palabra, y se hace infructuosa (Mc 4.16-19).

Para que no se os vaya el corazón y el entusiasmo con los que nos abandonan, con la absoluta confianza de lo que enseña la Palabra de Dios, veremos que la fe temporal es como un camino que se acaba y termina en un precipicio para caída de puercos; los endemoniados de Gadara, los que solamente fueron lavados sin cambiar por dentro, en el alma, donde se pierden los afectos por el cieno.

Ilusiones de conversión

Hay un tramo en el peregrinar de la salvación, creo que es en el desierto de Sin y cerca de Ezión-geber, que se ven muchos espejismos y un miserable egipcio parece un israelita. En los campos de la Tierra Santa pasa lo mismo y el sembrador espiritual se puede llevar muchas sorpresas.

1. La fe temporal procede de la propia Palabra de Dios. Jesús nos enseñó muy claro que la simiente nació y alcanzó cierta extensión en su existencia.
2. La fe temporal *se manifiesta demasiado pronto*. No toma tiempo para que la Palabra ilumine todo el corazón de la persona. Se decide pronto. Se ha «decidido por Cristo», velozmente, sin darle suficiente tiempo a su Palabra. La fe de un alumno decidido así por Cristo carecerá de una seguridad intelectual necesaria para que permanezca viva siempre. Su fe, en este caso, es mucho más sentimental que intelectual; por eso se dice que al momento la recibe «con gozo». A eso se debe su alegría, euforia, también su risa, su entusiasmo, pero no tienen raíz como dijo el Señor, o lo que es lo mismo una confesión *ignorante* de discipulado.[2]

2. Nuestro Señor más bien recomendó a los que deseaban seguirle que se tomaran bastante tiempo y sobre todo que lo pensaran muy bien antes de hacerlo. En vez de ponerse de pie enseguida y decidirse a seguir a Cristo, lo que Él enseñó fue lo opuesto: que *se sentaran*. «Porque ¿quién de vosotros queriendo edificar una torre no *se sienta primero* y calcula los gastos?» (Lc 14.28). La persona que va a convertirse en discípulo de Cristo tiene que pensarlo bien, no toda la vida, pero pensarlo. Es cierto que algunas personas se toman demasiado tiempo y se sienten enredadas en detalles bíblicos menores cuando debieran salir del juicio que se les acerca con más prisa que Lot de Sodoma, pero de todos modos, es preferible siempre que el alumno sea instruido un poco, que se tome algún tiempo antes que acoja su cruz.

No está bien forzar a nuestros alumnos a que se decidan pronto por Cristo, sin que sepan bien lo que están haciendo. Más bien debemos estar dispuestos a soportar pacientemente sus dudas, sus cegueras, su lentitud. La fe temporal es emotiva e ignorante y no soporta las afllicciones que por causa de la Palabra tiene que soportar. Se le llama fe temporal porque nunca alcanza hasta el final de la vida. La fe tiene amor, tiene candor, por lo tanto, tiene emociones. Su cuerpo no es frío como el de un pescado, pero sin emociones. La Palabra de Dios en el corazón debe tener un efecto resonante. Pero no es lo único. La clase debe ir dirigida a iluminar la mente primero antes que las emociones. Hay quienes dicen que hay que llegar al corazón antes que a la mente, a los sentimientos antes que al intelecto. Eso está invertido. Las emociones deben ser afectadas con lo que nutre el entendimiento. Las lágrimas son siempre bienvenidas si se puede explicar por qué llora, aunque la fe temporal

Hay otras parábolas que nos hablan de esto mismo, de cómo el Reino avanza lentamente en el corazón humano: «La semilla de mostaza, La levadura y la masa» (Mt 13.31-33).

La Biblia enseña que el éxito en la enseñanza no es precisamente el del maestro; su éxito es indirecto; el éxito verdadero es el de la Palabra de Dios. El crecimiento numérico de la clase o la iglesia es una consecuencia del crecimiento de la Palabra de Dios. Por eso se dice: «Y crecía *la palabra del Señor,* y el número de discípulos se multiplicaba grandemente en Jerusalén; también muchos de los sacerdotes obedecían a la fe» (Hch 6.7). El éxito en Jerusalén era el de la Biblia. Algunas veces los maestros y predicadores aceptan alabanzas que corresponden a la Palabra de Dios.

También en 2 Tesalonicenses 3.1 Pablo pide a estos hermanos que oren por él, para que «*la palabra del Señor corra y sea glorificada*». El triunfo, según el apóstol, también dependerá de la Palabra del Señor. Siendo todo eso así, la Palabra del Señor tiene que tomarse su debido tiempo para hacer su trabajo entre los hombres y nuestro único deber es honrarla con nuestra oración y paciencia.

Las palabras de Albert Dod son merecedoras de que se les dé una atenta consideración en relación con este tema: «No nos es difícil entender por qué Mr. Finney presenta el deber del pecador en esta forma. Parece que es más fácil alcanzar por medio de *un solo acto mental* (la sumisión) que está más basada sobre la alegría que sobre el pesar. El Señor, como dice Hebreos, escribe su ley primero *en la mente* y luego en el corazón.

3. Importantísimo es también conocer que la fe temporal *no cambia el fundamento básico de la vida* del hombre, porque aunque provenga de la enseñanza de la Palabra de Dios el alumno sigue atado a la conformidad de vida de este mundo. Nuestro Señor dijo: «Los afanes de este siglo, el engaño de las riquezas, las codicias de otras cosas». En realidad, la persona sigue siendo la misma que era antes de oír la Palabra, sólo que ha *añadido* la Palabra de Dios a su antiguo modo de vida: no reina en su corazón, es algo más pero no el todo, es una esperanza pero no la esperanza de gloria. No ha nacido de nuevo. Si la Palabra de Dios no echa fuera a esos espinos, esos espinos posteriormente la matan.
La Palabra de Dios para este tipo de persona tiene un sentido religioso especial, pero sin tocarle o dejar tocarle el resto de su vida, las íntimas, las secretas, el meollo mismo importante de su existencia. A esta persona le faltó la gracia regeneradora.
¿Qué longitud puede tener la fe temporal? He leído que hay quien afirma que la fe temporal puede llegar hasta el final de la vida de la persona. No dudo que haya excepciones, pero según la parábola indica un desenlace fatal anterior a eso. Salió un instante, como el pez volador, fuera de su ambiente, pero volvió a sumergirse en

algunos otros deberes, y también parece más posible alcanzarla *de inmediato*. Si se invitara al pecador a arrepentirse, parecería que se le quisiera decir que debería dedicar algún tiempo *a pensar en sus pecados*[...] o si se le dijera que creyera en el Señor Jesucristo quizá pensaría que no podría ejercer esta fe hasta que hubiera repasado en su mente las consideraciones adecuadas para mostrarle su condición perdida y lo adecuado del Salvador que se le ofrece» (*El obstáculo al evangelismo*, Ian Murray, pp. 35-36.)

Mi insistencia, más que desechar un método determinado, es llamar la atención al hecho de que la enseñanza programada del evangelio es muy importante y que la prisa en convertir y en hacer cristianos suele por lo general ser opuesta al método de un discipulado bíblico.

caída. En el primer tipo de persona nuestro Maestro dice que «son de corta duración» y, en el segundo, enseña que el estrangulamiento de esa fe temporal ocurre cuando la persona está en pleno apogeo de su vida y por cierto muy activo en eso de codicias y afanes de este mundo. La fe temporal es una mentira que difícilmente puede acompañar toda la vida, tiene que ser cortada o interrumpida su profesión por una visual apostasía y una virtual negación de la Palabra del Señor; bien sea debido al miedo ante el peligro de muerte en la persecución o en algún punto de la vida pacífica y trabajadora.

Una fe temporal que haya durado treinta o cuarenta años y sufrido innumerables vicisitudes es algo muy extraño, por lo que habría que pensar que no se trata de algo temporal y pasajero, sino de una fe genuina y que se le ha concedido la gracia para perseverar. Es cierto que la fe temporal y la salvadora se parecen mucho, pero más en apariencia que en fondo. La calidad entre una y otra varía grandemente: una casi no tiene frutos del Espíritu, o ninguno, y eso se puede descubrir si se saben diferenciar los dones naturales del temperamento de los que provienen de la regeneración.

La fe temporal se asienta mucho más en una confianza carnal que sobre la muerte de Cristo y su resurrección, carece de la potencia transformadora que hace evidente a la genuina.

Aprende estas cosas si el Señor te da entendimiento. No te desalientes porque ocurran algunos abandonos y no te desanimes porque tus enseñanzas no son honradas más como es justo que debieran. El terreno tendría que ser distinto. No es culpa de la semilla sino de los pájaros, de los espinos, de las piedras, de la naturaleza humana, en fin, un milagro que el Creador del mundo haga en la viña del corazón, una corteza distinta. Hay muchas ilusiones de conversión, pero también la gracia nos concede la experiencia de Bernabé cuando llegó a Antioquía, que nuestros ojos se regocijen al verla operando.

11

Nuevo nacimiento

Ese milagro en la tierra, en el alma, que hará que la palabra implantada fructifique se llama *regeneración, nuevo nacimiento, nueva creación o resurrección.* Lo opuesto de nuevo nacimiento no es «non nato» (sin nacer), sino «natural», «muerto». Pasa frente a un ataúd y ordénale al muerto que se peine, que se ate los zapatos. ¿No se reirán de ti porque lo supones dormido y no muerto? Y, por supuesto, te mandarán a salir del cuarto o te enviarán al manicomio más próximo. Pues sé osado y no te dejes amedrentar y vociférale al cadáver que salga de su cajón, se desvista el traje mortuorio, se vista del Señor Jesucristo y regrese al mundo de los vivos. ¿No pensarán que eres un gadareno esquizofrénico? Pues espiritualmente el hombre está muerto, no de un día o dos, ni de cuatro para que hieda, sino desde su cuna. A esos muertos son los que hay que predicarles arrepentimiento, para que dejen sus tumbas y pedirles que abran sus ojos y miren al asta donde está colgado el que fue levantado. Y para esto, ¿quién es suficiente? Tiene que ser el Señor quien dé vida a esos cadáveres primero y luego podrán cumplir con los mandamientos de arrepentirse y creer.[1] La resurrección o regeneración es obligatoria para ser salvos.

Exigencia neotestamentaria

El nuevo nacimiento es una exigencia para la salvación. Tu alumno no puede ser salvo si no nace de nuevo, lo cual consiste, según lo definen los estudiosos, en: «Aquel acto de Dios por medio del cual el principio de la vida nueva queda implantado en el hombre y se hace santa la disposición reinante del alma».

Fue nuestro Señor Jesucristo mismo el que nos habló de la necesidad del nuevo nacimiento, acto imposible de eludir para ser salvo.

En su entrevista privada con Nicodemo dijo: «De cierto, de cierto te digo, que el que no naciere de nuevo no puede ver el reino de Dios» (Jn 3.3). Pienso que en toda la entrevista con

1. Es costumbre en la Escritura casi siempre mencionar primero aquella gracia que está más cerca de nosotros y con la cual tenemos un mayor contacto o la que por su manifestación o fruto hace más evidente aquella que está más distante y parece intangible. Por ejemplo, en 2 Pedro 1.10: «Procurad hacer firme vuestra vocación y elección». La elección, teológicamente va primero que el llamamiento, una ocurre en la eternidad y el otro en el tiempo, pero se sitúa primero porque es a lo que más próximo contacto tenemos.

Otro ejemplo se halla en Marcos 1.15: «Arrepentíos y creed el evangelio». Tanto el Señor como Juan el Bautista comenzaron su ministerio exigiendo primero arrepentimiento y no fe, cuando el uno procede de la otra. Pero es arrepentimiento lo primero que hay que exigir, porque el hombre tiene que salir de su pecado inmediatamente.

Es lo mismo que hace que la Revelación nos declare que el juicio final será llevado a cabo sobre la base de las obras y no de la fe, cuando la salvación no dependió de aquellas, sino de esta. Eso, pienso, se hará por el convencimiento del que es juzgado, porque aun en ese momento pudiera decir: «¿No profetizamos en tu nombre?» Y hará necesario convencerlo de que sus obras eran malas a pesar de todo. También por los que estarán presentes en el juicio, que no tienen forma de penetrar en el fondo del corazón de alguien, pero sí de atestiguar lo que ven por las obras (Mt 7.21-22).

ese hombre y en lo que allí se habló hay suficientes enseñanzas como para poder sacar de ella la mayor parte de nuestra plática sobre esta doctrina, porque no me es posible por el espacio darle forma con buril o martillo a todo el material que nos ofrece el Nuevo Testamento.

De nuevo acentuamos el hecho de que Jesús, el Salvador, a quien Nicodemo llama «Rabí» y que ha venido de Dios como Maestro (3.2), planteó el nuevo nacimiento como un requisito *ineludible* para poder ser salvo (3.5). Cuando nuestro Señor dijo: «*no puede entrar en el reino de Dios*», no estaba refiriéndose al cielo solamente, sino también aquí mismo, a la salvación, a la iglesia.

Nicodemo podría asistir a las reuniones si quería, llegaría cerca del reino, pero no sería parte integral de esa salvación hasta que no fuese implantado en su alma ese principio de vida divina que lo transformaría en otra criatura, en un hombre diferente.

Esta es la puerta de entrada a la iglesia. La salvación comienza ahí, no en otro punto más distante, cuando la persona es admitida por el bautismo a la membresía. Es una obra enteramente sobrenatural a cargo de la Tercera Persona de la divinidad.

Una obra del Espíritu Santo

Nuestro Señor habiéndole exigido a Nicodemo en Juan 3.3 el nuevo nacimiento: «De cierto, de cierto te digo, que el que no naciere de nuevo, no puede ver el reino de Dios», en el versículo 5, le señala ese proceso: «De cierto, de cierto te digo, que el que no naciere de agua *y del Espíritu*, no puede entrar en el reino de Dios». El autor es el Espíritu. Era bueno que hiciera esa aclaración para que este fariseo no tuviera una idea equivocada. Nosotros también debemos asegurarnos cómo es el procedimiento para no equivocarnos al distinguirlo. Nicodemo pensó en un nuevo nacimiento *biológico*. «Nicodemo le dijo: ¿Cómo puede un hombre nacer siendo viejo? ¿Puede acaso entrar por segunda vez en el vientre de su madre y nacer?» (3.4). Pero ese nuevo nacimiento es imposible y sus palabras nos parecen insensatas o burlonas. ¿Crees tú que una persona normal pudiera imaginar un retroceso de nuevo y volverse feto? Las palabras de John F. MacArthur Jr., pueden colocarse aquí: «Nicodemo no estaba hablando en términos literales. Debemos concederle el crédito que era un hombre de sentido común. Seguramente que no sería tan insensato de pensar que aquí Cristo estaba refiriéndose a la necesidad de regresar al vientre de la madre y luego volver a nacer. Siendo un Maestro, conocía bien el método rabínico sobre la enseñanza espiritual y simbólica; Él meramente lo que estaba haciendo era evadir el simbolismo. Lo que en realidad quería decir era: "No puedo comenzar de nuevo ya es demasiado tarde. He ido demasiado lejos en mi sistema religioso para volver a comenzar por el principio. No hay esperanza para mí si tengo que comenzar por el principio"».[2]

Ni Nicodemo ni ningún otro podría aceptar la posibilidad de un nacimiento biológico. Pensar en un segundo nacimiento natural es algo descabellado, ni siquiera un rejuvenecimiento. Si eso vislumbraba el anciano de Israel, estaba en lo cierto, el nuevo nacimiento no es un retroceso biológico, somático, involutivo, natural, *se halla al margen de las leyes naturales de concepción,*

2. John F. MacArthur Jr., *The Gospel According to Jesus* [El evangelio de acuerdo a Jesús], Zondervan,1988, p .40. Dice MacArthur en la p. 37: «La gracia barata y la fe fácil de un evangelio torcido está arruinando la pureza de la iglesia. El suavizamiento del mensaje del Nuevo Testamento ha traído un putrefacto inclusivismo, lo cual de hecho ve casi cualquier positiva respuesta a Jesús como un equivalente de la fe salvadora. El evangelio proclamado por Jesús no sustentaba tal clase de engaño. Desde los tiempos que Él comenzó su ministerio público, rechazó la rápida, fácil o superficial respuesta a su llamamiento. Rechazó más prospectos que los que ganó, rehusando proclamar un mensaje que diera a todo el mundo una falsa esperanza. Sus palabras siempre iban dirigidas a las necesidades del individuo, nunca fallaba en descubrir la autojusticia de los que le preguntaban, develando sus motivos erróneos o avisar sobre la existencia de una fe falsa o una superficial entrega».

Pudiera ser que el lector esté o no de acuerdo con ese planteamiento, pero podemos pensar que si la generalización fuera exagerada, en muchos conocidos casos es bastante cierta.

fecundación o procreación. La persona que nace de nuevo, biológicamente queda intacta. Si es un anciano continúa siéndolo, su piel arrugada no se le estira, sus años no disminuyen, sus huesos siguen calcificándose y sus enfermedades no desaparecen, puede decirse que el hombre exterior no es tocado; el comienzo de la vida cristiana no es un milagro físico y aunque haya alguno, no tiene la conexión necesaria con la regeneración.

Jesús afirma que el nuevo nacimiento es *espiritual*, que no se trata de un proceso de involución física, ni siquiera de involución mental, sino de origen netamente espiritual. La memoria no es borrada, no se queda como una página en blanco, más bien se activa hacia el recuerdo.

Ahora, para ti maestro, todo esto es importante por algunas razones:

Aplicación práctica 1:
Tú no lo produces

Jesús dijo: «A los que creen en su nombre, les dio potestad de ser hechos hijos de Dios; los cuales no son engendrados de sangre, ni de voluntad de carne, ni de voluntad de varón, sino de Dios» (1 Jn 1.12). Es el Espíritu Santo el que engendra de nuevo a una persona, es una operación suya y de nadie más, Él sólo la empieza y Él sólo la completa. Como se dice por boca de Pablo: «Estando persuadido de esto, que el que comenzó en vosotros la buena obra [Dios] la perfeccionará hasta el día de Jesucristo» (Flp 1.6). Y: «Habiendo *comenzado por el Espíritu*» (Gl 3.3).

La regeneración es un milagro de resurrección. En Efesios 1.19-20 leemos: «Y cuál la supereminente grandeza de su poder para con nosotros los que creemos, *según la operación del poder* de su fuerza, la cual operó en Cristo, resucitándole de los muertos y sentándole a su diestra en los lugares celestiales». El alumno no cree por disposición congénita suya, no por una agresiva disposición del ánimo, sino porque es resucitado con el mismo poder que alzó a Cristo de entre los muertos y lo llevó al cielo. Quizás ese sea el significado un poco distante de las palabras que nos sitúan también a nosotros en ese mismo lugar, «en los lugares celestiales», porque aunque estamos como representados por Cristo en el cielo, aquí sobre la tierra estamos viviendo en los lugares celestiales, que no tienen que ver únicamente con estados anímicos y de felicidad, sino de regeneración y resurrección. Cuando un alumno es resucitado, ya vive en un estado celestial.

Si nosotros mismos hemos sido resucitados por el poder de resurrección de Dios, ¿cómo un alumno por sí mismo o nosotros podremos hacerlo en lugar de Dios sin caer en falsificación?

Atendiendo a que la regeneración es una resurrección espiritual se sigue entonces que el receptáculo de ella, el alumno, mientras dura el proceso *permanece pasivo*, sujeto enteramente a la piedad de Dios. ¿Estuvo activa María cuando el Espíritu Santo la cubrió con su sombra engendrando su Santo Hijo? ¿Está activo un muerto cuando lo resucitan? El alumno estará activo en su conversión, pero no en su nuevo nacimiento. Hasta tanto sus facultades no sean renovadas, su conciencia despertada, su corazón cambiado, él sigue muerto. ¡Cuánto no debemos orar y esperar los maestros para que un alumno llegue a ser cristiano! Eso no quiere decir que les vamos a decir a los alumnos que se sienten sobre una piedra en el patio de sus casas y que esperen tranquilos allí hasta que Dios los visite con la regeneración. Eso no implica que ellos sean máquinas, autómatas o algo por el estilo. Estamos hablando de lo que el Señor hace por misericordia. Aunque ellos estén «muertos en delitos y pecados», nosotros seguiremos clamándoles en sus oídos que se arrepientan y busquen al Señor. La doctrina se explica así para conocimiento de uno, no para promover la pasividad y alentar la falta de responsabilidad espiritual en nadie. En el arrepentimiento o conversión el hombre participa. Si se explica lo que es la regeneración, la conversión o abandono del pecado tiene que ser exigida, un camino diferente tiene que ser tomado.

Paralelo a esta idea se halla el significado de *nueva creación* que se usa en el Nuevo Testamento para hablar de la regeneración. Categóricamente el apóstol Pablo enseña que lo único que vale es la nueva creación, el nuevo nacimiento; no sirven para nada las ceremonias ni otras cosas: «Porque en Cristo Jesús ni la circuncisión *vale nada* ni la incircuncisión, sino una *nueva creación*» (Gl 6.15). Si Pablo dice que fuera de esa nueva creación nada vale, ¿quién se engañaría admitiendo por ella una invención, un rito, una ceremonia, una profesión, una emoción, una lágrima? No podemos pedir, por el bien de nuestros alumnos, ni un punto menos, jamás dejar de ser exigentes en eso, para que no descansen hasta que lo tengan. Tienen que nacer de nuevo, dijo Jesús, y tienen que nacer de nuevo para que sean salvos.

Los que ya son salvos, cuando nos oigan hablar de la regeneración, se llenarán de agradecimiento al Señor. Instémoslos a que le alaben por su misericordia y a que oren por sus amigos y familiares inconversos.

Pablo en otro sitio compara la nueva creación espiritual con la propia creación del mundo: «Porque Dios, que mandó que de las tinieblas resplandeciese la luz, es el que resplandeció en nuestros corazones, para iluminación del conocimiento de la gloria de Dios en la faz de Jesucristo» (2 Co 4.6). Es Dios y no un ángel ni algún otro asociado el que tiene autoridad para ordenar la creación de esa luz salvadora. ¿No haremos siempre más que implorarle?

Aplicación práctica 2:
El nuevo nacimiento nos sugiere también que el principio de la vida cristiana consiste *en una procreación, en una fecundación espiritual*

Para nuestros días como los de antaño, esa verdad debe estar presente, ya que muchos maestros se presentan como intrusos y pretenciosos cooperadores en la cópula entre Dios y el alma humana.

La Biblia enseña que la Iglesia es la esposa de Cristo: «Porque os celo con celo de Dios; pues os he desposado con un solo esposo, para presentaros como una virgen pura a Cristo» (2 Co 11.2). Si es *una virgen pura*, por mucho que sea nuestro celo como instrumentos de ese enlace matrimonial, nuestra responsabilidad cesa cuando el esposo va a engendrar sus hijos. Nadie debe estar entre el Espíritu Santo y el alma en el momento de la procreación. Es asunto privado, íntimo, es una cámara nupcial.

Permíteme por favor que te diga algo sobre «la decisión» que tienen que hacer por Cristo. Háblale al alumno inconverso acerca de esta decisión, de que tiene que servir a Cristo lo antes posible. Debe ser una decisión estando solo con Él. Debes orientarlo, indicarle el camino, llenarle el corazón de la Palabra de Dios, pero dejarlo solo por un tiempo en la presencia de Dios. Si le das voces de ayuda, que sea para el parto. Los que ya son cristianos pueden ver cuánta ternura ha tenido Dios al engendrarnos por su voluntad, al crearnos a su imagen gloriosa en Cristo y cómo siempre debemos permanecer en esa relación íntima con Él en la cámara de la oración y en nuestros aposentos privados con la puerta cerrada. Nunca, por favor, confundas una decisión con la regeneración, no trates de regenerarlos pidiéndoles un externo asentimiento.

Aplicación práctica 3
Hay otra cosa importante para ayudar a disipar el error de Nicodemo: *El resultado del nuevo nacimiento, «espíritu es» (3.6)*

Suponiendo que alguien retrocediese todos sus años y volviese a convertirse en un embrión, y así de nuevo volviera a este mundo, ¿entraría a la salvación? No. ¿Por qué? Porque no se habría hecho una persona espiritual. Se habría convertido en joven, en niño, en embrión, pero al regresar a este mundo seguiría siendo carnal, terrenal. Una criatura de Dios, pero no un hijo suyo. Pertenecería enteramente a este mundo, no a un reino espiritual.

Espiritual es la persona que ha nacido de nuevo: «Vosotros que *sois espirituales*» (Gl 6.1), no porque nazca de padres cristianos, no porque se retire a ejercicios llamados espirituales. Es espiritual si ha nacido del Espíritu, *si su alma se une en un enlace de amor con el Señor*. «¿O no sabéis que el que se une con una ramera, es un cuerpo con ella? Porque dice: Los dos serán una sola carne. Pero el que se une al Señor, *un espíritu es con Él*» (2

Co 6.16-17). El Espíritu Santo lo une espiritualmente a Cristo, le implanta la simiente de la nueva vida, lo conduce al arrepentimiento y lo hace un espíritu en comunión con Él mismo.

Cuando un alumno nace de nuevo o del Espíritu, no recibe una infusión de sustancia divina. Lo que recibe es *la presencia del Espíritu Santo* en su cuerpo y se le llama hijo de Dios o nacido de nuevo por la presencia del Espíritu de Cristo en él; de modo que desde ese momento tiene a Cristo viviendo su vida en él y resulta una persona espiritualmente nueva.

Una característica de esa nueva vida es que *es limpia*. Cuando Jesús dice: *«agua y del Espíritu»*, no se refiere al bautismo, sino a una forma doble de enfatizar lo mismo; pero no como en otro lugar que asocia el Espíritu al fuego, indicando fervor, ardor, juicio; aquí indica limpieza porque lo asocia *al agua*. El nuevo nacimiento tiene el mismo efecto de un aseo espiritual. El agua significa limpieza, pero el agua y la Palabra son una misma cosa: Pedro le dijo:

> No me lavarás los pies jamás. Jesús le respondió: Si no te lavare, no tendrás parte conmigo. Le dijo Simón Pedro: Señor, no sólo mis pies, sino también las manos y la cabeza. Jesús le dijo: El que está lavado, no necesita sino lavarse los pies, pues está todo limpio; y vosotros limpios estáis, aunque no todos. Porque sabía quién le iba a entregar; por eso dijo: No estáis limpios todos (Jn 13.8-11).

El Señor, mientras lavaba los pies de los discípulos, comparó el uso del agua a la regeneración. Y si alguien, como Judas, no es regenerado, cualquier otro rito religioso de purificación carece de valor. Esa misma idea se halla en Ezequiel 36.25-26.

Sin desligarnos del hecho de que el Espíritu Santo efectúa su obra sin medios, sino personalmente, siempre impresiona al alma por medio de la Palabra. Sería algo muy extraño que Él regenerara a alguien sin ella porque, ¿cómo podría producirle fe y convicción? Tu tarea es, pues, presentar la Palabra y que el Espíritu la use, porque ni siquiera sola puede lograr el nuevo nacimiento, sino por la virtud de Dios que halla a bien usarla.

El que ha nacido de nuevo queda moralmente limpio. Un hijo del Espíritu es santo. No es posible saber todo lo que ocurre en el nuevo nacimiento, porque es un proceso de fecundación privada, pero el hijo que es engendrado tiene *una vida pública* que lo evidencia moralmente. Si un alumno ha quedado moralmente estancado en la carne, no ha nacido del Espíritu, santidad es lo que debemos buscar enseguida para saber si un alumno ha entrado al reino de la salvación. Por favor, asociemos siempre el nuevo nacimiento a las prácticas puras.

Aplicación práctica 4
Jesús revela la existencia del nuevo nacimiento, *pero lo deja como un misterio:*

«El viento sopla de donde quiere, y oyes su sonido; *mas ni sabes de dónde viene ni a dónde va*; así es todo aquel que es nacido del Espíritu» (Jn 3.8). Compara el Espíritu Santo, en sus operaciones divinas, al giro del viento, que se puede *oír* que sopla. Excepto en el día de Pentecostés cuando el Espíritu se anunció en forma de potente viento, no lo volvió a hacer más; luego supieron que había bajado sobre ellos, porque «le oían hablar en lenguas».

Nuestro Señor dijo que se ignoraban los movimientos del viento, *su origen y destino*. Gran parte de lo que Dios hace en el alma sigue siendo un secreto para nosotros, aun para la persona misma que lo recibe. De esto deducimos que por mucho empeño que se preste, la regeneración o salvación no halla una explicación racional satisfactoria. Nuestro Señor dijo que se trataba de una operación terrenal porque la ponía Dios ante nuestros propios ojos aquí en la tierra. Un milagro que se produce ante nuestra vista y que aun así permanece en gran parte incognoscible, pero con suficiente evidencia como para adjudicarlo al Señor y darle crédito. ¿Qué importa que sea un misterio si lo disfrutamos? ¡Que el Señor bendiga nuestras clases y que quienes han nacido de nuevo magnifiquen a Dios por lo que les ha concedido, y aquellos visitantes que van llegando hallen misericordia de Él en aquel día!

12

La justificación

Dios no hace las cosas por gusto, sino con algún propósito. Si concede su Santo Espíritu para la regeneración y luego conduce al alumno al arrepentimiento y le da fe en Jesucristo, para algo es, ¿no?

Aquí en este lugar donde vivimos no vemos muchos gatos ni perros callejeros. Las autoridades sanitarias no lo permiten, el duro invierno tampoco; además, esos animales valen una fortuna. Se podría hacer un viaje de turismo a la bella España con lo que valen un par de gatos. Lo que sí vemos en las calles son muchas ardillas. Esos traviesos animalitos arriesgan la vida constantemente cruzando las avenidas en cualquier dirección. Cuando vamos conduciendo el automóvil, atraviesan la calle sin mirar para ningún lado y, aunque se trate de frenar, las ardillas no atinan casi nunca lo correcto. A diario, a la hora de más tráfico, encuentro con pena a alguna de ellas muerta, tendida en la vía pública. Esta mañana iban dos, casi de brazos, por la senda verde cuando se dispusieron a cruzar. Como las alcancé a ver desde lejos, aminoré la marcha de mi vehículo. La más sagaz cruzó raudamente la vía; la otra, lo intentó, pero retrocedió espantada y se subió a la acera mientras yo pasaba. La pude ver de cerca, apoyada sobre sus patitas traseras y sus dos manitas sobre el pecho mirando a su lejana compañera. La expresión, casi sonriente, de su alargada cara era muy significativa; parecía decirle a la otra con su mirada: «¡Madre mía, de la que te escapaste!» Pensando en eso continué mi viaje, contento de no haberlas atropellado.

Cuando un pecador cree en Cristo y es justificado, cualquiera de nosotros, sus compañeros, pudiéramos ponernos las manos en el pecho y orar diciendo: «¡Señor mío, de la que se ha escapado!» Sonreímos alegres cuando eso pasa.

Estamos muy relacionados *objetivamente* con la obra de Dios, quiero decir, con aquella parte de la salvación que se ejecuta en nosotros y que el Espíritu opera, tal como el arrepentimiento y la fe. Pero hay otro aspecto de la salvación que no tiene lugar dentro nuestro sino afuera, aunque nos concierne igual y enormemente. Cuando un alumno cree en Cristo se escapa de la condenación, es declarado absuelto, inocente y tenido por justo.

¿Qué es la justificación?

Es un acto judicial de Dios, mediante el cual Él declara, sobre la base de la justicia de Jesucristo, que todas las demandas de la Ley están satisfechas con respecto al pecador. ¿No te salta el corazón de alegría y amor por esa buena nueva?

Con eso en mente te darás cuenta que la salvación tiene un modo más amplio que el visual y por ende sabrás que todo no consiste en un cambio moral en tus alumnos. Por importante que sea la regeneración, la justificación no es menos. Ocurre cuando el alumno llega a creer en Cristo, cuando ejercita la fe que ha tenido durante su convicción y la pone en la cruz de Cristo. Al pasar eso ha sucedido en él *un cambio legal*.

Ser cristiano no es sólo ser transformado, sino también *ser perdonado* de un modo más que fraternal. Dios nos perdona como Padre *después* que nos ha engendrado por su Palabra y por mediación de su Espíritu; nos perdona *judicialmente*, como un Juez que firma *una declaración de inocencia*, para la conmutación legal de una pena, la suspensión de una sentencia, una eterna absolución.

Estáte seguro cuando estés iniciando a un alumno en el camino de la salvación, que su condición legal ante Dios sea una de las primeras informaciones que reciba.

Delitos y pecados

Delito y crimen

Algunas veces cuando me he encontrado a una persona, en clase o fuera de ella, que insiste que hace buenas obras, que no daña con su actitud a nadie y, por ende, me ha preguntado: «¿De qué tengo que salvarme?», le he hablado de la justificación por la fe en oposición a las obras, he procurado demostrarle que uno nace en un estado de condenación y, en el supuesto que nunca hubiera hecho ninguna falta, lo cual no es posible, para ser salvo tiene que cambiar ese estado de perdición por uno de absolución y de gracia. Generalmente se confunden mucho cuando se les habla de estas cosas, y algunos no entienden.

La justificación es un acto legal por el cual somos declarados inocentes por medio de la muerte de Cristo.

Cuando sea oportuno enseñar la justificación, hay que enfocar el pecado de modo *jurídico*, quiero decir que se trata de *un delito*. «Y Él os dio vida a vosotros cuando estabais muertos en vuestros *delitos* y pecados» (Ef 2.1). El pecador no sólo está espiritualmente muerto sino también legalmente. Es lo mismo que *una infracción:* «Todo aquel que comete pecado, *infringe* también la ley; pues el pecado es *infracción de la ley*» (1 Jn 3.4).

Hay maestros que son tan cariñosos que apenas se atreven a enfocar el pecado de este modo y lo llaman, para no molestar a ninguno, «error», «falta», como algo que es perjudicial para la propia criatura o para la sociedad.

Eso es parte de la verdad; son efectos secundarios del pecar. El pecado debe ser mirado primero en su relación con Dios y no con el pecador mismo o con su prójimo. Aunque David pecó contra Urías el hitita y contra Betsabé, lamentándose dijo en oración: «Contra ti, contra ti solo he pecado, y he hecho lo malo delante de tus ojos» (Sal 51.4). El enfoque primario es en relación con la ley divina, o sea con la Biblia. Estrictamente, como lo definen nuestros antiguos teólogos, es una carencia de conformidad con la ley de Dios.

El alumno debe estar consciente que lo que se le enseña no es para que sepa más acerca de Dios o de la Biblia, sino para que peque menos, para que no peque, porque el pecado es un delito, un crimen contra Dios.

La ley y el evangelio

El concepto de infracción de la justicia perfecta de Dios debe estar siempre presente en nuestra mente si queremos tender hacia la justificación. Esta es la función de la enseñanza de la ley cuando se enseña junto con el evangelio. Nuestro Señor Jesús enseñó que su palabra tenía una función jurídica: «Al que oye mis palabras, y no las guarda, yo no le juzgo; porque no he venido a juzgar al mundo, sino a salvar al mundo. El que me rechaza, y no recibe mis palabras, tiene quien le juzgue; *la palabra que he hablado, ella le juzgará en el día postrero*» (Jn 12.47-48). Y eso porque seremos confrontados algún día con esa ley escrita.

El autor de Hebreos dice: «Porque la Palabra de Dios es viva y eficaz, y más cortante que toda espada de dos filos; y penetra hasta *partir* el alma y el espíritu, las coyunturas y los tuétanos, y *discierne* los pensamientos y las intenciones del corazón» (Heb 4.12). La espada, hasta donde mi entendimiento me dice, es un arma para justicia, por eso Pablo en otro lugar aclara que: «No en vano lleva la espada [el magistrado, para que teman los malos] pues es servidor de Dios» (Ro 13.4).

Todo lo que ahí se describe son los efectos de convicción de pecado que ejecuta la Palabra de Dios, tanto cuando salva al impío como cuando bendice al creyente. Y lo que estoy tratando de demostrar es que la Palabra de Dios, al ser predicada o enseñada por un maestro, halla siempre una labor judicial que realizar. No va dirigida para pegarle al pecador, ofenderlo en el término humano de la palabra, sino para hacerle ver que tiene que reconciliarse con Dios. En ese sentido ella juzga, sirve de espejo, como dice Santiago, y hace que uno se mire con exactitud.

El mismo apóstol Pablo nos revela que no se hubiera percatado jamás de lo que era el pecado, si no se le hubiera enseñado la Escritura como la ley de Dios: «¿Qué diremos, pues? ¿La ley es pecado? En ninguna manera. Pero yo no conocí el pecado *si no por la ley*» (Ro 7.7). Con todo y útil que es, no sólo la ley vamos a enseñar, porque si uno hace sólo eso puede nada más que desesperar, angustiar, inquietar la conciencia sin dejarle una buena nueva de salvación. Ley con gracia es el compuesto para curar de pecado a una persona. La ley lo convence y el evangelio le da la esperanza. «Con misericordia y verdad se corrige el pecado (Pr 16.6)».

Pero como una observación para tener en cuenta, acuérdate que el Nuevo Testamento es propiedad de Dios para la Iglesia. En él también el Señor se dirige a los inconversos, pero es especialmente un libro para los creyentes. Por ese motivo hay que ser honestos y tener cuidado no repartir sus consolaciones a los que no están en Cristo y sus gracias a los que no poseen el Espíritu. El bendito tesoro que hay en sus páginas es dado para el que pueda tomarlo con la mano de su fe. Esa soberbia abundancia ha hecho que haya maestros que ofrezcan sus riquezas, dadas para los hijos de Dios, a los hijos de las tinieblas, como si ellos ya lo fueran también, sin percatarse que los santos varones que escribieron tales cosas no les hablarían de esa forma a personas inconversas.

Estos instructores de buena voluntad hablan a los impíos de las consolaciones en Cristo cuando sufren, sin entender que no están sufriendo por causa de la cruz, sino como consecuencia justa de sus desafueros y pecados; hablan de la esperanza, de la ciudadanía celestial, de la ganancia de estar junto a Cristo, olvidando que sus oyentes aún están: «[...] *sin Cristo*, alejados de la ciudadanía de Israel y ajenos a los pactos de la promesa (Ef 2.12-13).

Nuestro fin no es quitarle la esperanza a nadie, ni herirlo constantemente con los rayos del Sinaí cuando hay un Calvario tan precioso. Pero, precisamente por eso, al hablar de la esperanza que hay en la muerte de Cristo, hay que descubrir que ella no fue una mera ejecución romana, sino el cumplimiento de la ley divina por los pecados de los hombres y que ellos, sin duda, tienen una connotación legal. Esa parte legal de nuestra salvación, llamada justificación, la adquirimos cuando por fe aceptamos el sacrificio de Jesucristo.

Justificación para salvación

La muerte física

Desde tiempos antiguos esta ha sido la preocupación espiritual mayor que el hombre ha tenido y constantemente se ha preguntado: *¿Cómo me justificaré de mis pecados? (Job 9.2).*

Job se preguntaba cómo era que podía ser justificado de las violaciones que había hecho a la ley divina. En otras palabras, lo que estaba tratando era de investigar de qué modo podía *ser absuelto* de esos delitos.

La paga del pecado *es muerte*. Si leemos en Romanos 5.17-21 aprendemos que la causa por la que los hombres mueren es la transgresión a la ley divina. Ese primer hombre de que habla Pablo aquí es Adán. Dios advirtió a Adán que el día que pecara moriría. Muerte, pero en el sentido más amplio que pueda entenderse. Muerte física y muerte espiritual.

Pero la Biblia no enseña que la muerte física sea la única pena que Dios imputa a los pecadores. Es una parte, pero no toda. Es la parte de la condenación *que vemos* y con la cual lamentablemente estamos familiarizados. No es una sentencia pequeña, es la eliminación de nuestro ser. Es la extinción. Reducirse a nada. Volver a la tierra, ser tragado por ella. Perder todos los privilegios de haber sido creado. El señorío sobre la creación, la imagen de Dios, la relación con Él. La muerte física es un golpe muy duro que Dios nos da. No existir después de haber existido y saberlo es una condenación rígida. ¡Oh muerte, qué grande es tu aguijón! ¡Qué duro es el golpe tuyo! Pero no es sólo muerte física porque:

1. La Biblia enseña que tras la muerte no todo se acaba. Dice que después de morir *viene el juicio:* «Está establecido para los hombres que mueran una sola vez y después el juicio» (Heb 9.27). Eso es precisamente un aspecto que revela que la condenación por el pecado es más que la muerte física, el juicio. Fíjate que si la sentencia fuera nada más que morir e ir al polvo no hablaría de otro juicio. Pablo dice: «Porque es necesario que todos nosotros comparezcamos ante el tribunal de Cristo, para que cada uno reciba según lo que haya hecho mientras estaba en el cuerpo, sea bueno o sea malo» (2 Co 5.10). Si la muerte física es la única condenación, no hace falta comparecer ante el tribunal de Cristo, porque ya la persona ha muerto. Ya tiene toda la sentencia.

2. Pero la muerte física *no es toda la sentencia.* Si cada uno ha de recibir por lo bueno y por lo malo. La condenación es de otra índole. Es eterna.
   La muerte física no es toda la condenación, *porque mueren los justificados*. Vemos morir a los cristianos. Algunas veces mueren mucho antes que los impíos. Si los que son justificados mueren y la paga del pecado sólo es muerte física, la doctrina de la muerte física exclusivamente *se opone a la doctrina de la justificación*. Y eso, porque ya están siendo ejecutadas personas declaradas inocentes por Dios. Si la muerte física es el único castigo por el pecado, *la condenación muchas veces es injusta,* porque a veces mueren cristianos antes que impíos, quienes continúan en la tierra.
   Los hombres tienen que ser justificados de sus pecados o enfrentar la condenación del *fuego eterno preparado para el diablo y sus ángeles* y ser *echados en el lago de azufre*, ser comidos eternamente por *el gusano que nunca muere*.

La obediencia

La pregunta de Job: «¿Cómo se justificará el hombre?», Pablo la responde, *por la justicia de Cristo:* «De la misma manera por la justicia de uno vino a todos los hombres la justificación de vida. Porque así como por la desobediencia de un hombre los muchos fueron constituidos pecadores, así también por la obediencia de uno, los muchos serán constituidos justos» (Ro 5.18-19).

Fíjate que la salvación es por medio de una justicia ajena. Ninguna persona, por excelente que sea, puede justificarse por lo que ella es. Dios no acepta la justificación propia. El hombre no nace, ni puede por sí mismo ser justificado. No es por su obediencia.

No es que su obediencia sea insignificante, es importante para el testimonio, pero es muy poco para salvarse. Es la obediencia de Cristo lo que justifica al pecador. Cristo vivió para ellos. Cristo cumplió la ley por ellos. La vida de Cristo sin mácula fue para ellos. Vivió ajustándose a la ley de Dios para ellos. No pecó para ellos. El fin de la ley es Cristo.

Si alguno quiere salvarse por algún acto bueno, atribuyéndose algún mérito, eso equivaldría a menospreciar alguna parte de la obediencia de Cristo. Él ganó nuestra justificación. Nuestra salvación.

La justificación la recibe el pecador *por gracia*. Cristo no vivió de ese modo porque se lo pidió alguien. No se pueden comprar sus favores. No se puede trabajar para la justificación. Y *se recibe por medio de la fe*. No es por nuestra obediencia. No es por nuestras obras. Es por la fe. Por creerle. Cuando nos reconocemos llenos de faltas. Cuando nos damos cuenta que violamos su ley. Cuando no podemos evitar pecar. Cuando nuestra obediencia falla. Entonces creemos a Dios, aceptamos la obediencia de Cristo en lugar de la nuestra, aceptamos su sentencia de muerte por nosotros, le creemos y le amamos y de ese modo, por fe solamente llegamos a ser justos, porque se nos inviste con la obediencia de Jesucristo, se nos reviste de Él y a Él de nuestras ropas viles.

La justificación es una gran necesidad porque la ley divina demanda castigo por el pecado. Si Dios quiere perdonar al hombre y salvarlo de la ejecución de su propia justicia, tiene que propiciar el cumplimiento de esa ley, que la sentencia se ejecute, que alguien la reciba. Dios que puso la ley, que impone el castigo, también nos da la solución: Jesucristo; así pues la salvación es una obra suya y se nos ofrece gratuitamente, porque el mismo que puso la demanda propició su cumplimiento. ¡Cuánto favor le debemos al amor de Dios en Cristo!

Abel

He escogido un caso, bien primitivo; el de uno de los primeros hombres en la historia de la humanidad que entendió lo que era la justificación de los pecados y se aprovechó de ella: *Abel.*

La Biblia es bondadosa al decirnos que este hijo de Adán fue justificado, que alcanzó la salvación. Eso nadie lo duda y todos nos regocijamos. Pienso que quizás lo que pueda decir de él te ayude a explicar esta doctrina.

Tendremos que irnos al Nuevo Testamento. En él la justificación por la fe está mucho más clara que en el Antiguo. En Hebreos 11.4 dice: «Por la fe Abel ofreció a Dios más excelente sacrificio que Caín, por lo cual alcanzó testimonio de que era justo, dando Dios testimonio de sus ofrendas; y muerto, aún habla por ella». Prueba que antes que hacer está el ser, que las obras son frutos secundarios.

La persona y las obras

Fíjate primero que el sacrificio de Abel fue aceptado por Dios; probablemente descendió fuego del cielo y lo consumió, entre tanto, el de Caín, se quedó allí ante el altar, frío, desechado, ofrecido pero no aceptado.

¿No nos enseña eso que porque ofrezcamos a Dios un sacrificio no necesariamente tiene que aceptarlo? Se puede quedar sobre el altar. Puede quedarse en nuestros labios. En el templo. En la cinta grabada. En nuestros oídos fascinados. Pero no haber sido siquiera tocado por Dios.

Eso es importante, que Dios acepte nuestro sacrificio porque si lo acepta, *acepta nuestra persona* y si lo rechaza, *rechaza nuestra persona.* Leamos Génesis 4.1-7 donde se nos da la historia. Nota que Dios miró con agrado primero a *Abel y a su ofrenda* y no miró con agrado a *Caín y a su ofrenda.* De eso podemos deducir que el Señor no acepta ningún sacrificio, por excelente y pulido que se le dé, si no acepta a la persona que lo ofrece. Dios no separa lo que le damos de lo que somos. Si alguno quiere agradar a Dios, si quiere ser recibido por Él, debe pensar en eso. No quiere decir que acepta nuestro sacrificio por nosotros mismos. Dios nos acepta por el sacrificio de Cristo.

Excelente persona, excelentes obras

¿Y por qué aceptó sus sacrificios? Hebreos nos dice, porque *era más excelente.* La idea en algunos manuscritos era que fue un sacrificio «más grande», atribuyendo el asunto a la cantidad. Tal pareciera que Caín ofreció poco. Lo menos que pudo. Tenía para dar más, pero dio menos. ¿No pasó lo mismo con Ananías y Safira que pudiendo dar más de su dinero dieron menos? ¿No pasaba así mismo con aquellos fariseos que Jesús observó ofrendar que lo hacían de lo que *les sobraba*? (Mc 12.44). Pero eso es una interpretación y no la única que se pudiera dar.

Otros intérpretes atribuyen la excelencia, no a la cantidad, sino a la calidad. Al sacrificio de Caín le faltaba algo. No era el montón. Pesaba lo mismo que el de Abel. Era del mismo tamaño que el de él. Pero no tenía la misma calidad. Era inferior, barato. Le había costado casi nada, poco. Hagámonos unas preguntas aunque queden un poco fuera del hilo. ¿Podríamos calificar esta clase del mismo modo? ¿Tendrá la calidad que podíamos haberle dado? Va a ser del mismo tamaño que las otras, pero, ¿la aceptará el Señor? ¿Hemos procurado que sea *excelente*? Una clase, un sermón, puede durar el mismo tiempo, incluso más que otros, pero, ¿es excelente? El apóstol Pedro nos enseña que nosotros ofrecemos sacrificios a Dios, no por nuestros pecados, sino como alabanza a su voluntad (1 P 2.5). Recuerda bien todo eso para ti mismo, tú eres más importante para Dios que lo que haces y tienes el privilegio de poder ofrecer sacrificios espirituales al Señor. Lo que los gentiles sacrifican lo hacen a los demonios (1 Co 10.21). Los gentiles tienen primero que ser santificados por el Espíritu Santo, antes que sus obras sean aceptadas (Ro 15.16).

Ese fue el juicio que Dios clavó en el corazón de Caín, le dijo: «Si bien hicieres, ¿no serás enaltecido?» (Gn 4.7). El Señor juzgó *las obras* de los dos. No había hecho bien Caín y Abel sí había hecho bien.

Eso está de acuerdo al método que el Señor usará siempre en sus juicios, las obras, no la fe. Su sacrificio era excelente por algo, porque era justo. Eso es lo que dice el texto. Alcanzó ese testimonio porque *ya lo era*. En aquella ofrenda alcanzó el testimonio, no más. Se hizo manifiesto por la respuesta que tuvo. No fue que por aquella obra alcanzase la justicia. No que se la ganara. Era justo ya y por ende su sacrificio fue aceptado.

Pero, ¿no hemos dicho que la cantidad y la calidad tuvieron que ver? Sí. Pero la cantidad del sacrificio y la calidad del mismo fueron el resultado de su justicia. Caín ofreció poco y malo, porque no era justo. Abel ofreció mucho y excelente, porque era justo.

Fe versus méritos

¿Y cuándo una persona es tenida por justa? Cuando tiene fe

Ahora se introduce el elemento básico de la justificación. El elemento que hace que nuestras obras sean generosas y excelentes. El elemento indispensable para que Dios las acepte: *La fe:* «Por la fe Abel ofreció a Dios más excelente sacrificio».

Abel se acercó a Dios como lo hace un creyente, no fue invocando sus méritos, ni los de su ofrenda, sino con simple fe en Dios. Caín se acercó como lo hacen los incrédulos. Venía a adorar, traía algo para Dios, cumplía un rito, hacía su ceremonia, exteriormente era lo mismo que hacía Abel, pero él daría méritos a su ofrenda o a su propia persona y por ende fueron ambos rechazados. Pero la distinción más que todo se hallaba en la fe. Uno la tenía, el otro no. El Señor Jesús le llama *Abel el justo* (Mt 23.35). Si Él lo llama así, es porque lo era.

Enseña la fe para justificación, no el humanismo, no la justicia propia

Un hombre es justo cuando su persona y sus obras son aceptables a Dios. Eso ya lo vimos. Es justo porque tiene fe. Pero es justo, es bueno y tiene fe por algo más, *Dios lo defiende*. Dios, podemos decir, no protegió a Abel de las manos de Caín, más bien había profetizado que caería en ellas. «A ti será su deseo y tú te enseñorearás de él» (Gn 4.7). No lo protegió. Lo mataron. Su sangre fue bebida por la tierra. Pero Dios *lo defendió*. Leamos los versículos 7-9. Dios estaba de parte de Abel. Dios amaba a Abel de modo que notaba ya su falta en este mundo. Dios miraba el charco de sangre suya. Dios oía la voz de esa sangre clamando por venganza. Abel agradó a Dios vivo y muerto.

Por eso es una persona justificada, porque Dios mismo lo defiende. Dios lo absuelve, Dios lo justifica. Lo esconde en sí mismo, de sí mismo, con Cristo (Col 3.3-4). Nadie puede acusar a los escogidos de Dios porque Él los justifica (Ro 8.33-34). Dios defiende a los justos, a los que tienen fe. A los que tienen la justicia de Cristo.

Nuestro texto dice que estando Abel ya muerto *aún habla por su fe*. Los que tienen fe nunca están muertos. Nunca están mudos. Siempre hablan en todas las épocas. La voz de los incrédulos es la que enmudecerá. La fe de Abel hoy habla e invita a ser justificados como él. A ofrecer a Dios sacrificios agradables.

¿Sabes que si no eres justo por la fe no tendrás a Dios de defensor? ¿Sabes que es más importante que Dios te defienda a que te proteja de los males terrenales? Más valiosa es la justificación que la vida. La vida del joven Caín, vivo, fue una miseria más grande que la de Abel, un joven muerto. Caín fue más digno de compasión que Abel. El asesino más digno de lástima que el muerto. Lee Génesis 4.13. No es lo peor morir joven, sino vivir sin Cristo, vivir sin ser justificado, no tener fe en nuestra juventud ni ofrecer sacrificios agradables a Dios.

Somos cubiertos por la justicia de Cristo; vivo cumplió la ley y muerto pagó por sus decretos contra los pecadores; por su obediencia y por medio de ella todas las demandas legales, que había contra nosotros, quedan satisfechas. ¿No diremos un amén bien grande que llegue al cielo? Y sabemos en quién hemos creído y que es poderoso para hacernos perseverar hasta llegar allí.

13

La perseverancia

Si lees 1 Timoteo 5.21 hallarás estas palabras: *ángeles escogidos* en Cristo. Tuvo el Señor que escoger sus ángeles para que no cayesen, para que no se unieran a la rebelión de Satanás en contra suya. También esas criaturas superiores están salvadas y selladas por la gracia de nuestro Señor Jesucristo. Si Dios les retirara su misericordia, el pecado de inmediato los arrebataría echándolos de la posición de eminencia y adoración en la cual ahora se regocijan. Son todavía «ángeles escogidos» porque reciben asistencia y confirmación del Señor para que continúen eternamente en el estado de gracia en el cual han sido colocados y no degeneren en diablos. El mismo arcángel Miguel correría el riesgo de perder su probada lealtad y combatiría al Omnipotente si dejara de ser asistido por esa gracia perseverante.

En estos días muchos celebran las fiestas, no sé si más supersticiosas que diabólicas, conocidas como Halloween o de brujas. Niños y adultos, en colegios y centros laborales, se enmascaran, y adornan los recintos. Hace poco oí que en una compañía hicieron un concurso para decidir, por votación democrática, a quién correspondía el premio por el mejor disfraz. El laurel se lo llevó una chica hispana que se atavió de Satanás. El público delirante la seleccionó. El archienemigo de Dios resultó ser campeón. Claro, en una festividad macabra, una careta diabólica es la más apropiada para un premio, aunque tuviera que competir con la muerte o el mismo infierno. Un bello ángel sagrado perdería la palma en tales regocijos.

Pero eso no es más que un certamen de fealdad, y es cómico. Pero vaya usted a ciertos lugares aquí, en el área metropolitana de Washington D.C., y hallará al príncipe de las tinieblas de modo real: pintado, sin maquillaje ni disfraz, en el rostro de muchísimos hombres y mujeres. Son el retrato suyo, la copia de su mismo aspecto, la encarnación de sus inmundicias.

Algunos de ellos fueron religiosos. Vivieron en hogares donde se creía la Palabra de Dios. Fueron enseñados en los caminos de victoria espiritual, pero apostataron, cayeron y se han hundido miserablemente en la perdición, siendo pobres caricaturas de lo que un día fueron, príncipes, doncellas. Ahora son ángeles, pero en ruinas. ¡Ay amado mío, si hubieran perseverado! ¡Yo mismo tiemblo por mi salvación sabiendo que me convertiría en uno de esos, si no fuera por la gracia perseverante del Señor! Jacob se tornaría en Esaú y Mateo en Judas. ¡Oh Señor, ayúdanos a serte fieles!

La perseverancia de los santos

Es una doctrina desde muy antiguo sostenida por muchos cristianos, aunque han habido otros que la han rechazado, todo depende del sistema doctrinal al cual la persona se haya afiliado. James P. Boyce dice:

> Esta doctrina está inseparablemente asociada con las otras doctrinas de la gracia que entendemos son enseñadas en la Palabra de Dios. De modo que esta es la verdad: O son universalmente aceptadas o rechazadas juntas[...] La perseverancia es parte de cada confesión calvinista. Es rechazada por los romanistas, los luteranos y los arminianos[...] toda prueba independiente de esta doctrina comprueba las otras doctrinas por separado y *también el sistema de doctrina al cual está ella asociada*.[1]

1. ABSTRACT OF SYSTEMATIC THEOLOGY, [Abstracción de la teología sistemática] p. 428, Dulk Christian Foundation, P.O. Box 1676, CA 92025.

Estrictamente ya hoy existen hermanos y grupos muy grandes que la aceptan como indisputable. Sin embargo, no están definitivamente asociados al sistema por el que Boyce se pronuncia. Por lo tanto, primero definiremos la doctrina, luego pasaremos a probar su veracidad relacionándola con las otras doctrinas que la sostienen y por último también veremos aquellos textos en los que suelen apoyarse quienes la rechazan.

Definición

Siguiendo con las palabras de Boyce:

> La doctrina de la final perseverancia de los santos, enseña que aquellos que son efectivamente llamados por Dios para ejercitar genuina fe en Cristo, perseverarán hasta el final para la salvación: Este hecho está explícitamente enseñado en la Palabra de Dios que establece que se debe al propósito y poder de Dios y a la gracia que concede y no a alguna excelencia o *fuerza que exista en el creyente*. En verdad es tan manifiesta la debilidad del hombre, que si fuera dejado al cuidado de sí mismo de cierto caería, peligro contra el cual es constantemente advertido por la Escritura y que aun el más instruido y más santificado se halla propenso, de lo cual dan evidencias los pecados cometidos, que en algunos casos son de la peor clase, extendiéndose desde la negación de la fe hasta la apostasía de Dios, dando prueba eso, que si no fuera por la misericordia y la gracia de Dios, la apostasía final ocurriría. Pero de este peligro existente en el hombre mismo es rescatado por el poder y la gracia de Dios, quien por su atenta preservación vela como un guardia sobre sus indignos hijos y los conduce finalmente a la salvación ya determinada para ellos; y, sin embargo, aun haciendo Dios eso lo realiza a través de la cooperación de ellos y de la constancia que tengan en la fe y la santidad.[2]

De esta contundente definición podemos sacar en limpio algunas cosas:

1. *Que los santos son los que perseveran.* Nadie que sólo lo

2. Boyce, *op. cit.* p. 425

aparente, pero no lo sea, perseverará jamás. Y, por supuesto, la santidad es virtud de los que perseveran.

2. Que el hombre, llevando en sí mismo el germen de toda rebeldía y propenso como es hacia la apostasía, persevera sólo por la gracia de Dios.
3. Que la perseverancia de los santos es más bien una perseverancia de la gracia que de los santos.
4. Que aunque ella esté en los propósitos eternos de Dios, usa como medios las amonestaciones y advertencias de las Sagradas Escrituras y, por tanto, lo mismo que en la conversión, por la gracia el hombre es activo y participa.

Dones irrevocables

Los dones recibidos de Dios para hacerlos santos y su llamamiento *son irrevocables o irreversibles* o, mejor aun, «sin arrepentimiento»: «Porque *irrevocables* son los dones y el llamamiento de Dios» (Ro 11.29). La palabra usada es *ametameléta* que significa «sin arrepentirse». La idea es que el Señor confiere el llamamiento y otorga los dones a sus llamados, pero no se arrepiente luego de haberlo hecho.

Los hermanos que piensan que una persona puede ser salva y luego perder su salvación por alguna causa, deben entonces admitir algunas cosas:

¿Exjustificación?

Si la salvación se pierde, entonces tiene cabida la extraña palabra que escribí arriba: «exjustificación». Esta equivale a que alguien que ha sido *justificado* por la fe y se le ha conferido perdón e inocencia, habiéndole imputado absolutamente toda la justicia de Jesucristo y absuelto por completo, tenga que ser traído de nuevo a su condena anterior y sometido a juicio. (Sería bueno que tuviese fresca en su mente las conferencias inmediatamente anteriores.) El reo es llamado a que entregue de nuevo su perdón, se ate de nuevo sus cadenas y permanezca encerrado en espera de la sentencia. No es de suponerse tal veleidad en nuestro Dios en el que *no hay mudanza ni sombra de variación*.

Solamente principiador

Quien piense que alguien se puede salvar y regresar a condenación tendría que admitir, del mismo modo, que *la fe es un don transitorio*, que se puede regresar a la incredulidad, que Cristo es el *autor* de la fe pero no su *consumador* (Heb 12.2), es decir, que principia pero no concluye. La palabra griega *archégon* significa «Autor», es decir, el principiador o pionero de la fe. Si la fe naciera en el hombre por el hombre mismo, sus acciones sí podrían acabarla y exterminarla completamente. Pero lo que dice la Escritura es que el «pionero» de la fe es Jesucristo y no el hombre, su recipiente. La voz griega *teleiótén*, utilizada como «Consumador», significa «perfeccionador», el que la lleva hasta la perfección y sabemos que esto no se logra aquí en la tierra, sino en su presencia. Si la fe se perdiese y alguien que alguna vez la recibió la perdiera, Jesús sería solamente la mitad de lo que aquí se dice: sería el Autor y nada más. Si se objetare que es el «consumador» de los que perseveran hasta el fin y no de los que caen, respondería que aquí el texto habla de todos los que una vez fueron salvados.

En otras palabras, si la fe se pierde y la perseverancia de los santos depende de ellos mismos y no de la gracia, la salvación tampoco sería por la gracia sino por las obras, porque lo que preserva es de *la misma índole* de lo que se recibe. Si la salvación es preservada por obediencia y por obras, entonces tuvo que haberse adquirido del mismo modo, y si no se adquirió por obras sino por gracia, por gracia también se conservará.

El hijo de la fe

Los que piensan que la salvación es susceptible a perderse tienen que admitir que *el arrepentimiento* para salvación tuvo una validez temporal y que *el Espíritu Santo* que lo produjo tuvo intenciones condicionales y estuvo propenso a la no continuidad. Pero, pienso que esos pensamientos son irreverentes. Es un hijo legítimo de la fe y tan genuino como ella que le dio origen.

Si la salvación se pierde, el arrepentimiento que produjo el Espíritu convenciendo al pecador de pecado (Jn 16.8-9) no fue duradero, y el trabajo hecho era temporal y lo hizo con fines transitorios. Es cierto que una persona puede estar convencida de pecado y no ser salva, pero se trata del convencimiento que hacen los hombres o de alguna ráfaga del Espíritu. Cuando el Espíritu Santo empieza la obra de salvación en alguno, ese alguien está totalmente muerto en sus delitos y pecados. Ningún estado será peor. Ningún grado de maldad tan pronunciado como cuando se empezó en él la obra de reforma. ¿Qué pecado posterior podrá hacer imposible para el Espíritu rescatarlo para vida? Además, los pecados *posteriores* a la salvación, o mejor dicho a la regeneración, están enmarcados en *la santificación,* no en la propia salvación. El testimonio y la reputación puede arruinarse, perderse por un tiempo la santidad, detenerse ese proceso, pero ya se halla en otro campo de operación espiritual. Un niño puede perder un brazo, un ojo, una pierna, pero ya es niño, es hijo y amado.

Quienes identifican la justificación con la santificación como una misma cosa tendrán problema en este punto, pero para nosotros no lo es. La justificación, como la misma regeneración con quien habría que identificarla, es instantánea, pero la santificación dura la vida entera. La pérdida de la santificación, como en el rey David o en Pedro, es una pérdida grande, pero no implica que la salvación se haya perdido también o que no se haya poseído jamás. Lo que leemos en la Escritura es esto: «Estando persuadido de esto, que el que comenzó en vosotros la buena obra, la *perfeccionará* hasta el día de Jesucristo» (Flp 1.6). La palabra griega es *epitelesei,* un futuro activo que indica que seguirá siendo continuamente perfeccionada, porque no es una obra humana sino *una obra de Dios*. Pablo tiene confianza en eso. De ello está persuadido, y nosotros también. Y «el día de Jesucristo», sea en nuestra muerte o en el aire, hasta ese momento los trabajos del Espíritu no serán interrumpidos.

Nacidos para no morir jamás

Si la salvación se perdiera, tendríamos que admitir entonces que *el nuevo nacimiento es regresivo*, que la regeneración es reversible, que alguien puede nacer de Dios, haber sido engendrado por el Espíritu y luego morir. Que es un nuevo nacimiento temporal. Que Dios implanta el principio de la nueva vida en nuestras almas y luego el pecado o el individuo voluntariamente la hace cesar. Y que la simiente de la Palabra de Dios en los salvados, esto es en los que son como buena tierra, se convierten en pedregales, se les llena la vida de espinos, vicios y puede que en un momento u otro las fieras aves del maligno terminarán por tener en el pico toda la obra de regeneración. No podemos creer eso. Apostatan los que nunca han nacido de nuevo, pero no los salvados porque ellos no sufren la muerte jamás.

En la familia para siempre

En forma similar decimos de la *adopción.* Alguien que ha sido hasta hace un tiempo hijo de Dios regresa a la esclavitud, cesa la música, se recoge la fiesta y los ángeles que subieron al cielo cantando ante Dios encogen sus alas humillados y retornan llorando por la noticia de que un hijo se ha perdido. Ha perdido su herencia, reducido de nuevo a la pobreza y echado del árbol genealógico de la familia de Abraham. No poseerá más el Espíritu del Hijo de Dios. ¿Hay algo supuesto más mal que todo eso? Entonces eso es lo que creen los que piensan que la salvación es reversible.

Pero lo que enseña la Escritura es lo opuesto: los dones de Dios son irreversibles, «sin arrepentimiento» y no tienen marcha atrás como las ruedas de la providencia en la visión de Ezequiel. Y el que es hijo nunca deja de serlo, ingresó a la familia de Dios para no ser echado de ella nunca. El Dios en quien nosotros creemos nos permite ser consecuentes con esas afirmaciones.

El carácter de Dios

Los dones son irreversibles porque se corresponden *con el carácter* de Dios. La Biblia nos dice que Dios «no es hombre para que se arrepienta» (1 S 15.29). Dios no tiene un carácter *mudable:* «Toda buena dádiva y todo *don perfecto*, desciende de lo alto, del Padre de las luces, en el cual *no hay mudanza, ni sombra de variación*» (Stg 1.17). El carácter de Dios es perfecto y todo lo que Él da es como Él es, perfecto también. Si la voluntad del hombre puede y tiene fuerza para arruinar un don divino, ¿es perfecto?, ¿es débil o fuerte? Además la palabra «perfecto» implica algo que «se termina», que llega a su fin, que se consume. Eso quiere decir que el *propósito* del don se cumple, que lleva a término su función.

Por otra parte, en la salvación no puede olvidarse que también *es un don*. Un don es una gracia, algo que se otorga por iniciativa divina y no por méritos. La Biblia enseña que los impíos rechazan la salvación, pero jamás afirma que los que son llamados pierdan la salvación. Una vez que se ha recibido el don, este cumple su función. El carácter divino demanda que las operaciones de su Espíritu sean perfectas y si el hombre no ha tenido nada que ver en eso, porque es gracia, tampoco puede arruinarlo. Si una cosa proviene del cielo, no hay nada en la tierra que la pueda exterminar.

El retroceso de un don divino requiere una palabra en el carácter de Dios que no existe en Él: *paralagé*, que nuestra Biblia traduce «variación»; o algo que se alterna y se une a la que sigue, *tropés* y que conocemos como sombra o «eclipse». La idea concuerda perfectamente con lo que dice Santiago: el Señor es un Astro lleno de Luz, Padre de las otras luces, todas ellas reciben la luz de su esencia. Si en Dios hubiera eclipses, entonces en toda criatura también habría. Pero nosotros no suponemos un eclipse en nuestra salvación. Los dones que *descienden* de lo alto *no suben* de regreso.

El texto de Santiago hace aun imposible perder la salvación porque en el versículo siguiente (1.18) dice: «Él, de su voluntad, nos hizo nacer por la palabra de verdad, para que seamos primicias de sus criaturas». Si el nuevo nacimiento es *por su voluntad*, si fuimos regenerados sin contar con nuestra voluntad, ¿qué sentido tiene pensar que ahora la *nuestra* y no la suya anule su trabajo? Si Dios se queda sin las primicias de sus criaturas, ¿cuáles lo serán?

La pérdida de la salvación es un absurdo teológico.

Llamamiento y elección

Los dones que el Señor da *son dones de salvación*. Están relacionados tanto con la elección eterna de los escogidos como con el llamamiento de ellos. Si analizas el texto de Romanos 11.29, Pablo habla de los dones de salvación que fueron conferidos por Dios a Israel, no de los que individualmente concede a los creyentes para el servicio; pero esto lo digo para que nadie vaya a extraer del texto un argumento a favor de la perpetuidad de todos los carismas dados a la iglesia apostólica. Pablo habla de las mercedes que Dios concede a su pueblo para que sea salvo y les anima asegurándoles que no las retrae.

Pero demos un paso más. Los dones de la salvación son irreversibles porque *proceden del llamamiento de Dios*. El argumento de Pablo no comenzó en el capítulo 11 sino en el 9, pues ya en 9.11 defiende la elección en relación con el llamamiento divino: «Pues no habían aún nacido, ni habían hecho aún ni bien ni mal, para que el propósito de Dios conforme a la elección permaneciese, no por las obras, sino *por el que llama*». Comprendo que el énfasis bíblico es más fuerte que el que yo le estoy dando, porque aquí no solamente se usa el argumento del llamamiento sino *del llamador*, Dios, su propio carácter, su misma persona.

Pablo dice: «Irrevocables son los dones *y el llamamiento* de Dios». El llamamiento es irrevocable porque lo hace Dios mismo. Este es el llamamiento que denominamos eficaz, el que Dios opera en el corazón de una persona salvándola, el que realiza por la acción de su Espíritu y por medio de su Palabra. Si los hombres rechazan algún llamamiento o lo abandonan, no se trata de este. Este es irrevocable. ¿Y por qué? El apóstol nos dice que es porque se corresponde con el propósito de Dios y con la elección. Si algo se corresponde con el propósito divino, ¿quién podrá frustrar un deseo tan vivo, una voluntad tan decidida, un plan tan bien hecho y con tanta anticipación? Y de nuevo el apóstol dice: «Y a los que predestinó a estos también llamó y a los que llamó a estos también justificó» (Ro 8.30). La salvación es algo eterno, sereno y fijo, no movedizo y cambiable, no es un plan que empiece o prosiga completándose de acuerdo a la obediencia humana. Empieza en la predestinación y termina en la gloria. Los pecados de apostasía son los mismos que un pecador cometía cuando fue regenerado, llamado, justificado. Si en aquel entonces la gracia prevaleció sobre esa condición, ¿podrán esos mismos pecados destruirla? No enseñamos una perseverancia condicional.

La muerte de algunos profesores

¿Y qué pasa con los que no perseveran? ¿Qué les pasó? ¿Es prueba de la falsedad de la perseverancia de los santos sus caídas y apostasías? De ninguna manera. Todos seguramente nos hemos horrorizado al ver abandonar la fe a algunos prominentes hombres y mujeres que antes nos habían parecido justos; eran heraldos entusiastas del reino de Cristo y un día comenzaron a enfriarse y habiendo comenzado en apariencia por el Espíritu acabaron por la carne. ¡Dios santo, quién podrá ser salvo, pues, si estos que eran tan fuertes y estaban tan bien equipados han perecido! Lo que hacen las apostasías de aquellos que *dábamos por sentado* que eran salvos es confirmar, sí, pero otra doctrina, la salvación por la gracia. Porque nadie puede ser salvo sino por la gracia divina y no por su propio medio.

Las apostasías lo que confirman es eso, que la salvación es por gracia. Cuando vemos a muchos apostatar, lo que pensamos es que la salvación es totalmente del Señor, que si alguien se salva es por ella y si el pensamiento de que algún día su misericordia pudiera sernos retirada atraviesa nuestras mentes, de inmediato nos ponemos a temblar.

El que no ha sido salvo, el que ha recibido sólo una fe temporal, si es que a eso se le puede llamar fe, los que no han sido regenerados, los que no han sido justificados. Esos son los que apostatan, los que parecían ser de nosotros, estaban con nosotros, pero no eran de nosotros. La muerte espiritual de esos profesores no quiere decir que en realidad hubieran estado realmente vivos.

¡Espantoso!

Si el hombre llegara a perder su salvación, ¿podría recuperarla? La respuesta a este supuesto es obvia: No. Si alguien cree que puede perder su fe no debe hacerse vanas ilusiones de volver a tenerla. La Biblia enseña que se puede pasar de la incredulidad a la fe, pero no viceversa. Se puede ser ciego y ver, pero no volver a sumergirse en la más absoluta oscuridad, como ya comprobamos de «aquellos que una vez fueron iluminados». El que cae, como supo por experiencia Balaán, cae y sigue con sus ojos abiertos. La apostasía viene, como a Adán y Eva, no sólo por un conocimiento que se niega, sino de otro que se adquiere y, en estricta explicación, no es la desaparición de tal conocimiento sino una *negación* de él. Los ojos permanecen, como los de los peces muertos, siempre abiertos, pero sin ver más. Un apóstata siempre estará consciente de lo que perdió, informado de su propia apostasía. Este estado es irreversible. Esaú lloró la pérdida de su primogenitura, pero no pudo recuperarla. Judas no pudo recuperar su apostolado. Quienes apostataron no es que hayan perdido la fe, sino que se puso de manifiesto que no la han tenido.

Pablo emplea dos palabras para hablar sobre la salvación de Israel: *restaurar e injertar*. «En ninguna manera, pero por su *transgresión (paraptómati)* vino la salvación de los gentiles[...] ¿cuánto más su plena *restauración?*[...] Y aun ellos, si no permanecieren en incredulidad, serán *injertados*, pues poderoso es Dios para volverlos a injertar» (Ro 11.11,23). Es obvio que aquí la promesa de restauración no puede referirse a los que se arrodillaron ante el dios Baal o a los que fueron endurecidos porque ya ellos, en tiempos apostólicos, habían muerto. La restauración de la cual Pablo habla no es la de los endurecidos, que ha dejado bien explicada, sino la de la nación de Israel y a eso se refiere cuando dice que todo Israel será salvo (Ro 11.25-26). Restauración equivale a un avivamiento espiritual en Israel, cuando una vez más la misericordia de Dios será usada por Él con ese pueblo y una gran multitud será salva, aunque no cada persona de esa raza. En Hebreos dice que por eso *es imposible que sean renovados* (Heb 6.4-6).

En el supuesto que alguno perdiese su salvación, si la hubo tenido, ya no puede apropiarse de ella por segunda o tercera vez.

En cuanto a injertar, en los versículos ya citados, no presupone que hubiese un cambio de fe a incredulidad, sino una incredulidad siempre presente. «Volverlos a injertar», por bella y esperanzadora que sea la figura no quiere decir que estuvieran antes en la fe. Nunca estuvieron en ella. Es el mismo pensamiento que se halla en 2 Corintios 3.14-16:

> Pero el entendimiento de ellos se embotó; porque hasta el día de hoy, cuando leen el antiguo pacto, les queda el mismo velo no descubierto, el cual por Cristo es quitado. Y aun hasta el día de hoy, cuando se lee a Moisés, el velo está puesto sobre el corazón de ellos. Pero cuando se conviertan al Señor, el velo se quitará.

La salvación no se pierde, pero en el imposible supuesto de que falle, no se recobra. ¡Espantoso!

Las armas de los arminianos

¿Qué hay sobre las exhortaciones escriturales a cuidar la salvación? Hay muchas exhortaciones bíblicas a que el cristiano cuide su salvación, las cuales algunos toman para «probar» que en efecto alguien puede perderla, que el que la recibe es su total custodio, estando en sus manos el preservarla o quedarse sin ella. Esos textos son los favoritos de nuestros temblorosos hermanos seguidores de la teología de Arminio, pero como veremos, esas preciosas armas tampoco pueden usarlas para descargar su contenido en contra del llamado calvinismo o teología de la gracia.

Veamos algunos ejemplos:

> *Filipenses 2.12:* «Por tanto, amados míos, como siempre habéis obedecido, no como en mi presencia solamente, sino mucho más ahora en mi ausencia, ocupaos en vuestra salvación con temor y temblor».

Como yo lo veo, este versículo no tiene la más pequeña referencia a que la salvación se pierda; pero los hermanos del bando contrario a la perseverancia de los santos dicen: «Si hay que ocuparse de ella y con miedo, es que se puede perder, porque de otro modo, ¿a qué temer y por qué temblar?» Mi respuesta, aunque corta, quiero que sea bien clara.

1. Para mí Dios es soberano y si Él quisiera destruirnos y alejarnos de su gracia tiene todo el derecho a hacerlo. Pero quienes piensan que la salvación se pierde nunca tiemblan, no porque concedan ese derecho de soberanía al Señor, sino porque ellos mismos se sienten débiles y propensos a perderse por sí mismos. Si la salvación se perdiera es porque Dios la quita, utópicamente hablando, y no porque al hombre se le caiga de las manos.
2. Pablo dice «ocupaos» o mejor aun sería «trabajad» (*katergázeste*). Es cierto que hay que trabajar en la salvación, arar, abonar, podar ramas secas y parasitarias; hay que utilizar los medios de gracia como la meditación de la Escritura, la oración, el ministerio de la palabra, etc., para avanzar espiritualmente. Pero cuando alguien trabaja, ¿lo hace por sus propias fuerzas o porque Dios le da

la vida y la energía para que labore? ¿Quién le da vigor y vida a sus músculos, quién llena de oxígeno sus pulmones, quién le provee de calor a su sangre y hace que sus alimentos que también Él pone en su boca le devuelvan las fuerzas? ¿No hace Dios todo eso? ¿Quién puede ser tan ateo al decir que las energías con que trabaja las obtiene solamente de la materia? En el versículo siguiente, el 13, Pablo dice: «Porque Dios es el que en vosotros produce *[energón, energiza]* así el querer como el hacer *[energeín]*, por su buena voluntad». Así pues, queda claro que el trabajo que dispensamos en nuestra salvación lo sacamos de *la energía* que Dios nos da, porque es Él quien *nos energiza*. Si Él nos manda a trabajar en la salvación, provee la energía para que podamos hacerlo. Esa energía es su gracia. ¿Cómo podrá alguno perder su salvación asistido tan tremendamente por el Señor, ni gloriarse de que depende de la criatura su cuidado y cultivo? Pero en fin, pude haberme ahorrado la argumentación diciendo la verdad, que aquí Pablo habla sobre el testimonio y comportamiento cristianos en el mundo y no sobre la vida eterna.

3. ¿Y por qué dice *«con temor y temblor»*? Porque la salvación es algo contrario a la seguridad carnal, no a la perseverancia de los santos. ¿Energiza Dios a estos presumidos? Seguro que no. Y la confianza indolente de ellos manifiesta que no están siendo asistidos por su divina voluntad. Están ciegos, no ven nada, no entienden de dónde se han escapado, no se percatan lo horrible que es la perdición, no se dan cuenta la miríada de enemigos espirituales que tienen, que podrían ocasionarles la ruina si la energía divina fallase. Una persona sensata, aunque esté en un sitio seguro, sobre un árbol por ejemplo, si ve al león rugiente junto al tronco, aunque no le pueda despedazar siente miedo y tiembla que las fuerzas le fallen o las ramas se quiebren.

Nuestro texto no niega la perseverancia de los santos, pero combate la seguridad carnal y alerta contra la negligencia espiritual.

> *Romanos 11.22:* Es un texto similar. «[...] pero la bondad para contigo, si permaneces en esa bondad; pues de otra manera tú también serás cortado». Como he indicado, la amenaza es real y no fingida, si Dios quisiera arrancarnos definitivamente de Cristo por nuestra estupidez y arrogancia, está en su derecho. Es la soberbia lo que Él quiere condenar: «Pero tú por la fe estás en pie. *No te ensoberbezcas,* sino teme» (Ro 11.20).

La salvación nos hace sentirnos seguros, pero sólo en la misericordia divina, por medio de nuestra fe. Estas palabras, no sacadas de su contexto, nos muestran que los paganos convertidos solían enorgullecerse contra Israel y los despreciaban por incrédulos. Por eso hace bien el apóstol en humillarlos con estas amenazas. La soberbia de aquellos arrogantes no nacía del conocimiento de la doctrina de la elección o la perseverancia, sino de pasarla por alto ignorándola.

La seguridad de nuestra salvación no brota tanto de haberla recibido, sino del carácter de quien nos la ha dado, y esas exhortaciones escriturales nos hacen falta para quitarnos toda arrogancia y tienen la función de humillarnos. Por eso aparecen en la Biblia, no para desdecir la doctrina de la perseverancia de los santos, sino para ayudarnos en nuestras debilidades.

> *1 Corintios 8.9-12:* «Pero mirad que esta libertad vuestra no venga a ser tropezadero para los débiles. Porque si alguno te ve a ti, que tienes conocimiento, sentado a la mesa en un lugar de ídolos, la conciencia de aquel que es débil, ¿no será estimulada a comer de lo sacrificado a los ídolos? Y por el conocimiento tuyo, *se perderá el hermano débil* por quien Cristo murió. De esta manera, pues, pecando contra los hermanos e hiriendo su débil conciencia, contra Cristo pecáis».

Dicen que Cristo murió por alguien, derramó su sangre por él, lo redimió, lo justificó, pagó toda su culpa y llevó su condena y que, sin embargo, el mal ejemplo de otro puede *perderlo*. ¿Será posible que alguien pueda sostener semejante interpretación? No sólo es una negación de la doctrina de la perseverancia de los santos, sino de la muerte eficaz de Cristo por su Iglesia. Ellos ponen toda la carga sobre el verbo «perder» *(pollutai).* Pero es que *pollutai,* está indebidamente traducido «perder», es mejor *arruinado, destruido.* Ese verbo da origen al que conocemos como *apollión* o «destructor». Interpretado correctamente el texto significa que destruirá, por el imprudente comportamiento de otro, su vida espiritual; tropezará, provocará escándalo, ocasión de caer. El apóstol no desea que se peque contra la conciencia del hermano, pero no dice que la salvación de los débiles depende del comportamiento sabio de los otros.

Dice Charles Hodge:

> El lenguaje del apóstol aquí parece asumir que pueden perecer aquellos por los cuales Cristo murió. Esto pertenece a la misma categoría de pasajes que parecen significar lo mismo con respecto a los elegidos, pero igualmente son consistentes con la seguridad de la salvación de aquellos por los que Cristo murió. Dios les está diciendo a los escogidos, que si ellos apostatan perecerán, precisamente para prevenir su apostasía.

Dígalo este autor o cualquiera de la pléyade que tenemos, la salvación no se pierde si se tiene.

2 Pedro 2.20-22: «Ciertamente, si habiéndose ellos escapado de las contaminaciones del mundo, por el conocimiento del Señor y Salvador Jesucristo, enredándose otra vez en ellas son vencidos, su postrer estado viene a ser peor que el primero. Porque mejor les hubiera sido no haber conocido el camino de la justicia, que después de haberlo conocido, volverse atrás del santo mandamiento que les fue dado. Pero les ha acontecido lo del verdadero proverbio: El perro vuelve a su vómito, y la puerca lavada a revolcarse en el cieno».

Este texto es amigo de aquel de Hebreos 6 que ya he comentado con algún propósito en otro lugar. Puede sorprender al intérprete liviano y pensar que ha hallado argumento contra la doctrina de la perseverancia de los santos, porque lee de la caída en pecado de ciertos maestros que retroceden por el camino de sus herejías a sus respectivos vómitos y de nuevo se revuelcan con delicia en el pecado del cual por un tiempo estuvieron ausentes. Pero no deben olvidar que tales señores siempre siguieron siendo perros, aunque por un tiempo estuviesen sirviendo a otro amo, y fueron siempre cerdos aunque parecieran lavados, pero *en sus naturalezas jamás fueron purificados*. Y con respecto a los que ellos seducen con sus concupiscencias de la carne y disoluciones, versículo 18, pasa lo mismo que ya he dicho, que a no pocos Dios les concede cierta gracia temporal y *con sinceridad* se separan del error y huyen de lo pecaminoso, pero como carecen *de la gracia para perseverar*, confunden la verdad con la mentira y se apartan en pos del error que hábiles engañadores les han traído a sus oídos.

Pedro habla aquí como un buen pastor indignado que ve algunas de sus ovejas ser presa de esos lobos rapaces y los ataca duramente con su pluma condenando el daño que han hecho, sin escribir en teología profunda sobre el origen y perpetuidad de la salvación.

Estos son los mismos de 1 Juan 2.19 que salieron de nosotros, porque no eran de nosotros, aunque hubiesen tenido como maestros a los mismísimos apóstoles.

> *Apocalipsis 3.5:* «El que venciere será vestido de vestiduras blancas; y no borraré su nombre del libro de la vida, y confesaré su nombre delante de mi Padre, y delante de sus ángeles». Hay amigos muy queridos que toman este texto y me dicen: «Ahí lo tiene, Dios puede escribir en su libro el nombre de una persona y luego por pecados de ella borrarlo y ya no estar más y así no aparecer nunca en el libro de los salvos». Pero, ¿es correcta esa deducción? Aparentemente sí lo es. Razonemos.

1. ¿*Cuándo y por qué* Dios escribe el nombre de una persona en su libro? No puede ser en el momento en que «acepta a Cristo» o que va a la iglesia o que alza su mano en una campaña, porque en Efesios 1.5 y en otros textos se dice más o menos lo mismo, que «nos escogió antes de la fundación del mundo».

   Leamos en 17.8: «La bestia que has visto, era, y no es; y está para subir del abismo e ir a perdición; y los moradores de la tierra, aquellos cuyos nombres no están escritos *desde la fundación del mundo* en el libro de la vida, se asombrarán». Eso está bien claro. Juan no piensa que el nombre de alguien haya sido escrito en el libro de la vida cuando creyó en Cristo o cuando empezó a vivir como un cristiano. Creo que ya he respondido a la pregunta ¿cuándo fuimos inscritos en el libro de la vida? Ahora vamos a la otra, ¿por qué fuimos inscritos? Porque Dios *sabía* que íbamos a ser fieles y jamás apostatar. Si es así y puede ser escrito el nombre de una persona y luego borrado, equivale a pensar que desde la fundación del mundo Él también *escribió el nombre de apóstatas* en su libro. Puso el nombre de este y de aquel a sabiendas que no serían fieles hasta el final. ¿Y para qué los escribió en su libro si sabía que tendría luego que borrarlos? Quizás algún amigo me diga: «Bueno, porque el que se quedara o no en el libro dependería de su fidelidad». Pero si así fuera, ya la salvación no sería por la gracia, no sería un regalo que Dios nos da en Cristo, sino algo que nos ganamos con mucho esfuerzo y perseverancia. Según el mismo Juan, en 17.8, dice que los nombres de los que se pierden no están escritos *desde la fundación del mundo*. Por ende, Dios no puede borrar nombres que Él no escribió. ¿No es cierto? Pero demos un paso más.

2. *¿A quiénes se les dice esto?* ¿A quiénes se les dice que sus nombres serán borrados? Tiene que ser a aquellos que sus nombres ya están inscritos. Esta amenaza va dirigida a los salvados. Pensemos, pensemos esto: Si Dios no escribió el nombre de algunos (17.8) desde la fundación del mundo porque *sabía* que tendría que borrarlos, implica que los nombres que Él escribió *también sabía* que no serían borrados jamás. Quizás se me diga: «Entonces, ¿por qué dice que los va a borrar si Él sabe bien que no los va a borrar?» Creo que tengo la respuesta, Él no va a borrarlos porque su propósito es hacernos salvos para siempre, pero *puede borrarlos si quiere*. Eso sí se enseña, nuestra perseverancia en la fe, pero no hay nada en nosotros que lo obligue a mantenernos salvos. Nos mantiene salvados, inscritos en su libro por su voluntad y eso es lo que nos quiere recordar; porque lo ha jurado por sí mismo.

Ya hemos aprendido que nuestros nombres fueron escritos *en la eternidad* o sea antes de la fundación del mundo, y también que los nombres de los impíos *jamás han sido escritos en él*, por lo tanto no pueden ser borrados. Lo último que vimos es que estas palabras fueron dirigidas a *cristianos* y Dios, como nos salva por gracia y no por méritos o porque hubiéramos ganado la salvación, Él puede quitárnosla si lo desea. Aunque esa afirmación nos haga temblar, gracias a Dios conocemos que no ocurrirá. Siempre afirmamos que la perseverancia de nuestra salvación es la perseverancia de la gracia y la voluntad de Dios. Pero adelantemos un paso más en nuestra reflexión.

3. He dicho que eran cristianos los que recibieron aquellas palabras. En 3.1 dice: «Escribe al ángel de *la iglesia* en Sardis». Esta carta no fue dirigida al mundo. Fue dirigida a una congregación cristiana, pero pienso que *ellos necesitaban esa amenaza*. Todos necesitaban oír que sus nombres podrían ser borrados del libro de la vida. El Señor les había dicho: «[...] tienes nombre de que vives, y estás muerto, afirma las otras cosas que están para morir, porque no he hallado tus obras perfectas delante de Dios, acuérdate de lo que has oído y guárdalo, arrepiéntete».

Lee si puedes toda la epístola. El estado general de la iglesia ante Dios era pésimo. Muchos miembros de la congregación estaban en pecado. Sólo unos pocos permanecían vivos y limpios. Habían abandonado el cuidado de la salvación. Sus vestiduras estaban manchadas por las costumbres del mundo. Todos justificaban su proceder, nadie se arrepentía. Jesús no quería una iglesia así, que no se pudiera distinguir de su contorno. Amenaza con eliminarla. Supóngase que actualmente en una iglesia cualquiera sólo un puñadito de sus miembros vivan santamente, sólo unos pocos asisten al culto de oración, un número pequeño estudia la Biblia, mientras la mayoría se queda en la casa mirando «Cable-TV», algunos esposos se esconden en el cuarto a mirar películas pornográficas, otros leen revistas eróticas, otros codiciosos de ganancias deshonestas juegan a la lotería, los jóvenes van a bailes, clubes y fiestas mundanas y, sin embargo, todos ellos cantan en el coro, y que por cierto es bien grande. El domingo en la mañana el templo está lleno y se recogen bastantes ofrendas. Cualquiera diría que es una buena iglesia y muy activa. Hay muchos niños, porque los padres los llevan. ¿Está viva esa iglesia ante Dios o está muerta? Pues la iglesia en Sardis era más o menos así. Cristo le dice: «No he hallado tus obras perfectas delante de Dios, arrepiéntete. Sólo unas pocas personas no han manchado sus vestiduras». ¿Qué mensaje le darías a una congregación así? ¿Le hablarías del amor divino? ¿Le dirías que la salvación no se pierde? ¡Nada! Si yo fuera allí, al menos en los primeros mensajes no les hablaría del amor de mi Señor, porque están abusando de él, les hablaría del juicio, no les hablaría de la seguridad del que tiene la salvación y no la pierde. Precisamente ellos están así de mal porque piensan, que como son salvos, pueden vivir como quieran. Les diría lo mismo que Juan. Si no se arrepienten, olvídense de la salvación. Ni sueñen con la salvación viviendo como ustedes viven.

4. Y en último lugar, no creo que el Señor borre a alguno del libro de la vida *porque tal libro no existe*. ¿Necesita Dios un libro como nosotros para anotar los nombres, los teléfonos, las direcciones? No, mi hermano, no hay tal libro en el cielo. La memoria de Dios es suficiente. No te das cuenta que eso de libro, tinta, pluma y borrador no es más que un símil para que las palabras nos electrifiquen y cuidemos la salvación que por gracia se nos ha concedido? ¿No has leído el 3.12, un poco adelante?: «Al que venciere, yo *le haré columna* en el templo de mi Dios, [...] y *escribiré sobre él el nombre de mi Dios* [...] y el de la nueva Jerusalén». ¿Así que tendremos un «letrero» en la frente que diga, Jehová y Jerusalén? ¡Vamos! Esos son

símiles. Creemos que el que es salvo, lo es siempre.

Pienso que habiendo defendido la doctrina de la eterna perseverancia de los santos con las mismas armas que esgrimen en contra, vuelta la victoria a nuestras manos, podemos hacer lo mismo, llevándolos a ellos a textos que aseguran que los salvados perseverarán hasta el final:

> Y esta es la voluntad del Padre, el que me envió: Que de todo lo que me diere, no pierda yo nada, sino que lo resucite en el día postrero *(Jn 6.39)*.
>
> Mis ovejas oyen mi voz, y yo las conozco, y me siguen, yo les doy vida eterna; y no perecerán jamás, ni nadie las arrebatará de mi mano *(Jn 10.27-28)*.
>
> Estando persuadido de esto, que el que comenzó en vosotros la buena obra, la perfeccionará hasta el día de Jesucristo *(Flp 1.6)*.
>
> Pero fiel es el Señor que os afirmará y guardará del mal *(2 Ts 3.3)*.
>
> Que sois guardados por el poder de Dios mediante la fe, para alcanzar la salvación que está preparada para ser manifestada en el tiempo postrero *(1 P 1.3-5)*.

Observación final

En esta doctrina, el maestro tiene que enfatizar que es para *los santos*, para los que han sido llamados por Dios, para los que tienen la fe justificadora, para los que no viven en pecado, porque por la conversión han huido de la corrupción que hay en el mundo, no para los que gozan de los deleites temporales cada día.

Bendecimos a Dios en y por su Hijo, en su encarnación y en su cruz, y en verdad sentimos lo mismo que Pablo cuando dijo que nos hallamos *completos* en Él. Su persona es nuestro océano de divina gloria y su cruz todo lo suficiente para satisfacer la justicia divina y conducirnos arriba, a puerto seguro, más allá de la muerte. Sé que seré salvo y no por un tiempo, sino, ¡bendito seas Señor! eternamente.

14

Las dos naturalezas

Uno oye decir a no pocos hermanos: «Predica a Cristo, no prediques doctrinas», o «Yo no creo en denominaciones, sino en Cristo». Pero analiza eso y mira si es verdad. Si vas a los templos de los seguidores de José Smith, verás que ellos predican a «Cristo»; si asistes a algún Salón del Reino de los Testigos de Jehová, hallarás allí los Evangelios y el nombre de Cristo. Pero, ¿qué? ¿Es ese *el Cristo* u *otro*? ¿Es ese *el evangelio* o es un evangelio diferente?

A la entrada de algunos puertos en nuestros países hispanos se han colocado estatuas de un enorme Cristo. En la bahía de La Habana hay uno con los brazos extendidos hacia el barco que se acerca como si diera la bienvenida y la bendición. De veras que la imagen es grande. Pero es menos que el real, nunca puede ser tan grande como el original. Es mucho más pequeña. Además, ¿quién puede afirmar que ese fue su rostro, que así era su cabello? No es posible ahora hacer una escultura de Jesucristo; pero por el Nuevo Testamento, espiritual y teológicamente sí podemos dibujarlo. Las doctrinas que lo perfilan están dentro suyo y cuando uno las enseña lo describen exactamente cómo era. Un Cristo de yeso, acero o cemento no es *el Cristo*. Uno que sea definido como *un profeta* y no como *el profeta* no es el Cristo de Mateo, Juan y Pablo. Un Cristo creado pero no engendrado no es el de Juan. Un Cristo que en todo no tenga la preeminencia será de los gnósticos, pero no es el apostólico. Un Cristo enterrado y no resucitado, un ayudador de pobres pero no un Salvador de sus pecados, es un Cristo marxista, pero no el del cristianismo.

Es importante, mi maestro querido, que conozcas «quién dicen los hombres que es el Hijo del Hombre», y que también sepas bien lo que dijeron Pedro, Pablo y otros por revelación del Padre.

Tu Cristo y el mío es tanto hombre como Dios.

Las dos naturalezas de Cristo

Esta doctrina básica de nuestra ortodoxia ha tenido por siglos muchos oponentes, entre otros racionalistas independientes o afiliados a sectas heréticas. Como esos grupos sobreviven y se esfuerzan en lograr prosélitos, existe el peligro de que no pocos sean ganados por ellos y que cristianos indoctos sean arrastrados fuera del cristianismo.

He dicho «cristianismo», porque para nosotros el cristianismo es *trinitario*. La Trinidad no es una doctrina pagana asumida por Atanasio y afirmada por Constantino en el Concilio de Nicea. (Esa es una calumnia seudohistórica. En Nicea, lo que se discutió fue la sustancia divina del Hijo).[1] Es bíblica y debe comprenderse para su clara exposición.

Se ha dicho que no es bíblica porque *el nombre* «Trinidad» no aparece en la Biblia. Ese argumento es tan pueril que casi no necesita refutación; el nombre de algo no establece su existencia. Tampoco aparecen en la Biblia las palabras «teléfono» o «avión». La doctrina de la Trinidad es el resultado de un minucioso estudio sobre las «personas» del Padre, del Hijo y del Espíritu Santo.

1. Les recomiendo que lean *The History of the Christian Doctrine* [Historia de la doctrina cristiana] de Louis Berkhof, publicado por Baker Book House.

Si conseguimos por el momento demostrar que Cristo tuvo una *naturaleza* divina, ya la Trinidad es una realidad. Por supuesto, la humana ya nadie la niega. El Nuevo Testamento se ha encargado de refutar con mucha ventaja a los docetas y gnósticos.

El misterio de Cristo

Pablo dice en 1 Timoteo 3.15-16:

Para que si tardo, sepas cómo debes conducirte en la casa del Dios viviente, columna y baluarte de la verdad. E indiscutiblemente, grande es *el misterio* de la piedad:

Dios fue manifestado en carne,
Justificado en el Espíritu,
Visto de los ángeles,
Predicado a los gentiles,
Creído en el mundo,
Recibido arriba en gloria.

He leído alguna literatura donde los autores antitrinitarios se burlan de los que confesamos con sinceridad no entender la Trinidad y llamarla «misterio». Es que el mismo Pablo, quien mejor que todos entendió y escribió sobre la Persona de Cristo, la llamó *misterio.* Algo que sobrepasaba su comprensión. ¿Qué vergüenza podemos sentir entonces? Si nuestra modestia no es fingida, la arrogancia racional de los que la rechazan por incomprensible no es nada virtuosa. ¿Tendrán ellos mejor entendimiento que el apóstol que escribió la mayor parte del Nuevo Testamento? En otro lugar, el santo apóstol también dice: «Para que sean consolados sus corazones, unidos en amor, hasta alcanzar todas las riquezas de pleno entendimiento a fin de conocer *el misterio de Dios el Padre y de Cristo*» (Col 2.2).

Si nos preguntan: «¿Cómo puede Cristo tener dos naturalezas, una humana y otra divina?» Respondemos: «No lo sabemos», sin sonrojarnos. Nuestra fe se basa en *la realidad* del misterio y no en su plena comprensión. Nuestra única preocupación es comprobar que el misterio sea bíblico, que se halle *revelado* por Dios en el Nuevo Testamento, porque tampoco aceptamos como doctrina las presunciones y supercherías de hombres y mujeres que soñaron, dicen, disparates antibíblicos que ellos aseguran que se tratan de misterios celestiales.

La naturaleza divina de Cristo es una verdad revelada en la Escritura; y si afirmamos que es *revelada*, eso excluye la posibilidad de que sea conocida *aparte* de la Biblia. La llamada «trinidad» en las religiones paganas, no es ni con mucho parecida a la que se halla en la Biblia.

Nuestra Trinidad habla de *un Dios* en *tres personas*, pero *con una sola naturaleza.* Hablamos de tres personas distintas, pero misteriosamente conectadas entre sí por medio de una sola sustancia divina. Las tres personas teniendo exactamente la misma sustancia, la misma naturaleza, la del Padre por sí mismo y la del Hijo por engendramiento. En las religiones paganas hay un conjunto de tres personas, pero separadas en esencia entre ellas.

Es significativo, que Pablo diga que la Iglesia del Dios viviente sirve de apoyo a la verdad y luego afirme la deidad del Hijo. El cuerpo de Cristo apoya la verdad de la encarnación y es sólo iglesia la que sustente en su credo la divinidad del Hijo. No existe ante los ojos de la Biblia una iglesia de Dios que no sea trinitaria. Serán comunidades religiosas, tendrán la Biblia, enseñarán el Nuevo Testamento, pero la iglesia que tiene la verdad tiene la doctrina de la encarnación del Hijo. Por esa razón, cuando alguno que ha sido bautizado en otro sitio donde se refutaba la Trinidad, convencido de su error, llega a recibirla en un cuerpo evangélico distinto, tiene que sumergirse en un bautismo trinitario.

Del mismo modo deducimos que no hay conflicto alguno entre el misterio y la verdad y que al aceptar el uno, se acepta a la otra, y viceversa, la iglesia, al sostener bien alto el estandarte de la encarnación, empina hacia el cielo la bandera de la verdad. Es un sagrado deber de todo maestro enseñarla con claridad, porque cuando el apóstol dice: «Para que si tardo, sepas cómo debes conducirte en la iglesia», se refiere a lo que debes enseñar con claridad, además de vivir con precisión.

No debemos temer estar enseñando calumnias a Dios, porque la doctrina no fue forjada en los concilios ecuménicos de Nicea y Calcedonia, lo que ellos hicieron fue simplemente *definirla*. No la proclamaron como una verdad basada en el consenso, sino como algo firmemente enraizado en la Palabra de Dios.[2] Es una misteriosa realidad que la incomprensión plena de algo no determine su veracidad.

Dios manifestado en carne

Tras eso el apóstol escribe: «Dios fue manifestado en carne». Aquí los que no quieren que haya divinidad en Jesús mencionan que hay copias de manuscritos griegos que no contienen la palabra «Dios», sino que debiera leerse «el cual». Como eso lo hemos oído partamos de ese supuesto, sin suponer que los copistas gnósticos son los culpables de la omisión.

Supongamos que el texto dijera: «Cristo manifestado en carne», ¿dónde está el misterio allí? Y hay copias que tienen ese nombre. Si decimos «Pedro y Juan fueron manifestados en carne», lo que decimos es que son hombres; pero eso no tiene sentido decirlo porque es natural que ellos sean manifestados en lo que son. Lo que sería un verdadero misterio es que Pedro y Juan no se manifestaran en lo que son, hombres, sino que asumieran la apariencia de ángeles o dioses. Pero Pedro y Juan están comprometidos con sus propias humanidades y reducidos a ellas.

Si *el Hijo* se manifestó en carne, se dice con razón y motivo, dando a entender que podría *existir* y manifestarse de otro modo que no fuese como hombre y que se afirma para corregir algún error o para prevenirlo (¿gnóstico?). Por tanto hay un doble error que evitar: Que Cristo vino al mundo fuera de un cuerpo humano, porque Él fue manifestado en carne y que era sólo eso, carne, es decir, hombre como Pedro y Juan. Hay que admitir que este himno primitivo contiene la cristología apostólica y la doctrina de las dos naturalezas del Señor. ¿Qué misterio tiene que un mortal, que no es nada más que eso, se manifieste como

2. Recomiendo que se lea en algún diccionario de teología sobre: Arrio, Atanasio, Nicea, Néstor y Eutico.

un simple ser humano? ¿Qué misterio encerraría esta afirmación: «Pedro y Juan son de carne y hueso»? ¿Será eso un megamisterio como Pablo llama a la encarnación?

Si el Hijo ha tenido *otra existencia* no humana, ¿de cuál se trata? ¿Ángel? Los ángeles no pueden volverse de carne, cierto que se manifiestan como varones en figuras humanas, pero no leemos jamás que ninguno haya nacido de mujer. El cuerpo de Jesús en ningún punto de su historia equivale al de un ángel tomando forma humana. Jesús fue, no ficticia sino realmente, un hombre.

¿Podría ser otro dios diferente al Dios Único? La Biblia es muy explícita en enseñarnos que no hay más dios fuera del Único (Dt 6.4). Si Cristo, como todos admitimos, tuvo preexistencia, si no es un simple mortal, no es un ángel encarnado, no habiendo otro dios, ¿qué es pues? Tiene que ser el Mismo y Único Dios encarnado.

Como esta conclusión es irrefutable hay quienes se refugian diciendo que se trata de *un dios*, menor y creado por el Padre, el Único, para por medio suyo crear todo el universo. Es cierto que el Padre creó el universo por medio del Logos, su Hijo. Eso es verídico. Pero, ¿en qué parte se dice que *lo creó primero*? No hay ni un solo versículo que sustente esa afirmación. Si para eso se utiliza Colosenses 1.15: «[...] el primogénito de toda creación», se comete un grave error de exégesis y significa todo lo contrario, que el Hijo, Primogénito, es el heredero, principal y dueño, estando sobre toda la creación. Si se lee en conexión con el versículo 16, el sentido es bien claro.

El Nuevo Testamento enseña que Cristo fue *engendrado* por el Padre (1 Jn 5.18), en la eternidad, por supuesto, porque fue antes que el mundo llegara a existir. Engendrado no es lo mismo que creado. El Padre engendró al Hijo y le dio el «tener vida en sí mismo» (Jn 5.26). Si el Hijo hubiese sido creado, no tendría jamás vida en sí mismo. Su vida siempre dependería de la del Padre. Ni los hombres ni los ángeles tienen vida propia. Ellos dependen de Dios. Pero el Señor afirmó que como el Padre tenía vida propia, Él que la recibió del Padre, también la tiene. Cuando el Padre le engendró le comunicó su naturaleza, sus características esenciales. ¿Acaso eso no se entiende? Si es Hijo de Dios de esa manera, ¿es mucho que lleve los mismos atributos divinos? ¿O es que la misma y eterna esencia divina al ser engendrado el Hijo se disminuyó quedando reducido a una criatura o un dios? Si fuera menos de lo que es su Padre, ¿no llamamos al hijo de un hombre que es menos que hombre un ser anormal? El término «engendrar» o «hijo» exige que sea *personal*. El Hijo ni es una criatura, porque lleva la sustancia divina, ni tampoco es «manifestación o modo de Dios». Es personal y tiene existencia personal. Esta es la segunda persona de la Trinidad. Es un misterio, y no podemos sumergirnos más en la noche de la eternidad.

¿Habrá idolatría al adorar al Hijo? No, no puede haberla, porque es *otra persona*, pero no otro Dios. Idolatría sería si fuese una criatura o un dios menor. En ese caso no podría ser honrado como Él mismo lo pidió: «Para que todos honren al Hijo como honran al Padre» (Jn 5.23).

¿Y cómo es esa Persona en Jesús? Es una Persona Divino-Humana. La naturaleza humana, unida a la divina del Hijo, sin mezclarse, porque lo eterno no puede mezclarse con lo temporal, ni lo infinito con lo finito, forman la Persona de Jesucristo. Una gran verdad y un megamisterio de nuestra carísima salvación. Dios fue manifestado en carne en su segunda Persona, la de su Hijo Jesucristo, emblema de amor y justicia infinitas.

La justicia divina

Por las exigencias de la justicia del Padre se necesitaba un Salvador que tuviese naturaleza divina. O de lo contrario habría un conflicto moral con la Justicia Perfecta.

La muerte y abandono del Hijo por parte del Padre, si aquel fue una criatura hubiera constituido una ilegalidad. Aun los sistemas legales humanos no admiten que un inocente pague la pena de un culpable. ¿Cómo podríamos pensar en *justicia y amor* en Dios si ha «creado» al Hijo para someterlo, conforme a un plan misterioso, al más bárbaro y horrible castigo? ¿Cómo el Padre habría de usar un ser creado para que sustituyera en el mismo infierno a millones de culpables? Pero eso es en el supuesto de que Cristo hubiera sido *criatura*, pero ya hemos demostrado que es el Hijo, el mismo Dios. Dios mismo es el que dicta el castigo y el que se somete a él, en su segunda Persona.

Su propio amor y justicia exige que su relación con el Hijo sea *más que filial*, debe ser *natural*. Así toda la expiación, la sustitución, la justificación, la redención, la salvación en su totalidad queda encerrada dentro de la Divinidad y sí se puede hablar de amor de Dios y de un plan de gracia. Por eso Pablo no dice que Dios reconcilió al mundo «por medio de Cristo», sino que «estaba en Cristo reconciliando al mundo consigo mismo» y «fue hecho justicia de Dios en Él» y «nos reconcilió *consigo mismo* por Cristo» (2 Co 4.18,19,21).

La doctrina de la encarnación es vital para que armonice con la legalidad de nuestra salvación. Si alguien la rechaza, tiene por lógica que ver reducido el amor de Dios, tan manifiesto en la crucifixión, a una deshonesta crueldad. Jesucristo siempre enfatizó la voluntariedad de su sacrificio. Juan 3.16 se vuelve sublime, si pensamos en el modo generoso, lleno de gracia y de verdad y misericordia con que fuimos incluidos en su plan, escogiéndonos en él, amándonos en él, justificándonos en él, redimiéndonos en él.

Sin la encarnación, de quien se trate, no puedes entender el amor divino. No hubo por parte del Padre injusticia en el sacrificio de su Hijo. El Hijo se entregó voluntariamente y se expuso a la humillación nuestra porque lo quiso. El Hijo, el mismo que era tanto de sustancia divina como humana, y en todo perfecto.

El hombre perfecto

Sin la naturaleza divina en Jesús, ¿cómo podría Él ser un hombre perfecto? ¿Cómo podría haber constituido el sacrificio expiatorio perfecto, en una ofrenda perfecta?: «Porque con una sola ofrenda hizo perfectos a los santificados» (Heb 10.14). «Porque tal sumo sacerdote nos convenía, santo, *inocente, sin mancha,* apartado de los pecadores» (Heb 7.26).

Nadie discutiría que *la paga de nuestro pecado* tenía que ser inocente, no podría estar acusado de alguna culpabilidad ante la justicia divina, porque entonces, ¿cómo podría pagar el pecado de otros si debía por los suyos? De Cristo se dice que era inocente, no estaba comprometido con la justicia divina. Y esto se dice, no de la persona preexistente del Hijo, sino del Sumo Sacerdote Jesús.

Además se dice que era *sin mancha*, y eso es mucho más que sin manchas morales, sin las contaminaciones de este siglo, *sin el pecado original*. Quiere decir que nació ceremonialmente perfecto como sacerdote y como ofrenda. Da a entender que no se contaminó en el vientre de María, que no heredó el pecado de Adán y que no nació bajo la sentencia y condenación, como nacemos todos los hombres. No estuvo en la caída federal de Adán. Sin embargo, no es de otra raza. Es el Hijo del Hombre. Su madre nació en pecado, pero no le pudo trasmitir esa mancha ni esa condena. ¿Cómo pudo ser eso? ¿Cómo pudo nacer, directamente desde Adán, y salirse del estado de condenación? La respuesta se hace fácil: *Por su naturaleza divina.* Ello hizo de Él un Hombre perfecto, sin la polución del pecado original.

Está visto, hermano, que sin esa naturaleza divina el Señor hubiera nacido rodeado de nuestras mismas calamidades y en el mismo estado de condenación que nosotros nacemos. Ningún ángel ni otro dios tiene poder para combatir el pecado de ese modo. Los ángeles ni siquiera predican el evangelio, carecen de fuerzas para vencer el mal y no tiene sentido que Dios cree otro «dios menor» para hacer lo que Él puede hacer y únicamente puede lograr. En caso de que eso pase, el «otro dios menor» no sería menor, sino que habiéndolo creado, habría creado un doble de sí, uno exactamente como Él.

Si la iglesia acepta y enseña un Cristo sin naturaleza divina, ha perdido a su Salvador, el Hombre perfecto, sin las contaminaciones de la herencia adámica. ¡Dios no lo quiera! Y ella comprenda siempre sus Personas.

Las personas

He oído a los antitrinitarios argumentar de este modo: «Si el Padre es Dios y si el Hijo también fuera Dios, ¿cómo es que Jesús oraba al Padre y le imploraba ayuda?» Los que así hablan demuestran ignorar casi totalmente la doctrina de la Trinidad.

Nosotros afirmamos que Dios es Tri-Uno: «Un Dios pero *en Tres Personas*». Una *naturaleza* para el Padre, la misma para el Hijo y para el Espíritu Santo. La igualdad en la Divinidad *no es personal* sino de naturaleza o sustancia. Jesús puede orar al Padre porque *es otra persona*, la Segunda. Cuando fue engendrado por el Padre en la eternidad, recibió igual sustancia y diferente identidad personal. Recordemos que los dos hijos de un solo padre son personas diferentes, pero guardan con él una relación única de humanidad. Nuestros hijos son personas diferentes, pero tan seres humanos como los que los engendramos. En este aspecto *no pueden* ser ni más ni menos. El término «engendrar» implica que heredarán nuestra naturaleza. Lo mismo pasa con el Hijo y el Padre en la Deidad.

Desacreditar la doctrina de la Trinidad ante los ignorantes calificándola de sacada de los yacimientos triteístas paganos es una calumnia. La Biblia afirma repetidamente que el Hijo es Dios, como el mismo Padre, porque de Él tomó su sustancia. Todos los maestros deben memorizar al menos tres textos donde están: 1 Juan 5.20, Tito 2.13 y Romanos 9.5.

El Cristo de los Evangelios es tanto divino como totalmente hombre, muchas veces cuando habla en su estado de humillación y limitación lo hace como un hombre; sus palabras no tienen que consternarnos, porque nada tienen que ver con su origen y permanencia en la divinidad. Jesús enseña de su Persona las dos cosas, que es Dios y que es Hombre. La diferencia manifiesta de personas, declarada en los evangelios, no abroga para nada la igualdad de sustancia que existe entre ellas y las une indisolublemente.

El Padre es Dios, el Hijo es de la misma esencia, no semejante como acabamos de ver, y el Santo Espíritu, su divino soplo.

15

El Espíritu Santo

Si te dijeran que eres subnormal, ¿te ofenderías? ¿Sí o no? ¿Te sería igual que te clasificaran como un poco menos que un ser humano? Entonces, ¿qué simpatías piensas que pueden tener el Hijo y el Espíritu Santo cuando se les disminuye ante los ojos de los hombres? Al primero lo han achicado increíblemente y al segundo, peor todavía. Ni siquiera lo han considerado una persona. ¿No es una injuria? ¿Es extraño que Él, ofendido, los abandone por completo y los deje vagar en sus propios errores y meterse cada vez más en la oscuridad? Y así ha ocurrido, andan como topos por debajo de la tierra, se meten en los huecos de los árboles muertos, hacen sus casas en las tinieblas y no dan nunca con una sola verdad. ¡Si al menos pudieran orientarse como los murciélagos! Pero no lo hacen. Están ciegos y profesan guiar a otros, y todos los que les permiten conducirlos caen con ellos en el hoyo de la destrucción.

No toman nada de Cristo, porque el Espíritu que nuestro Señor nos prometió que tomaría de lo suyo no les da nada, pues han herido sus oídos enseñando a los hombres de forma afrentosa.

Y son tan voraces estos moradores de las tinieblas, que cuando perciben algún resplandor de luz del cielo, emitido por alguno de los hijos de luz, caen pronto sobre él con tanta tiniebla, que si el escogido no conoce bien lo que profesa, lo asfixian con esa tonelada de errores. ¡Millares de evangélicos han perecido debajo de esa tortuosa masa de mentiras! ¡Oh, si Dios le cerrara las puertas de nuestras iglesias a esos profesores engañadores de religiones muertas que no adoran!

A tus alumnos, salvados por la bendita obra del Espíritu y bautizados en su nombre, debes enseñarles para que conozcan la verdad y rechacen el error. ¿Qué sentido tiene que sean bautizados en el nombre de un «Dios no conocido»? ¿Crees que es correcto que respondan como aquellos efesios: «Ni siquiera hemos oído si hay Espíritu Santo»? (Hch 19.2).

Jesucristo dijo: «Por tanto, id, y haced discípulos a todas las naciones, bautizándolos en el nombre del Padre, y del Hijo, y *del Espíritu Santo*» (Mt 28.19). Por tanto, todo discípulo tiene que conocer las Tres Personas de la Divinidad, y la tercera no menos que las dos primeras. También te agradecemos a ti, Espíritu, nuestra salvación.

El Espíritu y la salvación

Volviendo a nuestra fórmula de Mateo 28.19, la decimos cada vez que se bautiza un salvado porque Dios, en sus Tres Personas, tomó parte en su salvación.

Hay quienes excluyen al Padre y al Espíritu al bautizar, alegando que, en Hechos 2.38, Pedro exhortó a ser bautizados en el nombre de Jesucristo para perdón de los pecados.

Pero con medio ojo solamente se ve que el propósito del apóstol no fue excluir al Padre y al Espíritu, sino enfatizar quién era el Salvador. Estas palabras apostólicas son posteriores a las halladas en Mateo y si el propósito del apóstol hubiera sido corregir al Señor hubiera dicho: «Bautizándolos *únicamente* en el nombre de Jesucristo».

La fórmula de Mateo 28.19 es más completa teológicamente que otra cualquiera. Muestra las Tres Personas de la Santísima Trinidad y excluir a una cualquiera sería como restarle el honor que quiere recibir en lo que ha participado.

El Padre aporta la misericordia y elige al pobre pecador y está dispuesto a reconciliarse con él por medio de su Hijo, quien se sacrifica para darnos justicia por su muerte, y el Espíritu hace que podamos apropiarnos de esos beneficios alcanzados por Jesucristo obrando su parte en nuestra salvación.

La regeneración

Cuando Dios extiende su mano para salvar un escogido, lo primero que sucede al tocarle es *la regeneración.* Pablo dice: «Nos salvó, no por obras de justicia que nosotros hubiéramos hecho, sino por su misericordia, por el lavamiento de la regeneración y por la renovación en el Espíritu Santo» (Tit 3.5).

El motivo de nuestra salvación es *el amor de Dios* (3.4), porque por su mismo amor lo ha hecho, no porque con buenas obras nos ganemos la salvación, sino por *su misericordia*, su libre misericordia, porque ha querido hacerlo y ha comenzado su obra en *la regeneración*.

A la regeneración también se le llama *lavamiento*, que nada tiene que ver con el bautismo, sino *con la acción del Espíritu Santo,* porque seguidamente el texto nos dice: «por la renovación en el Espíritu Santo». Al Espíritu debemos nuestra regeneración, es quien opera bajo un pacto de misericordia cambiando nuestras vidas. En 1 Corintios 6.11, el mismo apóstol recuerda a los hermanos de Corinto que habiendo sido injustos, fornicarios, idólatras, afeminados, etc., habían luego sido *lavados*, santificados, justificados en el nombre del Señor Jesús *y por el Espíritu de nuestro Dios*.

Así pues, la regeneración es una obra de misericordia de Dios a través de Jesucristo y por medio del Espíritu Santo. Sin la ayuda del Espíritu Santo el maestro nada podrá hacer, salvo quejarse de que su clase no prospera porque la regeneración y santificación de sus alumnos dependen de Él. En la práctica, sin Él estamos literalmente imposibilitados de usar de manera adecuada la Biblia, porque ella es manejada por el Espíritu Santo: «Y la espada del Espíritu, que es la Palabra de Dios» (Ef 6.17). Trata, en cuanto dependa de ti, orar mucho al Señor, vivir cada hora del día en su comunión y no ofender al Espíritu que tienes en tu cuerpo, para que no tenga obstáculo en bendecir la labor, sea para salvarlos o para hacerlos más puros.

La santificación

La regeneración pone la simiente santa en el alma del alumno y luego la desarrolla viniendo el Padre y el Hijo a morar en su alma en la Tercera Persona. No todos tus alumnos necesitan la regeneración. Algunos ya están en proceso de santificación y luchan mucho contra los apetitos de la carne, las dudas y las insinuaciones mundanas. No los dejes perplejos. Enséñales que la persona del Espíritu, desde adentro los ayudará a vivir triunfalmente. Quedamos regenerados cuando el Espíritu toma posesión en nuestra alma en nombre de las Tres Personas. Jesús dijo: «Y vendremos a Él, y haremos morada con Él» (Jn 14.23). Observa el plural *vendremos y haremos*. Está hablando del Padre y del Hijo. Pero el Hijo, físicamente no puede morar en ningún ser humano. El Hijo viene pero en su Espíritu.

Romanos 8.9 dice: «Más vosotros no vivís según la carne, sino según el Espíritu, si es que *el Espíritu de Dios* mora en vosotros. Y si alguno no tiene *el Espíritu de Cristo*, no es de Él». El «Espíritu de Dios» y «el Espíritu de Cristo» es uno mismo, no son dos cosas *esencialmente* diferentes. En ese tono podemos entender las palabras del Señor cuando dijo: «Pero vosotros le conocéis, porque "mora con vosotros", y estará en vosotros» (Jn 14.17). El Espíritu no empieza a existir cuando Jesús sube al Padre, ni tampoco hace acto de presencia en la vida de ellos cuando Él les sopla. Ya estaba con ellos y moraba con ellos *en Jesús* mismo. Las tres Personas participan en nuestra santificación.

Tener el Espíritu de Cristo es tener el Espíritu Santo. Por eso se dice lo mismo, que somos templo de Dios y templo del Espíritu Santo. En 1 Corintios 3.16 se dice: «¿No sabéis que sois templo de Dios, y que el Espíritu de Dios mora en vosotros?» Y sin embargo en 6.19 dice: «¿O ignoráis que *vuestro cuerpo es templo del Espíritu Santo*, el cual está en vosotros, el cual tenéis de Dios?» En 2 Corintios 3.17 dice: «Porque *el Señor es el Espíritu;* y donde está el Espíritu del Señor, allí hay libertad». En este texto puedes ver que también Jesús es el Espíritu.

El Señor dijo a los discípulos que «donde estén dos o tres congregados en mi nombre, *allí estoy yo* en medio de ellos» (Mt 18.20). Y, ¿de qué forma podría estar, si no por mediación ubicua de su Espíritu? También al final del mismo evangelio dijo: «Yo estoy con vosotros todos los días, hasta el fin del mundo» (Mt 28.20). Y haría la misma pregunta anterior, ¿cómo si no por su Espíritu?

Es lo que ya he venido afirmando y se ve claro como en un espejo, que *no hay diferencia esencial* entre el Padre, el Hijo y el Espíritu Santo.

Enseña a tus alumnos que la santificación del pecador sólo es posible por la presencia del Espíritu en su cuerpo. Cuando Pablo hablaba de que somos templos, añade: «Glorificad, pues, a Dios en vuestro cuerpo». Mientras nos hallemos en nuestro cuerpo, y presumiblemente evitando una adoración para gloria de Dios, que sea exclusivamente relacionada con el espíritu humano sin vínculos con el cuerpo. No, el cuerpo es importante y fue incluido en el rescate hecho por Jesús. Los pecados corporales afectan el alma y son llamados contra Dios.

La presencia *interior* del Espíritu es imprescindible para nuestra santificación. Por eso nuestro Señor dijo: «Pero vosotros le conocéis, porque mora *con* vosotros, y estará *en* vosotros» (Jn 14.17). Sin esa entrada del Espíritu al cuerpo humano no hay cristianismo, ni menos santificación.

Mientras el Espíritu no entre al cuerpo del hombre, todos sus miembros están bajo dominio del pecado, la carne gobierna y el diablo induce. Es imposible controlar al temperamento, los instintos y las malas inclinaciones desde afuera o por sí mismo. Es el Espíritu el que hace que el cuerpo sea santificado así como el resto del ser, el espíritu y el alma: «Y el mismo Dios de paz os santifique *por completo*, y todo vuestro ser, espíritu, alma y cuerpo sea guardado irreprensible para la venida de nuestro Señor Jesucristo» (1 Ts 5.23). La biología humana escasamente obedece a la más resuelta voluntad. Tiene que ser el Espíritu desde adentro el que controle santificando toda intención.

De cada «santo» se podrá decir en lenguaje humano «que así como para iniquidad presentasteis vuestros miembros para servir a la inmundicia y a la iniquidad, así ahora *para santificación presentad vuestros miembros para servir a la justicia»* (*Ro 6.19*).

Lo que oímos también ayuda, porque somos limpios por «la palabra que os he hablado».

La inspiración de la Escritura

Ama mucho tu Biblia, aprópiate de ella todo lo que puedas, que sus palabras «abunden» dentro tuyo y te quedarás asombrado de la bendición que caerá sobre todo lo que con ella construyas. Llena tu clase con su contenido. Haz que se le respete como la misma voz divina, su oráculo escrito:

> Toda la Escritura es *inspirada por Dios*, y útil para enseñar, para redargüir, para corregir, para instruir en justicia, a fin de que el hombre de Dios sea perfecto, enteramente preparado para toda buena obra (2 Ti 3.16-17):

La palabra usada es *teópneustos* que significa «soplada» o «alentada» por Dios. La Escritura lleva el aliento divino, el soplo vivo del Todopoderoso. Es una forma muy íntima de decir que Dios nos habla por medio de ella, de que ha sido pasada hacia nosotros como Palabra suya, que aunque lleve las características humanas de quienes la escribieron, Él es su primer Autor y que la hemos heredado sin mezcla de errores.

Pero la doctrina de la inspiración de la Biblia tiene una importancia eminentemente *práctica,* es «útil» y nos describe el ministerio que con ella se puede hacer. Lo que dice, no es por hacer un mero elogio, sino para alentarnos a utilizarla continuamente en nuestro servicio en la iglesia.

Se puede afirmar que la Escritura es inspirada por Dios *por lo que ella revela*. La doctrina de la inspiración está íntimamente relacionada con su contenido, con su mensaje de revelación y con la armonía que este guarda entre sí. Es su mensaje en sumo grado lo que garantiza su inspiración, sus verdades.

Es cierto que hay algunos errores cometidos por copistas posteriores cuando han cambiado un nombre por otro, o una letra por otra. Pero admitiendo eso *aun en las copias,* para nada se afecta la doctrina de la inerrancia de la Escritura y su plena inspiración, porque su mensaje sigue intacto y el sentido de su verdad incambiable. Siempre es la Palabra de Dios.

Te darás cuenta que la Biblia es inspirada por Dios, porque *el Espíritu Santo acompaña su mensaje.* Por el uso que Dios hace de ella, obrando maravillas por su exposición, se puede notar que Él la acompaña, testifica a su favor, manifestando su presencia a su lado.

En otra parte afirma que es «la espada del Espíritu» (Ef 6.17), un arma utilísima para el combate. El maestro no queda «enteramente» preparado hasta que no la conoce y utiliza bien.

Las Escrituras son un producto divino y sus letras las que el Espíritu Santo utiliza para la regeneración y santificación de los pecadores. Fueron escritas por diversos hombres en distintos tiempos, varones piadosos que conforme a la cultura y sus circunstancias oyeron las palabras de Dios y las hicieron conocer al pueblo: Los santos hombres de Dios hablaron siendo inspirados por el Espíritu Santo» (2 P 1.21).

Y esto había sido una promesa del Señor al enviarnos su Espíritu: «Pero cuando venga el Espíritu de verdad, Él os guiará a toda la verdad; porque no hablará por su propia cuenta, sino que hablará todo lo que oyere, y os hará saber todas las cosas que habrán de venir. Él me glorificará; porque tomará de lo mío, y os lo hará saber» (Jn 16.13-14).

Podrás ver que el Nuevo Testamento fue escrito bajo inspiración divina y que ha sido el Espíritu Santo quien ha llevado a cabo esa magna obra. Es el proyecto y trabajo de un ser personal.

El Espíritu: una persona

No creas que no hay que guerrear tanto por el establecimiento de la personalidad del Espíritu Santo, pues se trata solamente de matiz teológico. La negación de la personalidad del Espíritu es ofensiva y tiene consecuencias muy serias en la práctica cristiana. No costaría ningún trabajo con los dos versículos anteriores barrer de un plumazo esos errores que caminan por las calles del mundo y que afirman que el Espíritu Santo es «un modo de manifestación divina», o «la fuerza activa de Dios». Dicen que el Espíritu Santo no tiene personalidad propia e independiente del Padre y que es una ilusión componer la doctrina de la Trinidad contándolo aparte.

Si el Espíritu es «una modalidad divina», ¿por qué dice que tomará de Dios? Yo no podría tomar algo de otro, si ya lo tengo conmigo. Si voy y busco algo, es porque está separado de mí. Pero la teología correcta establece el hecho que tanto el Hijo como el Espíritu *proceden* del Padre, y lo que ellos tienen lo recibieron de Él. La existencia misma y el conocimiento que el Espíritu tiene los ha recibido del Padre.

El hecho de que Jesús, que conoce mejor al Espíritu que cualquiera de nosotros, diga que «no hablará por su propia cuenta», no permite pensar de que se trate de una modalidad de la manifestación divina, porque si bien hay una subordinación *en oficio,* establece una personalidad aparte.

El hecho de *personalidad* en el Espíritu destruye cualquier idea de que es una forma de manifestarse Dios, porque si no habla por su propia cuenta es que *hipotéticamente podría hacerlo*. Tiene su propia voluntad, idéntica a la del Padre, pero suficiente para formar una persona completa separada de la anterior. Y por supuesto si «habla», «oye», «hace saber», no puede tratarse de una mera fuerza impersonal.

Es cierto que el propósito de Jesús no fue establecer la personalidad del Espíritu Santo, pero la implica por completo cuando trata de convencer a sus discípulos que no se entristezcan porque su Vicario es confiable y hasta les convendría la sustitución. Si se tratara de *la misma persona del Padre,* simplemente con decirles que Dios estaría con ellos los hubiera consolado por completo. Si en Juan 15.26 se nos afirma que «procede» del Padre, ¿cómo pensar que sea una modalidad de Él? Si procede, lleva su esencia, tiene su misma sustancia, pero procede, luego es alguien separado de alguna forma que llamamos personal.

En el mismo Evangelio de Juan (14.16), Jesús le llama *«otro* Consolador». Si es «otro», ¿cómo insistir que es lo mismo? ¿O es que «otro» no significa algo diferente? ¿«Otro» no significa nada?

Y, ¿de qué modo se podría afirmar que es una mera fuerza divina, cuando es capaz de *convencer* al mundo de pecado, *hablar, oír, glorificar?*

Si el Espíritu no es una persona, ¿cómo es que gime dentro de nosotros e intercede? (Ro 8.26). Y, ¿qué intención puede tener una fuerza? (8.27). Y, ¿cómo se le puede entristecer si no tiene sentimientos propios? (Ef 4.30). La independencia personal entre el Padre y el Espíritu es manifiesta en estos tres versículos.

Es una desventaja muy grande para alguien llamado cristiano afirmar los errores de modalidad divina en el Espíritu y la impersonalidad de una fuerza, porque *lo rebaja de su gloria y perjudica su comunión.* ¿Cómo se podrá tener tratos con Él, personales, si no se cree que sea una Persona? *Tiene que afectar la salvación y la dedicación.*

Lo que nosotros vemos en el libro de Hechos es diferente. Los hermanos tienen una gran comunión del Espíritu Santo. No dice Pablo en su doxología, sino «la gracia del Señor Jesucristo, el amor de Dios, y *la comunión* del Espíritu Santo» (2 Co 13.14). Pide para ellos que el Espíritu tenga comunión con sus almas. No podríamos practicar la vida cristiana sin Él. No seríamos ni siquiera cristianos, sino sensuales y perversos (Jud 19); no podríamos orar, porque hay que orar «en el Espíritu Santo» (Jud 20). Él nos ayuda a tener comunión con los demás hermanos y con el Padre y con el Hijo, porque en Él «y nuestra comunión verdaderamente es con el Padre y con su Hijo Jesucristo» (1 Jn 1.3); y esa comunión se establece si somos hijos y si hemos recibido «el espíritu de adopción» (Gl 4.6 y Ro 8.15-17).

Es indudable que todos los deberes cristianos, como leer la Biblia, orar, enseñar, cantar, ofrendar, servir, se hacen una pesada carga si no nos ayuda el Espíritu en nuestra debilidad. Solo Él puede fortalecer «nuestro hombre interior» (Ef 3.16). Diferente es cuando somos llenos del Espíritu.

El bautismo del Espíritu y ser llenos del Espíritu

John R. W. Stott escribe: «Todos fueron llenos del Espíritu Santo» (Hch 2.4). Por tanto, la plenitud del Espíritu fue consecuencia del bautismo del Espíritu. Jesús hizo el bautismo (el derramamiento del Espíritu desde el cielo) y ellos recibieron la plenitud. Aquel bautismo fue una experiencia única de iniciación. Siendo un acontecimiento de iniciación, *el bautismo no se puede repetir,* ni se puede perder, pero la plenitud puede repetirse y, en todo caso necesita mantenimiento, puede perderse. El arrepentimiento en este caso es el único camino para la recuperación».[1]

Tienes que aprender a identificar entre «el bautismo del Espíritu» que ocurre una sola vez en la vida, en la conversión, y el «ser lleno del Espíritu» que puede ocurrir muchas veces.

1. *En Hechos 2.4* se dice: «Y fueron todos llenos del Espíritu Santo, y comenzaron a hablar en otras lenguas, según el Espíritu les daba que hablasen». Se sabe que este fue el bautismo del Espíritu Santo y que simultáneamente también fueron llenos del Espíritu. Aunque propiamente los apóstoles ya eran convertidos, reciben el bautismo del Espíritu posteriormente porque «aún no había venido» el Espíritu Santo. Ellos se habían salvado directamente por la persona de Jesús.

   Siempre que una persona se convierte, en el momento de su salvación es bautizada en el Espíritu y también llena del Espíritu. Su bautismo no lo pierde nunca, porque va ligado a su regeneración, a su arrepentimiento y a su fe, pero la llenura del Espíritu es otra cosa. Un caso, por ejemplo, son los discípulos efesios (Hch 19.1-6). Serían «discípulos» pero a pesar de ello, a mi entender, no eran salvos, porque no se puede serlo sin que se tenga el Espíritu Santo. Eso está muy probado en Romanos 8.9.

1. John R. W.Stott, *Sed llenos del Espíritu Santo,* Caribe, p 44.

Fueron bautizados en el Espíritu Santo. Lo mismo podemos decir sobre la conversión de Cornelio y sus amistades (Hch 10.44-47). Fueron bautizados cuando recibieron el Espíritu Santo. El bautismo es la recepción del Espíritu.

Es un error teológico afirmar que puede haber conversión sin ser bautizado por el Espíritu Santo y que eso puede pasar posteriormente a la salvación como una experiencia subsiguiente. Los textos que se dan para afirmar que el bautismo puede ser una experiencia separada de la salvación, los discípulos de Samaria (Hch 8), Cornelio o los efesios, lo único que hacen es probar que esas personas aún no eran salvas; o, al menos, que por razón de ser un tiempo de transición y confección con propósitos especiales, el Señor retuvo la habitación del Espíritu. En ninguna parte del Nuevo Testamento jamás se nos exhorta a buscar el bautismo del Espíritu Santo. No se dice: «Sed bautizados en el Espíritu».

2. Lo que sí se dice es *sed llenos del Espíritu.* «No os embriaguéis con vino, en lo cual hay disolución; antes bien *sed llenos del Espíritu»* (Ef 5.18). Esa expresión nunca aparece relacionada con el bautismo del Espíritu.

   Ser lleno del Espíritu o la plenitud del Espíritu es algo relativo *a comunión.* En este caso propiamente traería a los efesios más belleza en la alabanza cuando cantasen los salmos, los himnos y todas sus canciones de adoración. Esa pesadez en la alabanza que notamos en algunos cultos cuando el director tiene que arrastrar consigo a la congregación, es una señal de falta de comunión con el Espíritu o de plenitud espiritual.

   En Hechos 4.31 el Señor responde a la oración de los discípulos, salvados y bautizados en el Espíritu, que «con denuedo hablen tu palabra» (4.29). «Cuando hubieron orado el lugar donde estaban congregados tembló; y todos fueron llenos del Espíritu Santo, y hablaban con denuedo la palabra de Dios».

¿Qué necesitamos cuando tenemos miedo a predicar y testificar, cuando apenas sentimos deseos de salir a evangelizar? ¿Gruñir con los hermanos que no lo hacen y acusarles de despiadados o malos siervos? Mejor que todo eso es inducirlos a orar para que sean llenos del Espíritu Santo.

¿Está en decadencia nuestro fervor misionero? El Espíritu Santo es quien puede abrir nuestras bocas. Al llenarnos el Espíritu nos renovaría, nos daría un poderoso entusiasmo y nuestro celo brillaría osadamente.

Podemos hoy estar llenos del Espíritu y mañana no, algún pecado pudo habernos estorbado o Satanás habernos intimidado con alguna grosera amenaza. ¡Y cómo nos muestra Satanás sus negras armas para llenarnos de espanto!

Al decidir los apóstoles elegir los siete primeros diáconos, uno de los requisitos fue ese, ser llenos del Espíritu Santo: «De buen testimonio y del Espíritu Santo» (Hch 6.3). No se menciona el bautismo del Espíritu, porque ya todos lo tenían. Si el bautismo del Espíritu fuera algo posterior a la salvación y que mejora al cristiano y lo pone por encima de quien no lo ha recibido, sería extraño que aquí no hubiera sido colocado entonces como un requisito indispensable. Pero es que el bautismo del Espíritu no nos hace mejores cristianos, simplemente porque su función es hacernos cristianos.

Lo que mejora nuestra calidad espiritual es la plenitud o llenura del Espíritu, por esto, el cristiano debe procurar no entristecer al Espíritu, porque es el sello de su salvación, las arras o garantía de su vida eterna (Ef 1.13-14; 4.30).

Ningún cristiano sincero desea entristecer al Espíritu Santo. No quiere decir, hacer, sentir, pensar nada que Él no apruebe o que conduzca a su tristeza; no quiere perder la comunión con Dios que Él le da; no quiere que al leer su Biblia le sea ella un libro sellado del cual apenas saque algún provecho; no quiere que los medios de gracia, como la oración y la predicación, le sean medios estériles sin ninguna bendición; no quiere perder la delicia de hallarse en la presencia de Jesús y oír encantado las palabras de su boca.

Tampoco quiere apagar al Santo Espíritu (1 Ts 5.19), porque ¿qué fuego luego tendrá que consuma sus sacrificios espirituales? ¿Quién querrá pasar de ser un creyente activo y lleno del amor divino a uno indiferente y sin fervor espiritual? Al contrario, lo que todos deseamos es que más y más el Espíritu Santo encienda su fuego en nuestros corazones.

A cargo de la Tercera Persona de la Trinidad se halla no sólo la santificación del creyente, sino todo el proceso de la salvación y el ansiado avivamiento por el cual constantemente oramos en beneficio propio y del mundo.

El Espíritu y la evangelización

Recordemos que nosotros llamamos evangelización a lo que tiende a *salvar almas.* Algo de eso hemos dicho en el capítulo sobre el empleo de los medios apropiados para la salvación y también en otros lugares cuando hemos analizado la salvación, en especial entre los apóstatas y la regeneración. Esto viene pues, por vía de añadidura.

Amado, la cura espiritual sobre el estado enfermo de muchas de nuestras iglesias es *un derramamiento* del Espíritu Santo. Este es el medio más deseable para alcanzar al mundo, y veo por desgracia que el diablo falsifica todo lo que Dios hace, imitándolo burdamente. Ha estado activo engañándonos, haciéndonos creer que estamos bien y que representamos el culto y la evangelización del primer siglo, o criticamos ese moderno entusiasmo y seguimos fríos y sin mejorar las cosas que están para morir.

No voy a mencionar *la mundanalización* de tantas congregaciones, ni cómo hacen crecer en número sus membresías con *miembros importados* de otros rebaños, que muchas veces son problemas ambulantes que andan por ahí, de un lado a otro; ni tampoco de aquellos que son rebautizados o bautizados *sin constatar la regeneración*, ni del *proselitismo* farisaico que ya he mencionado que practican algunas denominaciones heréticas, porque eso tampoco es evangelización.

No, mi hermano, debemos contar con el Espíritu en nuestra evangelización, porque así sólo es efectiva y *cumple su destino*, la gloria de Dios. R.B. Kuiper dice:

«Es evidente que el Salvador tuvo la salvación de los hombres como un medio para el fin de la glorificación de Dios».[2] Y «ya que adorar y testificar son las dos principales funciones de la iglesia cristiana, la evangelización es una buena obra pero tiene que ser hecha "con la regla correcta", la palabra de Dios, y debe "perseguir un fin correcto", la gloria de Dios y la salvación de los pecadores, y debe ser llevado a cabo con "motivación correcta", el amor a Dios y el interés por su gloria y el amor al hombre y la preocupación por su bien».[3]

Por muy interesados que estemos en ganar almas para Cristo, la salvación de los perdidos no es nuestra meta principal. El amor al prójimo es el segundo mandamiento, no el primero, que es el amor a Dios. Es importante que como maestros observemos ese destino, porque ello guardará entonces nuestra fidelidad a la Palabra de Dios.

El maestro, cuyo propósito es sólo ganar a otros, estará tentado a hacerlo como quiera que sea, utilizando medios inapropiados para ello, y quizás sin exigir lo que tiene que demandar para que sus alumnos sean salvos. Puede llegar a conformarse con lo que es menos que regeneración y además podrá volverse un ambicioso que persigue el número de asistencia más que la salvación.

Dios es glorificado sólo si *el Espíritu obra*: «Él me glorificará; porque tomará de lo mío, y os lo hará saber» (Jn 16.14). Una obra hecha por hombres y con medios humanos no glorificará a Dios. Quienes sólo pueden glorificar el nombre de Dios son el Hijo y el Espíritu; nosotros, por medio de ellos.

2. R. B. Kuiper, *God Centered Evangelism, The Banner of Truth* [Evangelización centrada en Dios, la bandera de la verdad], p. 116.
3. Ernest C. Reisinger, *Today's Evangelism,* [Evangelización hoy], Craig Press, p. XII.

La gloria de Dios en la evangelización se halla *en lo que se enseña,* independiente de los resultados que se obtengan. ¡Pero cuánto deseamos que el Señor sea glorificado en la salvación! Por supuesto que todo maestro verdadero quiere que su clase prospere, pero no a toda costa. Su compromiso máximo es con la Palabra que enseña, guste o no, salve o endurezca.

Nota que el texto dice: «[...] tomará de lo mío, y *os lo hará saber*», en la didáctica, en la enseñanza, en la distribución fiel de la Palabra, es donde se halla la gloria del Señor. Por eso el apóstol dice: «Los ancianos que gobiernan bien, sean tenidos por dignos de doble honor, mayormente los que trabajan en *predicar y enseñar*» (1 Ti 5.17).

El maestro que tiene un mensaje evangelísticamente salvador *es guiado a toda verdad* (Jn 16.13). Tiene que gastar mucho tiempo, trabajo y oración en ser guiado por el Espíritu hacia la verdad de su texto y no puede estar tranquilo ni pensar ganar a los hombres hasta que no la encuentre.

Nota que este texto está conectado con la misión del Espíritu de «convencer» al pueblo de pecados (Jn 16.8). Los pecadores tienen que ser convencidos por medio de la verdad, con argumentos escriturales, con el mensaje en poder de la Palabra de Dios.

Debemos depender completamente del Espíritu para la salvación. Él sólo puede darla, pero algunas veces, no antes que el maestro y evangelista haya sufrido a modo de malhechor. Si el Espíritu siempre nos guía a toda verdad y luchamos con sudor por colocarla en muchos oídos, probablemente se salvarán o serán muy edificados.

Por otro lado, recordemos que es *la acción divina* nuestra mayor necesidad evangelística. Esa es la necesidad primaria. Los métodos son secundarios, pero no menospreciables. Las nuevas iniciativas son necesarias en la iglesia. La iniciativa de bajar al paralítico por el techo y no rendirse por no poder entrar a la casa por la puerta, es formidable. Pero, ¿qué pasaría si el predicador que está dentro carece de unción? Nuestros ojos han visto esto. Mucho trabajo ha costado que alguien entre a oír la Palabra y luego que yace a nuestros pies se lo llevan del mismo modo que entró, entre cuatro amigos, porque no ha habido conversión.

Nos sorprende notablemente lo escrito en su diario por David Brainerd, misionero a los indios americanos:

> Nunca vi la obra de Dios aparecer tan independiente de *los medios* como en este tiempo. Prediqué a la gente y les hablé de lo que yo suponía que tuviera en sí la fuerza para promover convicciones; pero la manera de obrar Dios sobre ellos parecía tan enteramente sobrenatural y *sobre* esos medios, que escasamente podía creer que Él me usara como un instrumento o lo que dije, como un medio para llevar a cabo su obra. Todo parecía, como pensé, no tener conexión o ser dependiente de algún medio. Aunque no pude sino continuar usando medios que entendía que eran propios para llevar a cabo la obra. Sin embargo Dios, como me daba cuenta, parecía obrar sin ellos. Me parecía que no hacía nada ni tenía nada que hacer, sino «estar quieto y ver la salvación de Dios», de modo que me vi obligado con deleite a confesar «no a nosotros», no a los instrumentos y medios, «sino a tu nombre sea la gloria». Dios obraba totalmente solo y no vi ningún lugar para atribuir alguna parte de aquella obra al brazo de la criatura.[4]

Todo eso es válido, pero no olvidemos cuánto cabalgó de un sitio a otro, de Delaware a New Jersey y a otros puntos, buscando dondequiera que estuvieran sus amados indios, luchando para salvarlos, y cómo después de cada reunión se metía en sus tiendas intentando continuar la obra empezada con su predicación.

Siendo así, hermano maestro, como este gran hombre debemos, ante todo, gastar mucho tiempo orando a Dios por su misericordia sobre nuestros alumnos y luego haciendo de instrumentos activos.

Proselitismo

Por último, quisiera decir algo sobre la «evangelización» de las *sectas heréticas*. Si el motivo que nos saca de casa a la calle o

4. Baker, *The Life of David Brainerd* [La vida de David Brainerd], p. 158

al extranjero como misioneros no es el amor por la condición espiritual de los pecadores y la gloria de Dios, mejor sería que nos quedáramos donde nos hallamos. Sólo es y sólo puede ser llamada evangelización a la que es movida por intereses espirituales. Cualquier otro motivo que atraiga prosélitos no los salva.

1. Desespera que aquellos grupos evangélicos que tienen suficiente verdad cristiana para salvar al mundo se esfuercen tan poco en hacerlo. Apenas un pequeño grupo de sus iglesias le da la vuelta al mundo anunciando a Cristo. ¿No tendríamos que pedirle perdón al Señor por estar fallándole?
2. Todavía es más punzante sobre el corazón ver de casa en casa, a cualquier hora del día, grupitos de sectas heréticas ganándose el mundo y nosotros ocupando nuestras sillas en casa o quizás mirando espectáculos televisivos. Es sorprendente cómo esta plaga de langostas está tan bien organizada como un ejército. Están obedeciendo el mandato del Señor de salir a predicar, pero lo traicionan hablando *otro evangelio* y hacen a sus prosélitos dos veces más hijos del infierno.
3. El éxito del proselitismo de las sectas falsas es asombroso, si lo contamos por los números. Los fariseos le daban la vuelta al mundo para hacer *un* prosélito, pero los que giran el mundo hoy son muchos, centenas y millares que invaden no sólo a los que están bajo el dominio del diablo, sino que también están penetrando el reino de los cielos y están visitando las casas de los hijos de luz y pidiéndoles que les digan «¡bienvenidos!» y participen de sus malas obras.

¿No elevaremos, como nuestro Señor, una voz de protesta para avisar a los salvados de la presencia de estas huestes del demonio? ¿No planearemos una contundente preparación de nuestros soldados para llamarlos al combate contra esos enemigos? El Señor nos ayude con su Espíritu Santo.

16

Inmortalidad del alma

Antiguamente los marineros cuando estaban en alta mar se orientaban por las estrellas y podían verificar sus rutas si observaban el cielo cuando estaba despejado. Los magos del oriente llegaron hasta Jerusalén siguiendo la luz de una estrella. Dios había hecho una estrella Polar para indicar el norte hemisférico y ayudar a los habitantes del mar, en aquellas épocas en que andaban casi a oscuras, sin carta de navegación ni brújula. Después llegó la ciencia y, apretando la mano de los lobos del mar, les dijo: «¡Aquí tenéis mi logro, orientaos por ella!», y ya todo fue más cómodo y seguro.

Los antiguos alquimistas dieron paso a los farmacéuticos y luego a los galenos, las hierbas raras y los brebajes de yedra y legumbres extrañas fueron sustituidos por las espléndidas píldoras, los barberos dejaron de sacar los dientes y permitieron que los extrajeran los estomatólogos, las crueles sangrías se acabaron y un buen anestésico aminoró nuestro susto y dolor.

No nos quejamos. La ciencia ha dado sus pasos hacia adelante y no hay por qué ser tan protestón. Pero algunos hombres religiosos, en vez de dar gracias al Señor porque ha dado tan grande entendimiento a los sabios, lo que han hecho es empezar a reírse de Melchor, Gaspar y Baltasar, si fueron estos sus nombres reales, y como si la risita irónica de estos plebeyos del adelanto automotor fuera poca, la tomaron contra las doctrinas y empezaron a querer constatar con compás, brújula, carta, alquimia y frascos de cristal lo que no se podía verter dentro porque es sustancia espiritual y ella no se echa en galones ni se pesa en balanza. Los saduceos, que estaban esperando esta oportunidad, comenzaron a dar gritos de gozo y entraron a saltos en las sinagogas y decían a todos: «¡Os lo decíamos, no hay espíritu, ni ángel, ni resurrección, ni infierno!»

Los que deseaban guiarse por los ojos y no por la fe escribieron sus conclusiones en un papel, las reprodujeron en imprenta y el diablo sopló para su distribución y por doquier hoy, colgados de los árboles y en las plazas, encontramos algún panfleto alardoso y minado de incredulidad donde, con aires de ciencia e ínfulas baratas, hacen pedazos las viejas doctrinas, como *la supervivencia del alma*, mucho más seguras que las conclusiones atrevidas de los hechiceros de batas blancas y los doctores del areópago.

Personalmente no necesito para la seguridad de mi fe ninguna ayuda que no sea bíblica. En poco tengo lo que los sicólogos ateos digan a este respecto. Ellos no tienen fe. Andan revueltos en sus tinieblas y en el laberinto en que se pierden, yo no quiero meterme ni los envidio.

Mi anhelo y sed es verificar sólo *por la Biblia,* si tenemos un alma inmortal que sobrevive a la muerte y cuyas funciones existenciales, que nos han hecho con ella un ser humano, permanecen intactas después del postrer aliento. Supongo que a cualquier creyente sincero le haría más daño oír las opiniones negativas de una secta herética sobre este tema que escuchar una conferencia similar en algún laboratorio. Tranquilamente, si no me gusta el lenguaje ni la doctrina que oigo en la sinagoga, porque se ha hecho liberal o ruselista, me pongo en pie y me voy a casa de Jasón, porque allí predica Pablo el evangelio que quiero oír.

Estoy convencido de que cualquier aspecto de la fe, si se quiere fortalecer, no puede lograrse por otro camino que por el de *la revelación especial.* Nuestra fe depende exclusivamente de la Biblia. Vivimos por «toda palabra que sale de la boca de Dios» y no por las conclusiones miopes de los hombres. Así que si mi plática llega a ser leída por algún estudiante que precise de ánimo para su fe porque es hostigado cruelmente por sus maestros o profesores universitarios, le recomiendo que compre algunos libros sobre apologética cristiana, pero, después de todo, si nota que no pueden ayudarle mucho, le pido, por favor, que crea lo que dice la Biblia. Ella es Palabra de Dios y eso es suficiente. Que mire en su iglesia, si se predica con poder y no solamente con palabras, los resultados de la intervención divina, ya que cuando uno que era cojo y ahora salta se le presenta enfrente a un saduceo y le dice: «¡Mira!», esa es una señal que no puede contradecir.

Quiero presentar mi doctrina con un contenido enteramente bíblico, pero, además, de un modo que fortalezca nuestra esperanza y haga fuerte nuestra fe. Pienso, como escribí en mis exposiciones sobre 2 Pedro 1.13-15, que sin la doctrina de la inmortalidad del alma la fe no es perfecta y el cristiano puede permanecer tembloroso ante la muerte, espantado por su aniquilación. La preservación íntegra de nuestro yo central, la supervivencia de la conciencia, están íntimamente relacionadas a la inmortalidad del alma. Mi fe no es como la de aquellos que piensan que serán destruidos totalmente por la muerte y que serán víctimas cabales de ella hasta la mañana de la resurrección.

Si presento alguna defensa doctrinal no tiene un propósito apologético sino otros dos, para nuestra seguridad espiritual y por el daño que el error podría hacer a nuestra salvación. Como los saduceos ignoran la Escritura y el poder de Dios y, por ende, no creen en la existencia de un elemento espiritual llamado alma, aunque para ello acudan al Antiguo Pacto principalmente, hay que comenzar nuestro estudio allí mismo y platicar con los textos que dicen haber encontrado; que por aquellos tiempos nadie aseguraba tal cosa.

En el Antiguo Testamento

Hay pasajes muy bonitos, repletos hasta el borde de esperanza futura. Uno de ellos, por ejemplo, la muerte de Abraham:

> Y estos fueron los días que vivió Abraham: ciento setenta y cinco años. Y *exhaló el espíritu,* y murió Abraham en buena vejez, anciano y lleno de años, y *fue unido a su pueblo* (Gn 25.7,8).

Las dos frases están juntas en un mismo versículo: «exhaló el Espíritu» y «fue unido a su pueblo». Pudiera ser que la primera sirva para explicar lo que pasó con la muerte; pero, ¿qué quiere decir con que «fue unido a su pueblo»? Si la muerte resume la existencia en nada y nos disminuye a cero aniquilando todo el ser, no podría entenderse que «fue unido a su pueblo», según ese concepto.

¿Qué pueblo, si al segar nuestras vidas no deja ni tronco, rama, ni raíz? La muerte, frente a este versículo de la revelación, difícilmente podría tenerse como una disolución absoluta de todo el hombre. La única explicación lógica es que «el pueblo», al cual se unió Abraham, estaba vivo y no muerto. Abraham mismo, igual que el pueblo al que llegó, no fue reducido a la no existencia, porque lo que no existe no puede jamás celebrar una unión.

Pensado de ese modo el texto, hay dos cosas muy bellas que nutren maravillosamente nuestra esperanza de vida eterna.

Separación y unión

1. Hay un sentido nacional, no étnico ni civil ni racial, sino en el sentido de congregación o iglesia donde se mira a la muerte, no como una separación, sino como *una unión.* ¿Dónde se hallaba el pueblo de Abraham, en la casa que dejaba, en sus criados, sus hijos, sus nietos? No, este texto le llama «pueblo», no al que se quedaba sobre la tierra de los vivientes, sino el que se marchaba de la tierra de los vivientes.

2. El verdadero pueblo de Abraham no era al que pertenecía antes de morir, sino el que le aguardaba cuando eso ocurriera. Cuando un cristiano muere no «nos deja» sino que se une a su genuino pueblo, a la congregación de los primogénitos. Este modo de enfocar la muerte complace bien a su descripción como un «peregrino»:

> Por la fe habitó como extranjero en la tierra prometida como en tierra ajena, morando en tiendas con Isaac y Jacob, coherederos de la misma promesa; porque esperaba la ciudad que tiene fundamentos, cuyo arquitecto y constructor es Dios (Heb 11.9-10).

Nuestra muerte lo que hace no es separarnos de los nuestros, sino unirnos a los nuestros. (¿Pudieras detenerte aquí maestro, pensar y orar unos minutos en relación contigo, tu pueblo, tu familia, en los que ya han ido delante, en que tú también emprenderás ese viaje final?)

Después de la muerte de Abraham viene la muerte de Ismael su hijo, para el cual él oró que siempre viviera delante de Jehová: «Y estos fueron los años de la vida de Ismael, ciento treinta y siete años; y exhaló el espíritu Ismael, y murió, y *fue unido a su pueblo*» (Gn 25.17).

Lo mismo que he dicho de Abraham se dice de su hijo Ismael y esto no está en contradicción con lo que declara Pablo en Gálatas tocante al «hijo de la sierva», porque allí sólo usa una alegoría. Y en todo caso, lo que me interesa probar, la supervivencia del alma, a un sitio u otro, no se me daña en lo más mínimo.

El tercer ejemplo de esta naturaleza quizás sea el más bello. Se trata de Moisés, a quien Dios mismo le dice:

> Y muere en el monte al cual subes, y *sé unido a tu pueblo,* así como murió Aarón tu hermano en el monte Hor, y *fue unido a su pueblo* (Dt 32.50).

Es el propio Señor el que le dice a su hijo que muera y que su muerte lo unirá a su pueblo. Si la muerte hubiera sido una extinción total del ser humano, lo mismo Moisés que Aarón se hubieran sobrecogido de espanto, pero en ninguno de los dos relatos se halla el más mínimo estremecimiento. Tocante a la muerte de Aarón se lee:

> Y Jehová habló a Moisés y a Aarón en el monte de Hor, en la frontera de la tierra de Edom, diciendo: Aarón *será reunido a su pueblo*[...] Y Moisés desnudó a Aarón de sus vestiduras, y se las

vistió a Eleazar su hijo; y Aarón murió allí en la cumbre del monte, y Moisés y Eleazar descendieron del monte (Nm 20.23, 24, 28).

Todo este texto es impresionante, porque Aarón mismo sabía que había ascendido a aquel monte, pero que nunca bajaría de él. Su hijo y su hermano descenderían y él se quedaría allí solo, tendido, puesto inmóvil debajo de tierra que cubriría su rostro, su cabello santo, hasta que la descomposición próxima hiciera de todo él parte de los elementos naturales que lo taparían.

Pero no se lee de ningún deseo suyo expreso de prolongación de su existencia. No hay susto, no se sabe de espanto. Aarón se deja desvestir en silencio. En silencio transcurre todo el tiempo, orando quizás, meditando en su futura morada celestial. Entendió lo que Dios había querido decir con «Aarón será reunido a su pueblo», y lo había creído. Tenía fe en que sería así, no reflexionaba en su aniquilación sino en su llegada al pueblo que le esperaba y preparaba solemnemente su alma, callado.

No estaba enfermo. No era un anciano inútil, pese a sus avanzados años. No se le releva porque ya no sirviera para nada, sino porque *había llegado su hora* y él lo sabía. Dios había dispuesto su último día y él lo aceptaba, no protestaba ni alegaba excusas para que se dilatara.[1] Hay una sola explicación para *la*

1. John Owen escribió poco antes de morir: «Debemos estar listos para aceptar el tiempo que Dios nos tiene preparados para morir. Podemos, como Moisés, desear ver más de la gloria de Dios sobre su pueblo sobre la tierra. O como Pablo, pensar que aún seremos útiles para su pueblo si permanecemos entre ellos por un poco más de tiempo. Podría ser que deseáramos dejar a nuestras familias e intereses personales en una mejor situación.

Pero no podemos gozar de paz en este mundo, a menos que estemos listos para aceptar la voluntad de Dios en relación con nuestra muerte. Nuestros tiempos están en sus manos y su soberanía lo determina. Debemos aceptar eso como lo mejor.

Algunos pueden no temer a la muerte, pero temen *el modo de morir*. Enfermos de los pulmones, grandes dolores o algún tipo de muerte *calma* que lo embarga a él, a su hijo y a su hermano: ninguno miraba la muerte como una separación definitiva o una extinción total.

Esa misma calma y compostura espiritual se ve en el anciano patriarca Israel cuando llegó su vida al final (Gn 49.28-33). Matthew Henry hace a sus postreras palabras un brevísimo, simple y bello comentario:

> Cuando hubo finalizado de bendecir a sus hijos y darles mandamientos se prepara a sí mismo para morir. Se coloca en una postura mortuoria. Habiendo antes estado sentado en la cama para bendecir a sus hijos, ahora los recoge dentro de su lecho no solamente como sometiéndose pacientemente al golpe de la muerte sino como alguien que está, tras cansancio, dispuesto a reposar. Libremente entrega su espíritu en las manos de Dios, Padre de los espíritus. Su alma, separada de su cuerpo, fue a la congregación de las almas de los fieles, las cuales, después de separadas de sus cuerpos, se hallan en gozo y felicidad. Fue unido a su pueblo. Note que si el pueblo de Dios es nuestro pueblo, la muerte nos reunirá con él.[2]

Sabían más de lo que dijeron

El concepto de Seol *(sheol)* en el Antiguo Testamento es bastante amplio en significado, pero no contiene tanta escatología como el Hades del Nuevo Testamento. Es un lugar de «tinieblas, corrupción, donde pululan los gusanos, y se descansa estando en el Seol, en el polvo (Job 17.13-16).

violenta. Seremos sabios y entendidos si estamos listos para pasar cualquier experiencia que Dios nos permita. ¿No es justo que Él haga lo que desee con lo que es suyo? ¿No sabrá Él hacer lo que es mejor para nosotros y que traiga mayor gloria para sí mismo?

Mucha gente ha hallado que han sido capaces de soportar aquellas cosas que más han temido, porque se les ha dado mucha paz de corazón y mente más de lo que hubieran esperado». John Owen, *The Glory of Christ* [La gloria de Cristo], Grace Publications, p. 6.

2. Matthew Henry, *A Commentary on the Whole Bible* [Un comentario completo de la Biblia].

Es sepulcro, sitio de castigo y desintegración, allí reina la muerte, no se retorna de él, no se ejecutan obras ni se alaba al Señor. La teología del Seol es precaria y bastante pesimista, una tierra de olvido total (Sal 88.10-12). Si uno oye hablar a algunos de los más sabios del Antiguo Pacto, hay ocasiones en que ellos parecen no tener ninguna esperanza y están sumidos en las tinieblas. Hablan no como si no creyesen en la supervivencia del alma, sino como ignorándola.

Entonces, ¿cómo explicar la calma de Aarón ante la muerte y justificar lo que hemos dicho sobre «unidos a su pueblo»? Pienso que de dos maneras.

1. Como dice Charles Hodge, hay que suponer que ellos conocían más de la vida futura que lo que el Antiguo Testamento nos revela, y aunque no tenían aún muchas de las doctrinas del Nuevo Testamento desarrolladas, la presencia del Espíritu Santo en ellos les activaba una fe en la vida futura que los fortalecía y esperanzaba maravillosamente.
   Por ejemplo, Moisés. En ninguna parte del Antiguo Testamento se nos dice que alguna vez hubiera puesto en una balanza los «vituperios de Cristo y los tesoros de los egipcios», y que se moviera por el desierto «viendo al Invisible y con los ojos puestos en el futuro galardón». Eso es una revelación que nos hace el Espíritu Santo sobre aquellos hombres antiguos (Heb 11.25-27).
   Otro ejemplo, Abraham, claramente nos revela que no constituyó ningún edificio para morar en él, prefiriendo las tiendas y sus hijos «porque esperaba la ciudad que tiene fundamentos cuyo arquitecto y constructor es Dios» (Heb 11.9-10). De esto no hay ni una jota en el Antiguo Pacto.
   En esa misma línea se hallan las palabras del Señor cuando dijo que: «Abraham se gozó de que había de ver mi día; y lo vio» (Jn 8.56), y aun el propio Isaías, cuando vio la gloria divina en el templo estaba mirando la gloria de Cristo (Jn 12.42).

De todos estos hombres y mujeres del Antiguo Pacto tenemos menos de lo que ellos creían y eran. ¿Quién calificaría a Barac, Sansón y Jefté de hombres de fe, si no es que el Espíritu nos lo asegura en Hebreos 11.32? Me parece maestro, que fácilmente podrás contestar a los enemigos de la inmortalidad del alma que toman viejos textos patriarcales para contradecirla, alegando que aún la revelación no estaba completa y que el Nuevo Testamento nos revela mucho más de sus vidas que lo que podemos allí leer.

2. En segundo lugar, la idea predominante en el Antiguo Testamento sobre la vida eterna no es la inmortalidad del alma, sino la resurrección de los muertos y lo mismo pasa en el Nuevo. Por ejemplo, David dice: «No dejarás mi alma en el Seol, ni permitirás que tu santo vea corrupción» (Sal 16.10). Esto se interpreta correctamente como una esperanza de resurrección (Hch 2.29-31). David «no alcanzó lo prometido, lo vio de lejos, lo saludó». Y lo mismo en el Salmo 17.15. Pero, ¿para qué continuar con la verdad de un sol naciente si hallamos adelante el mediodía de la revelación y la luz en toda su fuerza?

En el Nuevo Testamento

Un solo inmortal

Esta esperanza está tan difundida en el Nuevo Testamento que mi conferencia se haría muy larga y pesada si menciono todos sus textos, pero para creer la doctrina de la inmortalidad del alma y para poder defenderla contra sus agresores, algunos textos son suficientes. Los que se oponen a conceder inmortalidad al alma humana suelen citar 1 Timoteo 6.16 donde, refiriéndose a Dios, el apóstol escribe: «El único que tiene inmortalidad, que habita en luz inaccesible; a quien ninguno de los hombres ha visto ni puede ver». Pero las palabras apostólicas deben tomarse razonablemente y no de prisa. Si Dios es el único inmortal, ¿dónde se halla la inmortalidad de los ángeles? Los ángeles no conocen la muerte, existen desde la creación del mundo. Son criaturas, pero son inmortales. Cuando Pablo afirma que Dios es el único inmortal no está negando que haya otras criaturas que también lo sean. Lo que está haciendo es afirmar que el único que tiene inmortalidad *por sí mismo* es Dios. Él es la fuente de la inmortalidad; y los ángeles, como el alma humana, reciben de esa fuente la inmortalidad. Si Dios quiere conceder inmortalidad a alguien, ¿quién podrá decirle que no lo haga? Todos los reyes son mortales, todos los señores son mortales; ningún dios, aparte de Él, es inmortal. Sólo Él posee inmortalidad por sí mismo y también a nuestro cuerpo nos dará, tras la muerte, inmortalidad, porque por la resurrección nos hará semejantes a la gloria del cuerpo de su Hijo.

La muerte de Jesús

Si no tenemos un alma que sobrevive a la muerte, ¿por qué Jesús al momento de morir dijo: «Padre, en tus manos encomiendo *mi espíritu*»? (Lc 23.46). Si Jesús no tenía espíritu, ¿por qué lo encomienda a Dios? Si su espíritu era sólo «aliento», «viento», ¿tendría algún sentido encomendar el aire de sus pulmones que es como el aire de todo el mundo? ¿Qué importancia podría tener una bocanada de oxígeno? Si se refería a su vida, pudo haber usado otra palabra y no la que precisamente usó. Si el Señor no hubiera estado hablando de su espíritu inmortal mejor hubiera dicho: «Padre, en tus manos encomiendo *mi cuerpo*», porque a fin de cuentas Él sólo tendría eso y nada más.

¿Pudo haberse referido a su vida, llamándola *espíritu*, como quien dijera «resucítame, no me dejes muerto»? Evidentemente Jesús no oró por su resurrección porque Él había dicho: «Tengo poder para ponerla, y tengo poder para volverla a tomar» (Jn 10.18). Aunque el Padre lo levantó de entre los muertos, Él mismo también se levantó.

El paraíso

El concepto del *paraíso*: Cualquiera que lea un poco de griego sabe que la traducción correcta de Lucas 23.43 es la misma que tenemos: «De cierto te digo que *hoy* estarás conmigo *en el paraíso*». En el Nuevo Testamento el paraíso no es un lugar futuro, es un lugar *presente*; no es algo que existirá, sino que ya tiene existencia. El ladrón que creyó entraría aquel mismo día por las puertas del paraíso.

El apóstol Pablo dijo: «Que fue arrebatado *al paraíso* donde oyó palabras inefables que no les es dado al hombre expresar» (2 Co 12.4). Pablo visitó el paraíso, lo vio, oyó cosas allí. Ya el paraíso existe. Pues bien, si no hay almas inmortales, ¿quiénes están allí? Hasta donde yo sepa por la Biblia, el paraíso terrenal fue creado no para los ángeles, sino para el hombre. ¿Para quién es creado entonces el paraíso celestial? ¿Serán Enoc y Elías los únicos dos seres humanos con ese privilegio?

En la teología que Jesús enseñó, el paraíso para los cristianos era algo que ya se disfrutaba, llámese *seno de Abraham* (Lc 16.22), tercer cielo o como sea. Como quiera que Él hablase, en lenguaje sencillo, en símiles, en parábolas, siempre pensaba en un lugar ya existente, bien para felicidad perpetua o para miseria sin límites. ¿No es eso lo que Moisés vio como un galardón?

En Mateo 17.1-8 leemos de la aparición de Moisés y Elías sobre el monte de la Transfiguración. Moisés llevaba milenios enterrado y Elías había sido arrebatado hacia Dios sin experimentar la muerte. Si no hubiera ya un paraíso, ¿dónde estaban ambos? Y si no tienen los hombres alma, ¿qué fue lo que apareció de Moisés? Leyendo con detenimiento el pasaje se ve que *no fue meramente una visión* lo que vieron, sino una transfiguración. No fue una visión como la que vio Pedro sobre la azotea donde los animales y el lienzo no eran reales. Lo que vieron los apóstoles fue real, la gloria de Jesús y sus dos conversadores celestiales.

Tanto los hombres de fe del Antiguo Testamento como los del Nuevo tuvieron que pensar que la muerte, aunque fuera una desgracia terrible, no significaba una aniquilación total.

Conozco que hay quienes se quejan de que lo que se refiere en Lucas es una parábola y que no debe tomarse literalmente. Así que preguntamos, si Jesús no estaba enseñando un premio y un castigo *después de la muerte*, ¿qué enseñó entonces? Si no estaba enseñando la inmortalidad del alma y el estado *consciente* después de morir, ¿cómo se pudieran concebir las retribuciones?

Jesús *no enseñó* la aniquilación o inconsciencia en el Seol, siempre se refiere a él como un sitio espantoso o feliz. El infierno para Él no es algo futuro sino ya existente: «Apartaos de mí, malditos, al fuego eterno *preparado* para el diablo y sus ángeles» (Mt 25.41), y dondequiera que enseñó su doctrina y habló del Seol colocó dentro de él la conciencia humana (Mc 9.42-49).

Pablo

El apóstol Pablo habla en términos de un hombre que posee un alma que sobrevivirá a su muerte cuando escribe: «Así que vivimos confiados siempre, y sabiendo que entre tanto que estamos en el cuerpo, estamos *ausentes* del Señor[...] pero confiamos y más quisiéramos estar *ausentes* del cuerpo, y presentes al Señor» (2 Co 5.6-9).

¿Cómo se podría concebir estar ausentes del cuerpo sin tener algo que produzca esa ausencia? No hay otro modo de pensar que cuando uno muere, sale de su cuerpo y está presente con el Señor. Nadie nunca ha visto esto, nadie ha fotografiado la salida del alma del cuerpo, ninguno ha contemplado algún ángel que venga a escoltarla al cielo. Su existencia *es revelada*, no hay otro modo de probarla, por ende es un postulado de fe. El Señor, Autor y consumador de la fe es el único, por su comunión, que puede dar esa seguridad al creyente para que muera en paz y sin terrores.

¿Cómo puede la muerte convertirse en *una ganancia* personal, si no hay alma que ascienda a morar con Dios en una vida superior? Pues Pablo escribió: «Para mí el morir es ganancia» (Flp 1.21).

Pedro

Hay un último texto que quiero hacerle una breve exposición. Se halla en 2 Pedro 1.13-15. Se trata del anuncio hecho por el Señor a Pedro sobre su inminente partida de este mundo. El mismo dice:

> Pues tengo por justo, en tanto que estoy en este cuerpo, el despertaros con amonestación; sabiendo que en breve debo abandonar el cuerpo, como nuestro Señor Jesucristo me ha declarado. También yo procuraré con diligencia que después de mi partida vosotros podáis en todo momento tener memoria de estas cosas.

Pedro confiesa que es su deber pastoral recordarles todas aquellas doctrinas que fortalezcan la fe. Cuando leemos todo el texto se puede deducir que no se halla preocupado por su muerte, porque examinando sus palabras continúa el curso de la conversación que llevaba sin modificarlo en lo más mínimo. No puedes leer ni un solo lamento por el anuncio de su muerte, ni queja ni reproche contra el Señor por su próxima defunción. Si analizamos el porqué, nos damos cuenta que en su teología sobre la muerte él la considera *un traslado* (la palabra griega es dejar el tabernáculo). Su Señor le ha pedido que deje su tabernáculo y se vaya con Él y por ese motivo no siente espanto alguno. Morir para Pedro no es una desgracia, ni siquiera una frustración; tal parece que lo toma como algo lógico, espiritualmente normal, necesario, como una entrega o una etapa de su existencia que se cerrará. No se puede captar por lo que nos dice algún vestigio de temor a la no existencia del yo, a la desintegración, a la aniquilación personal, a la aniquilación de su conciencia, simplemente porque no pensaba que esas cosas pasarían. Concebía su muerte como un traslado, como un cambio de lugar, una forma nueva y mejor de vivir en otro sitio, junto a Dios con Cristo.

Es muy interesante notar que para Pedro, su verdadero yo es espiritual y su cuerpo es solamente un tabernáculo donde él habita, una casa en la cual viaja y de la que pronto ha de salir. Negar la existencia del alma leyendo sus palabras, si es que las tenemos como inspiradas por Dios, es imposible; ni siquiera es admisible el sueño del alma ni que se quede reposando en algún sitio en espera de que se desintegre el cuerpo. Sin la doctrina de la inmortalidad del alma, la fe no puede ser perfecta y el cristiano permanece tembloroso ante la muerte aguardando su extinción. La preservación íntegra de nuestro yo central, la supervivencia de la conciencia, están íntimamente relacionadas a la inmortalidad del alma. Como dijimos en otro lugar, nuestra fe no es como la de aquellos que piensan que serán destruidos por completo por la muerte y que serán algún día víctimas indefensas de un adiós hasta la mañana de la resurrección.

17

La resurrección de Cristo y su venida

La mañana de la resurrección llegará para nosotros porque la hubo para nuestro Señor Jesús. ¿Has disfrutado leyendo el Evangelio según Mateo tocante al levantamiento de nuestro Salvador de entre los muertos? Después de hablar sobre la resurrección del Señor, esperanza de la nuestra, trataremos la que ocurrirá a nuestros cuerpos.

Voy a asumir, con escaso riesgo a equivocarme, que algunas veces Satanás trae dudas al corazón del cristiano, también al maestro de la Escuela Dominical y este se retuerce de dolor espiritual porque no quisiera ser herido de ese modo con lanza tan cortante.

He aquí mi texto completo:

Al día siguiente, que es después de la preparación, se reunieron los principales sacerdotes y los fariseos ante Pilato, diciendo:

> Señor, nos acordamos que aquel engañador dijo, viviendo aún: Después de tres días resucitaré. Manda, pues, que se asegure el sepulcro hasta el tercer día, no sea que vengan sus discípulos de noche, y lo hurten, y digan al pueblo: Resucitó de entre los muertos. Y será el postrer error peor que el primero. Y Pilato les dijo: Ahí tenéis una guardia; id, aseguradlo como sabéis. Entonces ellos fueron y aseguraron el sepulcro, sellando la piedra y poniendo la guardia (Mt 27.62-66).

Nota *lo que se había olvidado*. Fue el impulso secreto del Espíritu Santo sobre aquellos corazones lo que hizo que ellos recordaran lo que los mismos discípulos habían olvidado: *la resurrección de Jesús*. Observa en el versículo 63 cómo el Espíritu excita aquellas memorias trayéndoles las palabras de Jesús al recuerdo, sin que por ello les sirvan para algo bueno, al contrario, para que los pecados de ellos aumentaran.

Lo que Dios pretendía con ello, *su propósito sabio*, era que la gloria de la resurrección fuera mayor. Aquellos soldados junto al sepulcro, el sello del imperio estampado en la roca, la cuerda que ataba la piedra, todo eso fue ordenado por Dios para que nos quedasen como evidencias irrefutables de que las palabras de Jesús se cumplirían y que *la única manera* de que aquella puerta fuese abierta era desde adentro, y eso de un modo muy especial. (En realidad fue el ángel el que la abrió, el Señor se ausentó de allí dejándola cerrada.)

Bajemos hasta la tumba hermano, corramos como aquellos dos apóstoles, entremos y analicemos las evidencias para nuestra fe.

Inmovilidad

Si los escépticos y racionalistas nos arrojan alguna duda de que el cuerpo del Señor haya vuelto a revivir o algún alumno desdichadamente se balancea en esa cuerda de incertidumbre, que piense que no había posibilidad de que la resurrección hubiera podido ser falsificada porque en primer lugar *el cuerpo se hallaba inmovilizado*. En Juan 11.44 se dice que la costumbre judía de sepultar el cadáver era atándolo totalmente, hasta la barbilla y los ojos. «Y el que había muerto salió atadas las manos y los pies con vendas, y el rostro envuelto en un sudario. Jesús les dijo: Desatadle, y dejadle ir». Si los incrédulos afirman que Jesús no había realmente muerto cuando lo pusieron allí, ¿cómo habría luego de aparecer a muchos si no podía moverse? Suponiendo que al cuerpo aún le quedasen algunas gotas de sangre y vida, no podría haber huido ni retirarse de su lugar, máximo cuando tenía, además de la tela que lo amarraba, *cien libras de especias* encima. Oigamos el testimonio de un testigo ocular:

> También Nicodemo, el que antes había visitado a Jesús de noche, vino trayendo un compuesto de mirra y de áloes, como cien libras. Tomaron, pues, el cuerpo de Jesús, y lo envolvieron en lienzos con especias aromáticas, según es costumbre sepultar entre los judíos (Jn 19.39-40).

Pienso que aun estando la puerta de la tumba abierta Él no podría por sí mismo salir. Y si lo hubiera logrado llegando hasta la abertura, los soldados no habrían vacilado en darle muerte a espada. Pero la puerta estaba cerrada, el hueco bloqueado y custodiado, y aunque se hubiera podido arrastrar hasta allí, habría encontrado la muerte en el piso, porque desde dentro la piedra no la podría correr. La evidencia de la reducción a inmovilidad del cuerpo de Jesús es una prueba para nuestra fe. Pero todo ese argumento está de más, porque el cuerpo del Señor era cadáver.

Certificado de defunción

Los guardias no tenían por qué inquietarse, pues ya *habían verificado su muerte*. Los soldados se habían asegurado que no vivía, hiriéndolo mortalmente. Uno de ellos lo pinchó de modo profundo. «Pero uno de los soldados le abrió el costado con una lanza, y al instante salió agua y sangre» (Jn 19.34). Si el cuerpo no había aún fallecido, este golpe lo mata. No fue un pinchazo pequeño porque para que la sangre se viese, suponiendo que lo cubría alguna ropa, tuvieron que traspasar la tela para que ella corriera hasta los pies.

El juicio del Señor sobre la dimensión de su herida es que cabía dentro de ella la mano ancha de un hombre, no un simple dedo: «Luego dijo a Tomás: Pon aquí tu dedo, y mira mis manos; y acerca tu mano y métela en mi costado; y no seas incrédulo sino creyente» (Jn 20.27).

Hay un elemento más, *el sudario* que le amarraba la mandíbula a la cabeza conjuntamente con el envoltorio de especias *aromáticas* lo habrían asfixiado.

Por lo tanto, los soldados custodiaban un cadáver, no un moribundo. Y si por esto fuera poco, hubo *un informe oficial* de parte de Pilato de que ya se hallaba muerto, y lo hizo para convencerse de que no estaba entregando un cuerpo con vida.

José de Arimatea, miembro noble del concilio, que también esperaba el reino de Dios, vino y entró osadamente a Pilato, y pidió el cuerpo de Jesús. Pilato se sorprendió de que ya hubiese muerto; y haciendo venir al centurión, le preguntó si ya estaba muerto. E informado por el centurión, dio el cuerpo a José» (Mc 15.43-45). La respuesta del centurión sobre si ya había muerto, fue un sí.

La tumba está vacía, el cuerpo estaba atado, Jesús un cadáver. Y, como si eso fuera poco, pusieron hombres a vigilarlo.

El propósito de la guardia

El propósito de que se pusiera la guardia fue para que nadie *entrara*, no para que *saliera*:

> Señor, nos acordamos que aquel engañador dijo, viviendo aún: Después de tres días resucitaré. Manda, pues, que se asegure el sepulcro hasta el tercer día, no sea que *vengan sus discípulos de noche,* y lo hurten, y digan al pueblo: Resucitó de entre los muertos. Y será el postrer error peor que el primero (Mt 27.63-64).

Así que desde el interior de la cueva, suponiendo que estuviera libre y tan sano como uno de nosotros, no podría abrir la tumba. Y si lo lograba, no podría haber escapado vivo. Desde afuera tampoco podría entrar nadie.

Si los discípulos tenían miedo de estar junto a la cruz, ¿cómo justificarían la presencia de alguno por los alrededores sin que lo tuvieran como sospechoso? No existía ni el uno por ciento de posibilidad de robo. El robo del cuerpo era sicológicamente difícil sin la guardia; con ella allí, imposible. Y además ella no fue montada para vigilar la fuga de un muerto, sino la entrada de algún aliado vivo. Sin embargo, la tumba unas horas después se quedó vacía.

El tipo de evidencias dejadas

Las evidencias neotestamentarias sobre la resurrección de Jesús no son solamente de esas que nosotros llamamos *teológicas,* que se apoyan sólo en la fe de la Escritura, como la creación del mundo, la divinidad de Cristo, la expiación del pecado, etc. Ni los sacerdotes ni Pilato enviaron la guardia para oponerse a la Escritura, ni para combatir la verdad, porque ellos no daban crédito a lo que Él había dicho sobre la materia. Le llamaron *engañador* y consideraron la resurrección como una de sus muchas mentiras. Sospechaban que Él pudo dejar organizado antes de morir un grupo de sus más fieles, que robaran su cadáver, lo desaparecieran, para que el movimiento no se extinguiera con su crucifixión.

Pero cualquiera que conociera aquel movimiento por dentro sabría que tal supuesto plan nunca se ideó, porque los discípulos *no recordaban* siquiera que Él hubiera hablado de resucitar; para ellos el Jesús resucitado resultó una sorpresa, algo nuevo e inesperado.

Si alguno tiene dudas de su resurrección ahí tiene, en historia, evidencias de tipo legal, dadas por testigos oculares.

¿Sospechas? Se podría admitir, aunque de mala intención, que Jesús podría haber sido un engañador profesional; que la doctrina clave del cristianismo, la resurrección, fuese un engaño suyo o de sus discípulos. Esas sospechas existieron, pero nunca tuvieron una base obvia que las justificaran. Quienes las tuvieron tomaron medidas para que no se hicieran realidad; y por ese camino libraban al cristianismo, en beneficio de los que habrían de creer, de cualquier mal pensamiento que justificara no recibir la verdad como auténtica.

La asunción de que se trataba de un mentiroso y las medidas policíacas que tomaron para desenmascararlo, lo que hicieron fue presentarlo como lo que era: *un hombre veraz*. Y aquel grupo de soldados guardando la tumba un testimonio monumental que confirma la resurrección. ¿Temes que te engañe?

Si con tantos hechos la resurrección es indubitable, si es una de *las cosas que han sido ciertísimas* (Lc 1.1; Hch 1.3), no creer no tiene excusa. La incredulidad no tiene lugar.

Cristo resucitó, *está vivo*, como afirmaba Pablo, aunque los judíos lo tuvieran como muerto (Hch 25.19), y aunque los racionalistas filosóficos se mueran de risa (Hch 17.31-32), nuestra tarea es enseñar que Cristo resucitó, *para nuestra justificación* y que fue hecho también *para darnos fe*. Eso principalmente, para que nosotros mismos lo creamos y vivamos nuestra piedad y enseñemos influidos por esa doctrina.

La verdad contradicha

En todos los tiempos la verdad de la resurrección, de un modo o de otro, ha sido atacada. Pablo sabía que habían muchos que la juzgaban como *increíble* (Hch 26.8), y que otros tantos, o bien la tenían como algo pretérito (2 Ti 2.17-18) o siendo creyentes bautizados la negaban sin rodeos (1 Co 15.12).

Pero la resurrección de Cristo, de la cual la nuestra depende, es una doctrina fundamental del cristianismo. Aun en sus mismos albores, los fariseos y sacerdotes hicieron lo posible por negarla.

De nuevo examinemos los documentos dejados por Mateo.

> Mientras ellas iban, he aquí unos de la guardia fueron a la ciudad, y dieron aviso a los principales sacerdotes de todas las cosas que habían acontecido. Y reunidos con los ancianos, y habido consejo, dieron mucho dinero a los soldados, diciendo: Decid vosotros: Sus discípulos vinieron de noche, y lo hurtaron, estando nosotros dormidos. Y si esto lo oyere el gobernador, nosotros le persuadiremos, y os pondremos a salvo. Y ellos, tomando el dinero, hicieron como se les había instruido. Este dicho se ha divulgado entre los judíos hasta el día de hoy (Mt 28.11-15).

Este fue el origen de un rumor calumnioso que se dispersó por aquellos días. El informe de la guardia que custodiaba la tumba. Realmente me asombra que a aquellos guardias se les hubiera ido el temor tan rápido (28.4).

A menudo, la verdad de la resurrección es negada por aquellos que más debieran creerla. La mayor carga de la culpabilidad no recae sobre aquellos soldados imperiales, sino sobre los líderes religiosos de la época. Los soldados no trajeron un informe distorsionado (28.11); ellos abrieron sus bocas para decir la verdad y por un momento se convirtieron en fieles testimonios de la resurrección del Señor, pero los judíos se apuraron en cerrar aquellas bocas y tapar la verdad en sus gargantas.

Si alguna fe pudo germinar en guardias, ellos la mataron. Si los guardias hubieran creído en sus corazones esta verdad, habrían sido salvos, pero los que debían haberles alentado la fe se apresuraron a apagársela. Y hay «maestros» liberales que proceden igual. Dondequiera que halles un enemigo de la resurrección de Cristo, huye de él y cuídate de sus argumentos mentirosos.

Esta fue la última oportunidad que tuvieron aquellos líderes para ser salvos, aquellos rabíes inconversos; no amaron la verdad, rechazaron el más poderoso argumento y la más convincente evidencia.

Análisis de un rumor

Análisis del rumor mentiroso (28.13). Dijeron que el cadáver había sido robado. Esta mentira fue aceptada y muchos jamás alcanzaron la fe por haberla creído. El simple todo lo cree. En materia espiritual todo hay que examinarlo, todos los espíritus tienen que ser probados para conocer la procedencia, porque podemos recibir lo falso como cierto y rechazar la verdad como si fuese una mentira. Cuando queramos saber si algo es cierto, hay que investigar. Los maestros tienen que ser grandes investigadores.

Investiguemos: Ellos dijeron que los discípulos lo habían hurtado.

1. Los discípulos eran civiles y ellos expertos militares, ¿cómo es que un grupo de civiles sin entrenamiento pudo lograrlo? Respondieron que se quedaron dormidos.
2. ¿Se durmieron todos? ¿Por qué no lo robaron *antes que pusieran la guardia,* cuando se marcharon Nicodemo y José el de Arimatea? ¿Por qué escogieron el momento cuando el peligro había aumentado y no cuando la tumba estaba sola?
3. ¿No sintieron algún ruido cuando cortaron el sello, movieron la roca, sacaron el cadáver y se lo llevaron? ¿No pisaron alguna rama seca? Respondieron que no.
4. ¿Los persiguieron cuando se dieron cuenta del robo? ¿Detuvieron algún sospechoso? ¿Por qué se quedaron tranquilos? No hubo respuesta.
5. ¿Cómo saben que fue hurtado, si estaban dormidos? ¿Cómo pueden asegurar que fueron *los discípulos*?
6. ¿Por qué Pilato no los ha condenado a muerte ni los sacerdotes levantan acusaciones contra ellos?

Conclusión: El cadáver no fue robado, no hay pruebas de que hayan sido los discípulos y ellos mentían por alguna otra razón. Si mienten en asunto tan delicado sin temor a perder la vida, es posible que haya complicidad de más de uno. Los jueces están complicados. Hubo dinero por medio. Los discípulos no mentían, ¡el muerto había resucitado y la noticia llena al mundo de esperanzas para los que también tienen que morir!

La esperanza de la resurrección

Asociada a la resurrección de nuestro Señor se halla la nuestra. No es posible pensar en una sin la otra. Si alguien quiere deleitarse enormemente en su esperanza en este sentido, que lea 1 Corintios 15 y seguro que lo disfrutará. Cristo resucitó, ascendió al cielo y de allí ha de regresar en busca de su Iglesia, para traer nuestros cuerpos de nuevo a la vida. Un texto hermoso que nos habla de eso se halla en 1 Tesalonicenses 4, que gustosamente podemos localizarlo. En aquella iglesia había problema con esta doctrina, había hermanos que se hallaban inquietos con la Segunda Venida del Señor y lo que pasaría con los que ya se habían ido. Se preguntaban, ¿qué será de ellos cuando el Señor retorne? L. Morris piensa que ellos no dudaban de que hubiese resurrección sino que los muertos *no estarían* para disfrutar el glorioso advenimiento.[1] Yo prefiero seguir una interpretación que me parece más obvia: lo mismo que a Corinto habían llegado a Tesalónica aquellos profesores herejes que influidos por la filosofía griega habían corrompido la doctrina de la resurrección.

> Tampoco queremos, hermanos, que ignoréis acerca de los que duermen, para que no os entristezcáis como los otros que no tienen esperanza. Porque si creemos que Jesús murió y resucitó, así también traerá Dios con Jesús a los que durmieron en Él. Por lo cual os decimos esto en palabra del Señor: que nosotros que vivimos, que habremos quedado hasta la venida del Señor, no precederemos a los que durmieron. Porque el Señor mismo con voz de mando, con voz de arcángel, y con trompeta de Dios, descenderá del cielo; y los muertos en Cristo resucitarán primero (1 Ts 4.13-16).

Doctrina de consuelo

El daño que hace la negación de la resurrección. Daña la fidelidad y lealtad a Cristo. ¿No ves hermano cómo el diablo siempre pretende matar en nuestros corazones aquellas doctrinas principales que son nuestro mayor consuelo en la salvación? ¿Qué podría ya quedar para ellos, si se les despojaba de tan grande esperanza? ¿Vendría Jesús sólo por los que estuvieran aún vivos? Entonces, ¿para qué arriesgar la vida y *peligrar a toda hora*? [2] ¿Para qué esperar un reino celestial en que si se muere

1. *The New International Commentary of the New Testament* [Nuevo comentario internacional del Nuevo Testamento], p. 141.
2. 1 Corintios 15.30-33.

antes no se entra a él? Mejor sería, pues, que se coma y se beba y se olvide de todo lo demás. La negación de la doctrina de la resurrección traería una inevitable corrupción de las costumbres, una pérdida de la santidad y una negación del evangelio mismo.

Daña nuestra forma de enfrentarnos al peor enemigo, la muerte. ¿Y qué más, que los desconsolaría sin límites? Porque ya no teniendo esperanza alguna para testificar hasta la muerte, ni oportunidad de ver a los que morían, no habría consuelo por ningún lado. Los funerales de los cristianos se volverían lúgubres, grimosos, desesperantes, la tumba no tendría ninguna victoria para ellos. Serían un grupo junto al cadáver, de dolientes sin esperanza.

Amados, cuando no creíamos, estábamos *sin Dios y sin esperanza en el mundo* (Ef 2.12); pero habiendo creído a Cristo, Él se convirtió en nuestra esperanza de gloria (Col 1.27), y tal esperanza, que penetra dentro del velo para asegurarse como un ancla en el puerto celestial, junto con la fe y con el amor nos mantiene en el testimonio. Nos entristecemos, no como el mundo, pero nos entristecemos cuando un familiar querido nos deja. No somos filósofos estoicos, no somos incrédulos, somos cristianos. Nuestra tristeza es muy profunda cuando el que ha partido murió sin Cristo, sin ciudadanía, sin esperanza; pero menos cuando sólo *ha dormido* (4.14). Por tres veces el apóstol se refiere a los muertos cristianos como *dormidos* (4.13,14,15), y a la resurrección como *un despertamiento*, porque se les considera que se hallan dormidos en su cama de tierra. No es la fosa mortuoria un pozo cruel y sin límites, un Seol umbroso y desconsolador lleno de siluetas incorpóreas y pálidas, sino una cama de reposo, donde los órganos en su existencia más simple reposan en polvo hasta el día en que recobren vida.

Los santos que mueren sólo están dormidos. No es simplemente quitarle el horror a la muerte, sino verla con la perspectiva de la potencia divina en la resurrección. Enfocarla de acuerdo al hecho histórico de la resurrección de Cristo y de la promesa de la nuestra también. No habla el texto del *sueño del alma.* Aquí no se menciona eso, sino del *cuerpo*. El cuerpo es el que duerme, físicamente desintegrado, reducido a nada, a polvo, pero apto para la nueva creación, gloriosa y semejante a Jesucristo.

Es importante notar *dónde se centra doctrinalmente el consuelo*. No habla de la inmortalidad del alma. Podía haberles dicho, «¿por qué os entristecéis sin límite, si los vuestros gozan del privilegio de hallarse en espíritu ante Dios y con Jesús? Sus cuerpos reposan, pero sus almas viven». No, no lo hace, porque no sólo está consolando, sino corrigiendo una doctrina corrompida por los falsos maestros. Los paganos también tenían sus conceptos acerca de la inmortalidad del alma, no como nosotros, pero los tenían. El apóstol va al asunto. La resurrección es la que está siendo dañada y por ende se concentra sólo en ella. Su intención no es dar respuesta a lo que no le han preguntado, sino a lo que ellos necesitan.

¿Cuándo?

Resucitarán en la venida de Cristo: Serán resucitados *por Dios* (v. 14), y resucitarán porque *durmieron en Cristo*: «Así también *traerá Dios* (por medio de Jesús) *a los que durmieron en Él*». El problema no es morirse, sino morirse fuera de Cristo. No morir en Él. No haber vivido en Él. No se está negando la resurrección de los impíos, sino solamente constatando la de los santos. Si Dios resucitó a Jesús, así también hará a los que han reposado en la fe en Él. Pero los que han muerto antes de la venida de Cristo tendrán *un privilegio: resucitarán primero* que los que vivan sean arrebatados y llevados por el aire a recibir al Señor. Nota *la simultaneidad* de los acontecimientos. Es cierto que quienes resuciten lo harán primero que los que vayan a ser transformados, pero el hilo de la narración no da ninguna base para imaginar que se trate de un período de mil años. ¿Cómo vamos a imaginar que vendrá por los muertos, los recogerá y se ausentará por mil años para luego venir por los vivos? ¿O que se quede en el aire diez siglos y luego termine de descender? El apóstol hace una cronología y un orden de acontecimientos y por el consuelo que pretende dar con ambas cosas sería incorrecto suponer un milenio por medio.

Pablo intenta, además, *desmantelar la incredulidad que les sembraron* contra la doctrina de la resurrección. Los filósofos se reían de ella, la consideraban imposible, ilógica. Pero Pablo sigue el mismo argumento del Señor y habla *del poder* que él tiene. Eso es lo que entiendo que les desea señalar cuando describe que su Venida será *con voz de mando, con voz de arcángel, con trompeta de Dios*. Apunta su majestad y su poder. Los discípulos estaban familiarizados con los milagros del Señor, sabían que con sólo desearlo o hablar, ellos eran ejecutados. Los apóstoles mismos habían recibido el poder para poder sanar las más complicadas enfermedades sólo con pronunciar su Nombre. Cuando Pablo les dice que el Señor habló con voz de mando, con voz de arcángel, les comunica fe. ¿No había resucitado a su amigo Lázaro por su potente voz? Pues Él es el mismo. No ha cambiado, será ese mismo Jesús que ellos habían visto ir al cielo (Hch 1.11), quien regresaría. Desmantela la incredulidad que les habían fabricado en sus corazones y lo hace recordándoles *quién es Jesús* y cómo se manifestará a su regreso.

Ese fue el mismo problema de incredulidad que enfrentaron los saduceos: *ignorancia de las Escrituras y del poder de Dios* (Mt 22.29). Por eso viene la incredulidad y nos reduce a nada, porque nos olvidamos de lo que está escrito y quién es el que lo prometió. ¿Tendremos hoy fe para enfrentar nuestra muerte? ¿En qué Jesús estamos, en qué Dios creemos? ¿En un Jesús que *no* venció la muerte, que *sucumbió* por ella, que *no* se alzó hasta la diestra del Padre, que *no* recibió un nombre que es sobre todo nombre?

Cuando dice *con voz de arcángel* no quiere decir que sea un arcángel (como se les ha ocurrido a los Testigos de Jehová que están dispuestos a adjudicarle casi cualquier cosa, menos que es uno en la Trinidad), lo que quiere es darle una idea de *poder*, el poder para la resurrección que acompañará a su Persona cuando regrese por nosotros.

El arrebatamiento

¿No has oído hablar mucho sobre «el Rapto de la Iglesia»? Yo lo he llamado «arrebatamiento» porque me parece que no se trata exactamente de un «rapto», dado que el Esposo viene por su Esposa y no a raptarla para llevársela. No es algo que ella hará obligada, sino voluntariamente y feliz, ascender en su compañía. El apóstol escribe las palabras que siguen para enseñarnos sobre eso:

> Luego nosotros los que vivimos, los que hayamos quedado, seremos arrebatados juntamente con ellos en las nubes para recibir al Señor en el aire, y así estaremos siempre con el Señor. Por tanto, alentaos los unos a los otros con estas palabras (1 Ts 4.17-18).

Expectación sin fechas

Las primeras palabras suyas en esta porción hay que tomarlas con cautela. El primer pensamiento es suponer que Pablo pensaba estar vivo cuando el Señor regresara, porque dice *los que vivimos, los que hayamos quedado*, como si él dijera que estaría presente en el desarrollo del evento.

Y si así fuera, ¿qué? No veo que revele alguna «equivocación» o «error en la inspiración», como si al apóstol esperar tal cosa le hubiera abierto alguna grieta de sospecha sobre todo lo otro que enseñó, porque llevado por la inspiración literaria o el entusiasmo, pudo hablar sin mesura en otras partes.

No hay tal cosa, no hay ninguna equivocación suya. Él, como todos, sabía que nadie conocía el día del regreso de Jesús. Más bien lo que observo es *su plena expectación sobre la Segunda Venida,* porque había tomado rigurosamente el sentido en que el propio Jesús lo dijo, con el propósito de que cada día de nuestra vida vivamos como para darle a Él la recepción. Más que atrevernos a criticarle por su posible falta de comedimiento al hablar, tendríamos que avergonzarnos porque hoy, ni por asomo, sustentamos una esperanza tan urgente como la suya. Exceptuando a muchos cristianos alegres que aunque no insisten apenas en la regeneración y el arrepentimiento, cantan con gozo y hablan casi continuamente de su regreso.

No obstante, el apóstol *no está hablando de sí mismo*. Él no enfrentaba ningún tipo de problema con la resurrección ni con el Advenimiento, son sus hermanos, los de Tesalónica, quienes tienen esa dificultad. Por lo tanto, no podemos esperar que sus palabras tengan como principal pensamiento a él mismo. No está pensando que *él* estará presente en el Retorno sino *nosotros, los que vivimos, los que hayamos quedado*. Habla en plural y no en singular, habla en colectivo, a nombre de *los vivos*, los que no hayan muerto en ese entonces; y que podía ser él también uno de ellos, porque hasta este momento aún no se le había revelado el día de su «partida».[3]

Ascensión de toda la Iglesia

Bien, dejemos eso atrás porque para nosotros no tiene ningún problema. Damos un paso más y nos hallamos enfrente del *arrebatamiento;* lo primero que deseo que notes (es mi interpretación, otros piensan distinto), es que no hay indicios de *un arrebatamiento secreto* donde los cristianos misteriosamente empiecen a desaparecer y el mundo a darse falsas explicaciones de sus ausencias en los trabajos, escuelas, familias. En realidad, los predicadores modernos lo han pintado muy bonito, como una novela. ¿Cómo las palabras *arrebatados juntamente con ellos en las nubes* puedan dar pie a un «rapto secreto»? No ha habido resurrección secreta, como ha dicho una mala secta moderna, ni habrá tampoco un arrebatamiento escondido. ¿No se dice en Apocalipsis 1 que «todo ojo le verá»? ¿No dice Hechos 1.11 que se le verá retornar del mismo modo que ascendió? Es muy difícil hablar además de *rapto parcial* de la Iglesia, pues por ningún punto del texto se puede inferir sinceramente eso. Cuando dice *los que vivimos,* no significa «ciertos individuos que estén vivos». Menos cabría entonces una resurrección parcial, de sólo unos pocos, y los demás que han muerto en esperanza sigan en el polvo. No se hubiera podido «alentar» (v. 18) a nadie con esas palabras. Poniendo ambas cosas juntas, ¿cómo puede ser un rapto secreto sin un rapto parcial, sin una resurrección parcial donde millones de millones ascienden al cielo de modo que podrían eclipsar el sol?

3. 2 Timoteo 4.6-7.

Pero el error del «rapto secreto» no es el único que hay que corregir, sino la ilusa idea de que *seguiremos viaje al firmamento.* En el primer capítulo de la epístola siguiente escribe lo que acontecerá a los impíos a Su venida porque aquí, por el propósito que sigue, no lo menciona. Segunda de Tesalonicenses 1.8-10 habla de un juicio y condenación. Él se manifestará desde el cielo, pero bajará hacia la tierra. No es hacia arriba el movimiento, sino hacia abajo. ¿Qué razón hay para suponer que nos ha de llevar a alguna montaña de nubes, allá distante, o a alguna galaxia o muchísimo menos al paraíso espiritual donde antes estuvieron las almas descarnadas y que ahora regresan con sus cuerpos sólidos? ¿Qué sentido tiene hacer entrar a los impíos a ese dichoso sitio para luego arrojarlos desde allí? ¿Y por qué tan lejos del escenario donde cometieron sus pecados o donde honraron a Dios? Los acontecimientos finales tendrán lugar en este mundo y no fuera de él.

Por último, sería asombroso pensar que porque diga que recibiremos al Señor en el aire, nos pasaremos la eternidad flotando con Él allí. Pablo no dice *allí estaremos* sino *así* estaremos. No es el lugar lo que indica, en última instancia ahora ni lo menciona, sino *el modo o estado* porque estaremos acompañados siempre por Él. Esa es la vida eterna, estar donde Él esté, acompañarle siempre. Esa es la salvación, no es la felicidad perpetua, las bellezas del nuevo mundo, ni la regeneración extraordinaria de nuestros cuerpos, ni la compañía gratísima de los demás salvados, sino la compañía eterna del Señor. Eso es lo que anhela verdaderamente un santo, no lo que acompaña a su Salvador ni lo que va a recibir de su mano sino a Él mismo. Nuestro mayor premio es Él, nuestra mayor recompensa es hallar un sitio a su lado.

Cuando dijo a aquel moribundo «hoy estarás conmigo en el paraíso», pudo haber dicho: «Hoy estarás en el paraíso». Pero Él dijo *«conmigo»*, porque el paraíso es Él. Y esas cosas, así vistas por la revelación con los ojos de la esperanza y de la fe, alientan mucho nuestros tímidos corazones.

18

¡Adiós, maestro!

Afuera y adentro

El profeta se pregunta con razón: «Andarán dos juntos si no estuviesen de acuerdo?» Pienso que si hemos llegado juntos hasta aquí, por lo menos en muchas cosas estaremos de acuerdo, ¿no? Espero haberte servido en algo. Estos días en que vivimos son difíciles. Afuera de nuestras iglesias, en el mundo, hallamos una generación «mala y adúltera» (Mt 12.39; «Maligna y perversa», dice Pablo en Flp 2.15). Los antiguos valores morales han ido cayendo continuamente y desarmando las viejas y honrosas instituciones; las sociedades avanzan aprisa hacia su caos y confusión.

El panorama en la iglesia tampoco es halagador, en la mayoría de los casos es débil. Los enemigos del mundo le han quitado su fuerza y contemporiza traidoramente. Las herejías pululan como hormigas por las calles comiéndose las hojas de la verde esperanza, y casi no puede evitarlo. Se hacen esfuerzos cosméticos para cambiar el sistema de adoración y seducir al público que es incapaz de atraer con el poder de Dios. Se acomoda todo adentro para que el pecador venga y se sienta alegre. Las reuniones tienen que trasmitir dicha y optimismo o no funcionan. La Palabra de Dios es desestimada y en orden de importancia va detrás de otras muchas cosas. La vieja teología ha sido amputada de doctrinas importantes y Dios, su providencia y gracia, tienen un papel cada vez más debilitado, mientras la participación humana se agranda al máximo. Hay muchas cosas que se han muerto dentro de nosotros, otras se hallan para morir, pero nos negamos a aceptar el ofrecimiento de un cambio teológico, no hacia la novedad, sino al contundente esquema que nos dejaron los reformadores alemanes y los puritanos ingleses, por no ir más al pasado hasta Hipona y oír a Agustín.

La solución para los males externos e internos es la Palabra de Dios. El Espíritu y la verdad. Ella es la espada del Espíritu, ninguna otra cosa (Ef 6.17). El alma de la Iglesia es el Espíritu: «Un cuerpo, y un Espíritu» (Ef 4.4). Sin la acción del Espíritu el cuerpo se halla muerto. El mayor enemigo que tiene el Espíritu dentro de la Iglesia es la carne: «El deseo de la carne es contra el Espíritu, y el del Espíritu es contra la carne» (Gl 5.17), cuyos dos brazos son la vida sensual y el sistema de doctrina carnal. Si no buscamos la comunión del Espíritu en doctrinas y prácticas, estamos perdidos.

Sin su espada el Espíritu está desarmado y la carne campea comiéndonos las pasiones. Necesitamos que el Espíritu tenga a su disposición una espada limpia de las contaminaciones humanas, afilada en nuestro intelecto, ardiente en nuestros corazones, apta para combatir a los enemigos del Reino de Dios; y además una vida llena del Espíritu, porque dice: «Sed llenos del Espíritu» (Ef 5.18). Parece que nos hemos acostumbrado que la vida normal de un cristiano esté medio vacía del Espíritu, sin mucho celo, sin demasiada consagración, sin mucho apego a la Biblia. La vida normal de un cristiano tiene que ser llena del Espíritu. Celoso por la casa de Dios hasta que las llamas de su ardor lo consuman, vigilante, dispuesto. El apóstol había dicho antes: «Despiértate, tú que duermes, y levántate de los muertos, y te alumbrará Cristo» (Ef 5.14). Eso fue escrito para cristianos. Por los que están dentro y por los de fuera tenemos que juntarnos para hacer algo, esforzarnos por las ciudades de nuestro Dios y que haga Él lo que quiera.

Un trabajo contemporáneo excelente

Tu tarea es hermosa como casi ninguna. Cuando uno es muy joven y tiene muchos sueños para su vida, quiere hacer algo de lo cual se beneficien las generaciones venideras; quizás aún tú piensas así y... ¡Dios lo quiera que esté terminando de leer mi libro uno que será conocido en el mundo cristiano en los siglos por venir! Cuando yo era más joven pensaba así. Considerando cuán imperfecto y tardío ha sido mi servicio al Señor, me gustaría dejar detrás de mí algo que una vez en gloria ocupe mi lugar y haga lo que no pude ser capaz de hacer. Me da casi vergüenza ir al cielo con tan pocas gavillas.

No se trata de inmortalizar nuestro nombre. ¿Para qué sirve eso? ¿Qué importancia tiene? Ninguna. Si la hay, es para Dios. No hallo mucha ilusión en ser recordado en las páginas de la historia. ¿Qué importancia tiene la gloria de los hombres que perece como la flor del campo? El más alto esplendor de las naciones del mundo no vale una reverencia. El único servicio inmortal es el que se hace para el Inmortal.

Si fuera un olivo verde en la casa de Dios, no cambiaría mi silenciosa existencia produciendo aceite para las lámparas del santuario, donde se le honra, para adquirir alguna grandeza entre los hombres. Ninguna conquista humana personal tiene más significado que producir algo que levante la honra de Dios. Si fuera higuera, no cambiaría mi dulzura y buen fruto por la corona de un emperador. ¡Qué dulce es servir a Dios! Si fuera una vid, no dejaría mi mosto que alegra a Dios y a los hombres para que me tengan en eminencia y me den riendas y poder para gobernarlos (Jue 9.8-13). Tú y yo nos sentimos bien donde el Señor nos ha puesto y con lo que pide que hagamos.

Menos valioso es que los demonios se nos sujeten, a que nuestros nombres se hallen escritos en los cielos. Si Job quería que sus palabras se escribieran en un libro, sería por otras razones que no fueron precisamente la fama y la gloria de su nombre (19.23). Y Dios se lo concedió, sirviendo a otras generaciones posteriores a la suya, que han sacado mucho provecho de sus discursos y sufrimientos.

Sin embargo, si hacemos un trabajo tan bueno y excelente para nuestros contemporáneos, como David lo hizo, quizás el Señor no querrá que pase al olvido, sino que nuestros hermanos del futuro se aprovechen de que hayamos vivido y trabajado como lo hicimos: «Porque a la verdad David, habiendo servido a su propia generación según la voluntad de Dios, durmió, y fue reunido con sus padres, y vio corrupción» (Hch 13.36). Hay veces que leyendo los escritos de Lutero, Calvino, Edwards o Spurgeon, o mirando sus retratos, me siento muy agradecido a Dios por ellos, y es tanto el bien que me han hecho que casi pienso que vivieron para mi provecho.

Un sustituto

Ni Pablo, ni estos otros soñaron siquiera que el trabajo que hicieron alcanzaría la posteridad. El rey David tampoco. ¡Quién hubiera podido predecirlo! Nadie en su época pensó que aquel joven rubio de ojos hermosos podría algún día llegar a servir a su propia generación como él lo hizo, ni menos las futuras. David apareció como *un sustituto divinamente escogido* para servir a su generación cuando otro, Saúl, había fallado: «Mas ahora tu reino no será duradero. Jehová se ha buscado un varón conforme a su corazón[...] para que sea príncipe sobre su pueblo, por cuanto tú no has guardado lo que Jehová te mandó» (1 S 13.14). Si lo que hacemos no es lo que a Dios agrada, no será duradero, ni siquiera serviremos verdaderamente a nuestra generación. Los obreros fieles son los que hacen un trabajo que dure, un trabajo del Espíritu Santo. ¿No queremos eso, algo que no se acabe con el tiempo y que podamos verlo en el Reino de Cristo? Saúl fue incapaz, por desobediente, de legar algo a sus hijos, nietos, etc. Ellos no recibieron de su padre ni ejemplo ni bendición. Su familia se extinguió, incluso al buen Jonatán lo mataron el mismo día que él se suicidó. Aquel hombre tuvo muchos privilegios y ayudadores que podrían haberlo catapultado muy lejos, pero no los aprovechó. El pecado en que incurrió lo dejó sin posteridad.

Dios siempre tiene sustitutos por todas partes. Gracias a Él, con la caída de uno aparece otro que tome su oficio y lo desempeñe, a veces, mejor. Y algunas, como en esta historia, el sustituto fue mucho mejor que su predecesor. Samuel lo testificó: «Entonces Samuel le dijo: Jehová ha rasgado hoy de ti el reino de Israel, y lo ha dado a un prójimo tuyo mejor que tú» (1 S 15.28). ¿Quisiéramos eso, verdad? Ninguno desearía que el Señor lo sentenciara de esa forma: «Rasgaré de ti tu reino, tu clase, tu iglesia, tu familia, no tendrás nada». ¡Dios nos guarde!, nos ayude a conservar lo que nos ha dado. Muy poco aprovecha la unción cuando ya se ha perdido su aprobación. ¿De qué vale la ordenación, el nombramiento, la selección, si no hay bendición?

Quizás hayas sido llamado para eso, para tapar alguna grieta, unir lo que otro desunió, coser lo que otra mano rasgó, hacer que la bendición alejada retorne. Si así es, piensa en tu misión de orar, sanar, juntar, hacer olvidar los malos tiempos con tus buenos tiempos. ¿Tienes ahora a tu cargo una clase rasgada, una iglesia rasgada? Trata no sólo de ser bueno, sino el mejor, que si Samuel viniese, testificara que eres mejor que quienes te precedieron. No porque hayas querido borrar la memoria de ellos sino porque tú y no ellos, eres conforme al corazón divino. Eres mejor rey, si eres mejor cristiano. Sírvele con todas tus fuerzas, aunque te hagas vil a los ojos de Mical.

¿No te hundiría la humillación saber que tu reino ha sido pasado a alguien que es mejor que tú? ¿Por qué no procurar ser mejor de lo que ahora eres? Cada día debes mejorar y ser superior a lo que ya has sido, ir más lejos de donde has llegado, superarte a ti mismo. Sirve de modo que ni Dios ni la iglesia estén pensando en ponerte un sustituto y si hace falta alguien para reemplazo apropiado, el Señor piense en ti.

Preparación para relevar

Son los mejores los que deben relevar a los que pasan. Mejor, no peor. Un sustituto mejor, que obedeció al Señor. Aunque Dios lo escogió para reemplazar a un líder fracasado, siempre estuvo preparándose, no porque supiera que sería el segundo monarca en Israel, sino porque anhelaba hacer las cosas bien hechas y dar lo mejor. Cuando llegó la gran oportunidad de su vida, para la que había nacido, estaba listo para ocuparse de ella y sin vacilar un instante ocupó su sitio.

Durante el tiempo que fue pastor de ovejas se preparó incansablemente. La época del servicio gigante arribó y ya estaba listo para entrar a ella. Cuando Goliat gritó en la planicie que desafiaba a Jehová y a su ejército, el alma del muchacho estaba llena de santa indignación, de coraje celestial, de habilidad y pasión para defender lo que a Dios pertenecía. Si cuidó ovejas, lo hizo con tanto cariño y dedicación que era merecedor de que se le confiase el cuidado de su nación. Su hato no era grande, pero lo cuidaba como si fuera enorme. («¿Y a quién has dejado aquellas *pocas ovejas* en el desierto?», 1 S 17.28.)

Llegada su hora no hizo un gran *curriculum vitae* que digamos, sino uno muy sencillo, lleno de servicios pequeños, pero heroicos. Lo importante es que demostró que se atrevía a combatir el mal porque contaba con la experiencia y bendición del Señor. «Dijo Saúl a David: No podrás tú ir contra aquel filisteo, para pelear con él; porque tú eres muchacho, y él un hombre de guerra desde su juventud» (1 S 17.33). Sí, es cierto, el mal tiene mucha experiencia, combatimos a un diablo veterano, pero, ¿y qué? Quizás seas novato, un simple muchacho, ¿no lo fueron Jeremías cuando empezó, Timoteo, Spurgeon? Un muchacho santamente ungido es un peligro para Satanás donde se encuentre. ¿No dijo Juan que sus jóvenes habían «vencido al maligno»? El enemigo sabemos que ha abatido a muchos. Grandes guerreros han sido vencidos por él. Muchos heraldos se han desplomado ante su asta y atrapados en su malla. Pero aun así, un muchacho santo, encolerizado por Dios, celoso de su pueblo, puede darle una gran sorpresa al mal en esta generación mala, y el mundo consternado mirarlo con admiración y gratitud. Hacen falta muchachos así en todas las naciones.

> David respondió a Saúl: Tu siervo era pastor de las ovejas de su padre; y cuando venía un león, o un oso, y tomaba algún cordero de la manada, salía yo tras él, y lo hería, y lo libraba de su boca; y si se levantaba contra mí, yo le echaba mano de la quijada y lo

hería y lo mataba. Fuese león, fuese oso, tu siervo lo mataba» (17.34-36).

¿Quieres combate más precioso que este que simboliza al cristiano contra el pecado? Mira al muchacho en la soledad correr tras el león rugiente, míralo cómo no teme el peligro y aunque corra muchos riesgos por una sola oveja no la abandona a las fauces del maligno. No importa que sea una, para él tiene mucho valor, la ama. No es una más. Tiene otras, pero él ama aquella. No puede permitir que acabe sus días tan miserablemente entre los dientes de tan absurdo adversario. Su rebaño no será igual si ella no está, si no puede pronunciar su nombre más, si no la contemplan sus ojos ni la acarician sus manos. Le abriría un hueco en la manada y en su corazón. Tardaría mucho en curarse del daño que le hicieron y al fin jamás olvidaría la que el mal se llevó. Es mejor entonces *salir tras él* y perseguir el mal. Si el mal ha llegado al rebaño hay que buscarlo, encontrarlo, quitarle la oveja y decapitarlo para que no regrese. Ella tiene que vivir, el pecado ser enterrado. En el rebaño que cuidaba David el diablo se andaba con cuidado. Tocar una de sus ovejas era tocar su piel.

¿Por dónde tomaba el mal? ¿Por qué parte agarraba al oso o al león? No por la cola como Moisés la serpiente. «Por la quijada», le metía su cayado allí mismo, lo golpeaba en la cara hasta que le doliera, lo hiciera sangrar y soltara la presa. No hay regreso sin la oveja. Ella no le pertenece y no puede comérsela. No lo dejaría. ¡Oh, si yo batallara así por las almas de los que cuido! ¿Había algún pacto entre David, el oso y el león? No, ninguno. El que intentó matar una oveja debe pagar con su sangre. El mal debe expirar. No hay tregua para los demonios.

Otro argumento suyo fue que no podía soportar *que provocaran así a la Iglesia*: «Este filisteo incircunciso será como uno de ellos porque *ha provocado* al ejército del Dios viviente» (v. 36). El diablo no deja tranquila la Iglesia, ni aunque se esté muriendo, la remata. Goliat la humilla, le dice atrocidades, le vocifera blasfemias y juramentos. Hace que ellos se sientan débiles, los desmoraliza. Los hombres se sienten indignos de sus familiares, de su Dios, de ocupar la posición que tienen. Tras la provocación vendrá la ruina. Hay que acallar al bravucón, la moral tiene que alzarse, el mal no es invencible, el pecado tiene sienes. La lucha es inmensa, parece desigual. El ejército de Dios no puede seguir soportando la humillación. Si no pelea contra el mal, lo aplastarán o tendrá que rendirse huyendo. Los filisteos tomarán asiento en Israel y destronarán a Jehová. Dagón mira el arca. Hay que matar al gigante y cercenar a su dios. ¿No habrá muchachos hoy así? ¿Nadie mirará la humillación de la Iglesia y saldrá a vindicarla? No hay que hacer exhibiciones, no hace falta lucirse, sino demostrar que somos hijos de David, y sin comedia y resolución librar esta generación de los atroces filisteos.

¿Y con qué contaba? *Con su fe en Dios:* «Jehová, que me ha librado de las garras del león y de las garras del oso, Él también me librará de la mano de este filisteo» (v. 37). Sal David, llevas la bendición tras tus espaldas. Ve y abate el mal que Dios te protegerá. Si sabes que has sido librado de muchos males en el pasado y no te han comido las fieras y tentaciones, ahora tampoco. Tu experiencia ha servido para algo y cuando el Señor preserva un alma del pecado es porque piensa usarla para su gloria. Estaba preparándose y no hubo mejor relevo para la ocasión.

La dulzura de su época

El combatiente también era un músico santo y en su tiempo libre componía salmos. El humilde pastor de ovejas de la oscura Belén llegaría a tener un gran imperio, pero además se convertiría en la dulzura y alegría de su generación. Este es el testimonio que da la Biblia sobre él: «Dijo David hijo de Isaí, dijo aquel varón que fue levantado en alto, el ungido del Dios de Jacob, *el dulce cantor de Israel*» (2 S 23.1). ¿Y qué dijo? El mayor testimonio que pudiera dar un maestro ya envejecido: «El Espíritu de Jehová ha hablado por mí, y su palabra ha estado en mi lengua» (23.2). No se trata de hallar si él personalmente fue feliz o no. Sus composiciones revelan lo mucho que sufrió y sus enormes experiencias espirituales con Dios. Analízalas y hallarás que fue alguien intensamente humano. Ni un superhombre ni un supersanto. Un hombre pecador, con sus conflictos, emociones, dudas, alegrías y llantos. Alguien similar al «Hijo del Hombre», experimentado en quebrantos. Con su espada, con su pluma, con su corazón, sirvió a su generación y al Dios de su pueblo.

Vivía rodeado de gente amargada por el pecado, con lenguas llenas de veneno de áspid, pero él se conservó siendo la dulzura de Dios para sus semejantes. Oírle cantar, hablar con él, era como volver a vivir, salir de su oficina era llevar un par de alas en el corazón. Sin David su generación hubiera sido un poco más amarga y triste. Él los enseñó a ser felices, a ser fieles y consagrados, a poner a Dios y su obra en primer lugar. Fue un tipo de Cristo que vivió en otra época. Mujeres, niños, jóvenes y viejos, todo Israel, agradecía a Jehová habérselo enviado. Su mismo endemoniado jefe hallaba reposo cuando le escuchaba tocar y cantar alguna melodía, y el demonio salía de aquel cerebro al escuchar algunos de los cánticos de Sion (1 S 16.23). Sin tratamientos siquiátricos, sin exorcismos, simplemente trayendo a Dios a la estancia. Sus contemporáneos estuvieron menos locos, mientras él existió entre ellos.

Un servidor

Fue un profeta real, sin ambiciones carnales. Supo que Dios lo trajo al mundo para que sirviera a los de su época, y eso hizo. No se sintió enviado de arriba para enseñorearse o explotar a los pueblos. Su afán fue derramar el amor de Dios, hacer favores a otros, ponerse a disposición de ellos. Apareció en su generación como siervo, un esclavo de su prójimo. Muchos años estuvo ungido como rey, pero no movió ni un dedo para destronar a Saúl. Fuera militar o religiosa su carrera, él no estaba allí para echar afuera a nadie que Dios hubiera colocado antes. Pensaba que cada hombre tiene una misión que hacer y por algo Dios lo ha puesto donde está. Saúl tuvo muchas obsesiones con él, pero sin razón, y varias muestras le dio para convencerlo que no quería empujarlo de donde se hallaba. Según David, pensaba que podían trabajar juntos por el bien común, sin golpes de estado, ni envidias, ni revueltas o divisiones. Jamás protagonizó la partición de la Iglesia. Mientras se lo permitieron, se señaló como un fiel colaborador, no como un adversario. Tragó mucho los sinsabores de la envidia, pero no pagó a nadie mal por mal. Ya bastante pecado tenía el mundo suyo para llenarlo con más. Si algo malo hizo, luego lloró sobre su daño. Fue un bello tipo de alguien que dijo luego a sus contemporáneos: «No he venido para ser servido sino para servir», Jesús. «Siervo de todos para ganar a mayor número» (1 Co 9.19).

Si no eres siervo, ¿a quién ganarás? Sirve a los demás y serás el mayor. ¿No es tu misión ganar almas, conquistar corazones para Cristo? No se pueden ganar alumnos en una posición de señores. Si lo que quieres es ganar pecadores y no aplausos o dinero, sirve; el lebrillo y la toalla son las herramientas útiles de los conquistadores. Los que empiezan lavando los pies, terminan cautivando el corazón. Que la iglesia sea mucho mejor contigo dentro. «Hay muchos dioses y muchos señores», pero pocos siervos. David, Jesús, Pablo, escasean.

A quién enviará Jesús

Las generaciones de David, de Jesús, de Pablo, de Juan Hus, de Lutero, no fueron mejores que la nuestra. Igual. Malas. La de los tiempos de la Segunda Venida tampoco será mejor, sino «como en los días antes del diluvio». Aquel salmista no soñaba con vivir en otros tiempos del pasado o del futuro. Dios determinó cuándo habría de nacer y con quiénes hacer su obra.

En el pasado Él tuvo sus siervos, en el futuro los tendrá. Hemos nacido justamente donde Dios vio que seríamos más convenientes. Nos ha colocado nuestro «límite y habitación» en el sitio exacto. Ni unos años antes ni unos después. Lo más que podemos hacer es volver nuestros ojos a esas generaciones de otrora e imitar aquellos que la han servido con todas sus fuerzas y con los medios que han tenido a su disposición: honda, piedra, arco, plumas de aves. Hoy, me parece, tenemos ventajas mecánicas sobre ellos: en vez de ladrillo y brea tenemos el concreto, y en lugar del papiro, el papel. Los libros son cómodos y no hace falta escribas porque podemos reproducir las buenas copias en imprenta y transportarlas en aviones. Los ordenadores o computadoras son una maravilla; la radio, la televisión, en fin, ¡qué gran adelanto ha dado la ciencia, Daniel!

Pero lo más importante, compañero, no son los medios más sofisticados sino el alma, la fe, el valor del joven rubio que se abalanza contra Goliat, con piedras y palos. Fervoroso. Le excedía en espíritu, desbordaba emoción. ¿Quién enseñará a los fornicarios que están en la silla de Herodes que no es lícita esa relación? ¿Quién instruirá hoy a los de la casa de César? ¿Quién se pondrá en pie y dirá que el altar santifica el oro y no a la inversa? ¿Quién se hará amigo de publicanos y pecadores e irá a sus casas a comer con ellos? ¿Quién hará una fila caminando delante de los ladrones y las rameras que van hacia el cielo? ¿Quién defenderá el reino de los cielos como un valiente tornado que arrebata? ¿Y quién irá a los tugurios de los drogadictos y hablará con ellos sobre Jesús? ¿A quién tiene Dios dispuesto para ir a las plazas y mirando a esta generación mal agradecida le toque flauta para que baile y le endeche para que llore? David se fue, quedamos tú y yo, el maestro se irá.

El adiós de un maestro

Hay que apurarse. Llegará el día en que ya no podremos servir a nuestra generación. Tendremos mucho frío y no nos calentaremos aunque con colchas nos cubran (1 R 1.1); habrá empezado a llegarnos el frío del otro mundo que nos llama. Estaremos pasando, llegando a nuestro crepúsculo; la noche viene, dejando caer sus cortinas; el sol se irá tapando y no podremos obrar. La mano temblorosa, los pies no sostendrán el peso, el asna blanca ya se ha muerto; en la ventana del vecino canta un gallo. Las calles ya hace tiempo no ven nuestra silueta, apenas podemos salir de casa; hace tiempo que no nos ven y los que viven un poco lejos empiezan a olvidarnos, y los niños ignoran que se está muriendo un viejo en el palacio real. La comida nos la traen a la cama... Betsabé, contra su voluntad, hace los arreglos mortuorios y planes para Salomón; se está esperando nuestro desenlace, el fin... una mano fría entrará por la ventana y nadie la notará, escribirá en nuestra frente un sello y nos conducirá afuera, yendo hacia el Invisible, a mirar a Dios. Se acabó.

Se fue a su verdadero pueblo, exclamarán, y comenzarán las endechas. Nuestra obra habrá terminado; vendrán los críticos, hablarán de ella, la aprobarán o no, la recordarán o la olvidarán, ¡quién sabe! El futuro de nuestros huesos y de nuestro trabajo no se conoce. El presente sí, y escrito un secreto epitafio en el alma: «Aquí yace un maestro de Israel que tomó la determinación de no vivir en vano».